南朝陶淵明人物形象之建構與重構

陳啓仁 著

文 史 哲 學 集 成
文史哲出版社印行

國家圖書館出版品預行編目資料

南朝陶淵明人物形象之建構與重構 / 陳啟仁
著.--初版.-- 臺北市：文史哲, 民 105.09
頁； 公分（文史哲學集成；691）
ISBN 978-986-314-326-0（平裝）

1.（南北朝）陶潛 2.形象 3.傳記

782.832   105016734

文史哲學集成　691

南朝陶淵明人物形象之
建構與重構

著　　者：陳　　　啓　　　仁
出 版 者：文 史 哲 出 版 社
　　　　　http://www.lapen.com.tw
　　　　　e-mail：lapen@ms74.hinet.net
登記證字號：行政院新聞局版臺業字五三三七號
發 行 人：彭　　　正　　　雄
發 行 所：文 史 哲 出 版 社
印 刷 者：文 史 哲 出 版 社
臺北市羅斯福路一段七十二巷四號
郵政劃撥帳號：一六一八○一七五
電話886-2-23511028・傳真886-2-23965656

定價新臺幣五二○元

二○一六年（民一○五）九月初版

南朝陶淵明人物形象之建構與重構

目　　次

第一章　引　論

　　就陶淵明接受史觀之，對於淵明其「文」之評價，可說是晦於六朝、發揚於唐、顯於兩宋。是故，錢鍾書論「陶淵明詩顯晦」云：

> 可見淵明在六代三唐，正以知希為貴。

> 淵明文名，至宋而極。永叔推〈歸去來辭〉為晉文獨一；東坡和陶，稱為曹、劉、鮑、謝、李、杜所不及。自是厥後，說詩者幾於萬口同聲，翕然無間。[1]

　　錢氏之論，已經明確點出淵明文名顯晦之歷史發展。至於淵明其「人」之定位，則奠基於南朝，隋唐以降，儘管踵事增華，但是萬變不離其宗，其兼具「隱者高趣」與「飲者風流」之人物形象，實已深植人心。本文擬從「互文視域」的考察角度出發，試圖揭示淵明之人物形象於南朝的建構與重構歷程。論文內容包括：淵明如何透過自傳式文集進行自

1　分見錢鍾書：《談藝錄（補訂本）》（北京：中華書局，1999），頁91，「補訂一」部分；頁88。

我形象之建構，[2]時人是以何種觀察眼光來看待淵明其人，以及南朝史家與文人，又是以怎樣的期待視野，接受並形塑了他們心中的淵明形象。換言之，南朝淵明人物形象之塑造，既有「自我建構」的成分，亦有「他者重構」的部分，兩者相輔相成，互文辯證地融通為現在人們所熟悉的淵明樣貌。

　　袁行霈曾將淵明之研究資料如此分級：

> 陶淵明之資料，依其可信度分為四級：第一級，陶淵明本人之作品，但大凡涉及其生平出處者，多有異文，相互牴牾，且由來已久，各宋本已然，何所依從，頗費斟酌。第二級，陶淵明友人所留文字資料，僅顏延之〈陶徵士誄〉一篇。第三級，後人所撰陶淵明之傳記資料，梁沈約《宋書・陶潛傳》、梁蕭統〈陶淵明傳〉、唐李延壽《南史・陶潛傳》、唐房玄齡等《晉書・陶潛傳》、佚名《蓮社高賢傳》等。第四級，後人評陶、詠陶而有助其生平考證之文字資料，如梁蕭統〈陶淵明集序〉、唐白居易〈訪陶公舊宅并序〉等。[3]

　　就陶學的建構而言，第一級的淵明本人作品，自然是陶

2　淵明屬於「自傳詩人」，前賢如宇文所安已經明確點出：「陶潛是第一位偉大的自傳詩人，他告訴了我們很多關於自傳的東西。」參見宇文所安著，陳躍紅、劉學慧譯：〈自我的完整映象 —— 自傳詩〉，樂黛雲、陳玨編：《北美中國古典文學研究名家十年文選》(南京：江蘇人民出版社，1996)，頁116。

3　袁行霈：〈陶淵明年譜匯考〉，《陶淵明研究》(北京：北京大學出版社，1998)，頁247。

學成立的前提。[4]而就陶學發展史的視角觀之,第二級淵明友
人所留之文字資料中,僅剩的一篇顏延之〈陶徵士誄〉,出
自劉宋時期。第三級後人所撰淵明傳記資料部分,目前計有
五篇:梁沈約《宋書·陶潛傳》、梁蕭統〈陶淵明傳〉、唐
李延壽《南史·陶潛傳》、唐房玄齡等《晉書·陶潛傳》、
佚名《蓮社高賢傳》。五篇史傳,扣除有爭議而暫不列入考
量的佚名《蓮社高賢傳》後,剩下的四篇,南朝的齊梁時期
又佔了兩篇:沈約《宋書·陶潛傳》與蕭統〈陶淵明傳〉。
而且,就資料的權威性、有效性與影響性而論,《宋書·陶
潛傳》與蕭統〈陶淵明傳〉的文獻價值,又在《晉書·陶潛
傳》與《南史·陶潛傳》之上。至於第四級的後人評陶、詠
陶資料,亦多由南朝文人肇其端而展開。[5]

---

4 關於「陶學」,鍾優民認為:「陶淵明的研究已經初步成為一項專門的科
 學 —— 陶學,它和詩經學、楚辭學、雕龍學、文選學,詞學、曲學、紅學
 等古典文學分支學科一樣,在長期蘊釀、聚集、壯大的發展過程中逐漸形
 成獨具特色的課題、方法和體系,成為一門相當迷人的『顯學』。」參見
 鍾優民:〈緒言〉,《陶學史話》(台北:允晨文化實業股份有限公司,
 1991),頁 7。
5 另外,還可略作補充的是,後世文人的「學陶」、「擬陶」風氣,亦可上
 溯至南朝文人,如鮑照〈學陶彭澤體〉云:「長憂非生意,短願不須多。
 但使樽酒滿,朋友數相過。秋風七八月,清露潤綺羅。提瑟當戶坐,歎息
 望天河。保此無傾動,寧復滯風波。」參見劉宋·鮑照著,錢仲聯集注:
 《鮑參軍集注》(台北:木鐸出版社,1982),卷 6,頁 362;江淹〈擬
 陶徵君田居〉云:「種苗在東皋,苗生滿阡陌。雖有荷鋤倦,濁酒聊自適。
 日暮巾柴車,路闇光已夕。歸人望煙火,稚子候簷隙。問君亦何為?百年
 會有役。但願桑麻成,蠶月得紡績。素心正如此,開徑望三益。」參見梁·
 江淹著,俞紹初、張亞新校注:《江淹集校注》(鄭州:中州古籍出版社,
 1994),上編,頁 119。「擬作」是六朝文人對於前人作品表示肯定或敬
 意的一種體現方式,就陶學接受史的角度而言,鮑照、江淹之「學陶」、
 「擬陶」,已經下開後世文人「學陶」、「擬陶」與「和陶」之先河。

綜上所述可知，袁氏所說的四級資料，對於淵明研究，尤其是淵明人物形象的研究來說，皆屬珍貴文獻，值得我們進一步探究。因此，本文擬從上述四級資料的互文參照中，試圖理出淵明人物形象在南朝的形塑歷程。筆者此處之所以採用「歷程」一詞，顯然是因為，淵明的人物形象並非總是一成不變，而是有一不斷發展變化，不停建構與重構的演變歷程，而這種現象正如孫康宜所云：「經典化的作者（陶淵明）總是處於不斷變化的流程中，是讀者反饋的產物。」[6]是故，理出南朝讀者對於淵明人物形象的「反饋產物」，即為本書的重要工作之一。

　　本書的論述主體計有四章，主體第一章（論文第二章）主要是針對袁氏所說的第一級資料，即陶集中的〈五柳先生傳〉來展開討論，岡村繁認為：

> 人們在塑造淵明形象時，首先依據的是他的〈五柳先生傳〉、〈桃花源記〉、〈歸去來辭〉等脫俗文章以及「採菊東籬下，悠然見南山」這類清澄詩句。[7]

　　誠然，淵明之人物形象，與其說是後世讀者所建構，倒不如說，最先也最權威的建構者就是他本人，尤其是〈五柳先生傳〉，更屬其人物形象塑造之經典。因此，本書的討論，

6　孫康宜著，陳磊譯：〈揭開陶潛的面具 —— 經典化與讀者反應〉，《文學的聲音》（臺北：三民書局，2001），頁 163。
7　日・岡村繁著，陸曉光、笠征譯：〈受人仰慕的隱逸詩人〉，《世俗與超俗 —— 陶淵明新論》（臺北：臺灣書店，1992），頁 11-12。

將以它作為開端。[8]

　　接下來的主體第二章（論文第三章），則是對於袁氏所說的第二級資料，即淵明友人顏延之所留下來的〈陶徵士誄〉進行探究，由於這是目前淵明友人所留下的唯一作品，因此格外珍貴。而此篇文章，亦是論述淵明人物形象之際，不可或缺的參照作品，因為它從淵明時人的他者視角，提供了可與陶集之淵明形象相互對照的文本。因此，本書主體的第一、第二兩章，可以視為一組，前者是〈五柳先生──「自我建構」下的人物原型〉，後者為〈靖節徵士──「他者視域」下的隱者典範〉。兩文分別從淵明「自我形象」之建構，以及「他者視域」下的淵明形象之重構，共構而成淵明人物形象的最初樣貌。

　　至於主體論文的第三（論文第四章）、第四兩章（論文第五章），亦可視為一組，前者是〈「飲者」與「隱者」──〈宋傳〉對於淵明人物形象之重構與影響〉，後者為〈「道統」與「風教」──蕭〈傳〉對於淵明人物形象之因襲與重構〉。這兩章主要是針對袁氏所說的第三級資料，即史傳中的淵明人物形象而發。其中，〈宋傳〉主要是站在正統史家

---

[8] 田菱認為：「陶集中強烈的自傳性直接引申出兩個問題：在後代的批評接受中，陶淵明本人握有多少主導權，他的自我認定起了多少作用？而他鉅細靡遺的自我描繪，又在何種程度上界定與約束了日後對他及其作品的詮釋？」參見田菱著，張月譯：〈引言〉，《閱讀陶淵明》（臺北：聯經出版事業公司，2014），頁11。田氏所述兩個問題：在後代的批評接受中，淵明本人握有多少主導權？以及淵明的自我描繪，又在何種程度上界定了日後對他及其作品的詮釋？確實是探究淵明人物形象與作品評價的深刻提問。而筆者以為，若欲從陶集之中，找出適當作品來回應田氏的上述提問，顯然，淵明的〈五柳先生傳〉，理應是最具資格的代表之一。

的角度書寫，而蕭〈傳〉則是純以淵明愛好者的身份發言。
兩者既共同承襲了〈五柳先生傳〉與〈陶徵士誄〉的部分內
容，也重構、轉移了〈五柳先生傳〉與〈陶徵士誄〉的某些
論述。當然，〈宋傳〉與蕭〈傳〉彼此之間，亦是有同有異。
其中，在「相通內容」的部分，主要是蕭〈傳〉對於〈宋傳〉
的因襲，不過，蕭〈傳〉的這種因襲，又不純然是照抄〈宋
傳〉原文而已，它還帶有一種補充與深化的意味存乎其間。
至於在「相異記載」的部分，則屬蕭〈傳〉對於〈宋傳〉的
修訂與拓展。換言之，蕭〈傳〉對於〈宋傳〉所建構的淵明
人物形象，既有與之相通的「因襲」之處，亦有與其相異的
「重構」內容。

　　總之，本書希望透過上述四個主體章節的探討之後，不
僅可以比較系統地梳理出前引袁氏所說的前三級資料內容，
亦可以較為貼近地勾勒出淵明人物形象在南朝的具體演變歷
程。

第二章　五柳先生

── 「自我建構」下的人物原型[1]

一、前　言

　　〈五柳先生傳〉是陶淵明的著名作品，[2]篇幅雖短，爭議問題卻頗多。[3]不過，本文的論述旨趣主要在於以下兩個問題：其一，〈五柳先生傳〉的書寫結構，以及文中所建構之人物形象，其具體內涵究竟為何；其二，五柳先生此種形象與

1　本章之部分內容，曾以〈「虛實之間」與「文史之際」── 論〈五柳先生傳〉之書寫性質〉篇名，載於游秀雲主編：《銘傳大學 2015 年中國文學之「學理與應用」國際學術研討會論文集》（桃園：銘傳大學應用中國文學系（所），2015），頁 283-310。本文的撰寫，即是在前文的基礎上，經過大幅修改而成。

2　雖有學者懷疑〈五柳先生傳〉並非淵明所作，如張廷玉《澄懷園語》云：「余二十歲時讀陶淵明〈五柳先生傳〉，以為此後人代作，非先生手筆也。」不過，此應僅屬個人之主觀臆斷，似不足據。引文參見北京大學北京師範大學中文系、北京大學中文系文學史教研室編：《陶淵明資料彙編》（北京：中華書局，2004），下冊，頁 366。

3　如此篇作品的「寫作年代」、「五柳」稱號是否涵蘊「特殊寓意」、書寫內容是否「憤宋」、文章屬性是「實錄」或「虛構」，以及其所建構的人物形象，與淵明本人之內在聯繫究竟為何等諸多問題，皆有待進一步的確認與釐清。

陶集中的淵明形象相較，彼此之間的類同點與差異處又為何。

　　由於五柳先生的人物形象，向來被多數論者認為即是淵明本人之如實樣貌，因此，本文的書寫，擬從〈五柳先生傳〉是否可以視為淵明之自況實錄，作為討論的起點。自從沈約《宋書‧隱逸傳‧陶潛傳》（以下簡稱〈宋傳〉）以淵明〈五柳先生傳〉作為其自況實錄後，包括後來的蕭統〈陶淵明傳〉、房玄齡《晉書‧隱逸傳‧陶潛傳》、李延壽《南史‧隱逸傳‧陶潛傳》（以下簡稱蕭〈傳〉、〈晉傳〉與〈南傳〉），莫不沿襲此說：

> 〈宋傳〉云：潛少有高趣，嘗著〈五柳先生傳〉以自況。……其自序如此，時人謂之實錄。[4]

> 蕭〈傳〉云：淵明少有高趣，博學善屬文，穎脫不羣，任真自得。嘗著〈五柳先生傳〉以自況。……時人謂之實錄。[5]

> 〈晉傳〉云：潛少懷高尚，博學善屬文，穎脫不羈，任真自得，為鄉鄰之所貴。嘗著〈五柳先生傳〉以自況。……其自序如此，時人謂之實錄。[6]

---

4 梁‧沈約撰：《宋書》（北京：中華書局，1996），卷 53，頁 2286-2287。
5 梁‧蕭統著，俞紹初校注：《昭明太子集校注》（鄭州：中州古籍出版社，2001），頁 191。
6 唐‧房玄齡等撰：《晉書》（北京：中華書局，1974），卷 94，頁 2460-2461。

〈南傳〉云：少有高趣，宅邊有五柳樹，故嘗著〈五
柳先生傳〉云……其自序如此。蓋以自況，時人謂之
實錄。[7]

　　〈宋傳〉以〈五柳先生傳〉為淵明自況之文，並特別強
調時人亦謂之實錄，顯見以〈五柳先生傳〉作為淵明之自況
實錄，實屬當時公論，而非史家一己之私見。此種論述觀點，
亦為後來的三篇史傳所繼承。另外，依據〈宋傳〉中「潛少
有高趣，嘗著〈五柳先生傳〉以自況」之行文脈絡，可以推
測沈約乃是以〈五柳先生傳〉作為淵明少時反映其高趣的作
品。[8]對此，蕭〈傳〉、〈晉傳〉與〈南傳〉基本上仍是遵循
〈宋傳〉的記載內容。淵明雖然生前寂寞，但死後卻能名列
《宋書》、《晉書》與《南史》三大正史之「隱逸傳」，而
蕭〈傳〉雖屬私人撰述，但史料價值頗高，又具有一定程度
的影響力，[9]故仍可與前三傳並列為記載淵明生平事跡之四大
史傳。[10]

7　唐・李延壽撰：《南史》（北京：中華書局，1975），卷 75，頁 1856。
8　關於〈五柳先生傳〉的具體寫作時間，學者意見頗為分歧，主要可以分
　　為「少年作」、「中年作」與「晚年作」三種。相關討論可參見陳怡良：
　　〈陶淵明〈五柳先生傳〉之寫作年代與寫作動機探討〉，《田園詩派宗
　　師 — 陶淵明探新》（臺北：里仁書局，2006），頁 274-283。
9　就上述四傳而言，〈宋傳〉與蕭〈傳〉的作者，皆為南朝時人，故其生
　　年與淵明相距不遠；至於〈晉傳〉與〈南傳〉的作者，則全屬唐人，距
　　離淵明的生活時代較遠。是故，從史料的有效程度來看，〈宋傳〉與蕭
　　〈傳〉理應優於〈晉傳〉與〈南傳〉。另外，從四傳的論述內容觀之，
　　亦可發現〈宋傳〉與蕭〈傳〉較具原創性，〈晉傳〉與〈南傳〉則多有
　　依傍前兩傳之處。
10　袁行霈論及淵明研究之相關資料時云：「陶淵明之資料，依其可信度分

　　綜上所述可知，四篇淵明史傳對於〈五柳先生傳〉，皆以實錄史學之觀點視之。至於四傳的論述模式，則是採用文史互證的方法，即以原屬「文學」範疇之「淵明作品」的〈五柳先生傳〉，來作為理應歸類為「史學」內涵之「淵明傳記」的人物形象原型，並進而得出這樣的結論：五柳先生之人物形象，亦可視作是淵明之如實樣貌。對此，前賢已有論述，如岡村繁就認為：

　　　　陶淵明在寫這篇〈五柳先生傳〉時，雖然是以他本身的超俗生活為主軸，但另一方面卻又有意識地將「五柳先生」客觀化，盡量地站在第三者的立場來描寫理想隱者的形象。……可以並不過分地說，在人們心目中被作為高潔隱者而景仰的陶淵明形象，正是這樣一位「五柳先生」。正因此，〈五柳先生傳〉才得以成為對後世人們塑造陶淵明偶像起決定性影響的作品。[11]

　　引文提到，〈五柳先生傳〉是以淵明本身的超俗生活作為主軸，進而建構出來的一種理想隱者形象，而在人們的心中，五柳先生這種高潔隱者的理想形象，又可等同於淵明的

　　為四級……第三級，後人所撰陶淵明之傳記資料，梁沈約《宋書·陶潛傳》、梁蕭統〈陶淵明傳〉、唐李延壽《南史·陶潛傳》、唐房玄齡等《晉書·陶潛傳》、佚名《蓮社高賢傳》等。」參見氏著：〈陶淵明年譜彙考〉，《陶淵明研究》（北京：北京大學出版社，1998），頁247。依據袁氏所論，目前傳世之淵明傳記資料應為五篇，不過，因為佚名《蓮社高賢傳》的爭議頗多，故本文暫不列入討論。

11 日·岡村繁著，陸曉光、笠征譯：〈受人仰慕的隱逸詩人〉，《世俗與超俗 —— 陶淵明新論》（臺北：臺灣書店，1992），頁13。

實質樣貌。換言之，後世人們之所以將淵明形塑成隱者偶像，正是因為〈五柳先生傳〉的決定性影響所致。

　　然而，事實果真如此？或許，我們可以同屬淵明本人所寫的其它陶集作品，來作印證的參照。姑且不論陶集中的〈五柳先生傳〉，是否真能如同史傳所說，可以視為淵明之自況實錄，我們僅以陶集裡其它作品所展示的淵明形象，來與五柳先生的性格特質相互比較，即可發現，兩者之間不僅頗有異同，甚至其中還存有不少彼此矛盾、相互牴觸的地方。換言之，假若四篇史傳所用詩史互證、文史互通的方法可行，那麼，當我們採用同樣詩史互證、文史互通的模式，將史傳中記載的淵明形象，和陶集中迥異於五柳先生形象的其它詩文相互發明，如此，恐怕所得到的結論，會與史傳所述大異其趣。然而，之所以會產生這樣的矛盾結果，顯然並不是因為詩史互證、文史互通的詮釋方法有問題，而是論證的前提有疑義。是故，進行詩史互證、文史互通的詮解前提應是：詩文本身之文本意涵，必須先行取得內在統一的整合基礎。否則，斷章取義引用的結果，將會產生如上所述，貌似契合無間，實則不免流於片面之弊。

　　四篇史傳既將〈五柳先生傳〉視為淵明自傳，[12]那麼，

12　「自況」、「實錄」與「自傳」三者之具體內涵，渾而言之固可混用不分，但若細究其實，亦可區而別之：「自況」為自我比擬，重在相通、相類之處的掌握；「實錄」即依照事實而記錄，重在敘述內容的精確；「自傳」則必須描繪出傳主之真實身分、實際個性，以及一生之重要經歷。三者之間，既有聯繫又有區別。不過，在上述四篇史傳作者的使用思維中，似有將三者混同的嫌疑，而這樣的論述方式影響甚大，如龔斌校箋〈五柳先生傳〉云：「此文乃淵明所作的自傳。〈宋傳〉稱潛少有高趣，嘗著〈五柳先生傳〉以自況，時人謂之實錄。蕭〈傳〉、〈蓮傳〉、

五柳先生與淵明之人物形象理應吻合，[13]如此，方可以自況
實錄稱之。以下，筆者將分別針對「框架」與「形象」——〈五
柳先生傳〉之結構分析與人物形象，以及「類同」與「差異」
——「陶集」與〈五柳先生傳〉之參照比較來進行討論，並
希望能夠藉由最後的分析結果，釐清本文開頭關於論述旨趣
的兩個提問。至於具體步驟大致如下：首先，檢視〈五柳先
生傳〉之書寫結構，並從中理出五柳先生之人物形象；接著，
分析陶集中的淵明形象，並進而比較其與五柳先生之間的人
物形象異同；最後，辨析五柳先生與淵明之人物形象，其諸
種異同之間的蘊涵意義。

〈南傳〉、〈晉傳〉同。」此處龔氏即將淵明「自況」、時人謂之「實
錄」的〈五柳先生傳〉，視為淵明之「自傳」。引文參見晉・陶潛著，
龔斌校箋：《陶淵明集校箋》（臺北：里仁書局，2007），卷6，註1，
頁486。

13 關於淵明之人物形象，亦有三種可說：一是歷史上的如實形象；二為陶
集中的展示形象；三乃史料裡的建構形象。其中，第一種屬於歷史真實
的問題，但正如所有的歷史真相一樣，它只能透過某種考察視角來嘗試
詮解、逼近，但卻很難完全證實；第二種則較易達成，只要綜觀陶集中
的全部作品，並經由詳實分析、反覆考究，即可理出大致的基本輪廓，
且其人物形象的或真或偽？或完整或片面？亦可透過文本的相互檢視來
論證之；第三種則是關於各種史料文獻的記載，正史方面如《宋書》、
《晉書》與《南史》；私人著述部分如顏延之〈陶徵士誄并序〉、蕭統
〈陶淵明傳〉、〈陶淵明集序〉。當然，由於作者的書寫動機、考察視
野與期待價值皆不相同，是故，他們藉由史料所描繪出來的淵明形象，
多屬個人詮釋框架下的建構或重構，而不見得是歷史事實的反映。不過，
儘管這種建構或重構頗具個人色彩，有時亦不免會有扭曲、失真之嫌，
但就淵明接受史的視角言之，它們仍深具史料價值與文學意義。至於本
書所關注的淵明形象，主要乃是指後面兩種而言（陶集中的展示形象、
史料裡的建構或重構形象）。

二、「框架」與「形象」
──〈五柳先生傳〉之結構分析與人物形象

〈五柳先生傳〉是一篇僅一百七十餘字的短文，全文如下：

> 先生不知何許人也，亦不詳其姓字。宅邊有五柳樹，因以為號焉。閑靖少言，不慕榮利。好讀書，不求甚解，每有會意，便欣然忘食。性嗜酒，家貧不能常得，親舊知其如此，或置酒而招之。造飲輒盡，期在必醉；既醉而退，曾不吝情去留。環堵蕭然，不蔽風日。短褐穿結，簞瓢屢空，晏如也。常著文章自娛，頗示己志。忘懷得失，以此自終。

> 贊曰：黔婁之妻有言：「不戚戚於貧賤，不汲汲於富貴。」極其言茲若人之儔乎？酣觴賦詩，以樂其志。無懷氏之民歟？葛天氏之民歟？[14]

根據日本學者一海知義的解讀，全文可以分為八個部分：

1、出身和姓名。
2、性格。

14　晉・陶潛著，龔斌校箋：《陶淵明集校箋》，卷 6，頁 485。

3、讀書。

4、飲酒。

5、衣食住。

6、文章。

7、死。

8、總結以上七項的人物傳贊。[15]

　　一海知義的分類方式，顯然是依據〈五柳先生傳〉之行文脈絡的先後順序而展開。不過，由於本文的關注焦點，乃是五柳先生之人物形象的建構問題，因此，以下的討論，筆者雖仍參照一海知義對於此傳的分析架構，但在具體細節上亦做了部分相應的改動，至於調整過後的論述架構如下：

1、出身、姓名與稱號。

2、基本性格、生活條件與安貧心態。

3、興趣嗜好。

4、自我期許。

5、傳贊：自我定位。

　　以下，則分別針對上述五點，依序展開說明。

　　1、「出身」、「姓名」與「稱號」——「先生不知何許人也，亦不詳其姓字。宅邊有五柳樹，因以為號焉」。

---

15 日‧一海知義著，彭佳紅譯：《〈五柳先生傳〉——架空的自傳》，《陶淵明‧陸放翁‧河上肇》（北京：中華書局，2008），頁 21。

　　前引一海知義的分析架構，雖有提及五柳先生的「出身」和「姓名」，但對於五柳先生以「五柳」作為稱號之事，似乎較為淡化處理。對此，筆者以為，「五柳」作為稱號之事，因為涉及〈五柳先生傳〉的書寫旨趣，以及後人對於此篇的理解評價，是故，我們亦應將其納入考察的視野當中。如此，不僅「分類標題」與「對照文本」之間的呼應關係可以更加妥貼，[16]另外，對於文章以「五柳」為號所欲彰顯的內在意蘊，亦可有較為深入的理解。

　　〈五柳先生傳〉開篇即云「先生不知何許人也，亦不詳其姓字。宅邊有五柳樹，因以為號焉。」早有學者指出，此種不知出身、姓名，並以某種特質為其稱號的敘述手法，並非淵明首創，其乃是沿襲《列仙傳》、《高士傳》的傳統，如一海知義就認為：

　　　　只是這特異的「開場白」並不是陶淵明的獨創新作。傳為漢代劉向所作的《列仙傳》，或晉代的嵇康、皇甫謐的《高士傳》等作品中已有不少類似的寫法。[17]

　　誠如一海知義所說，淵明〈五柳先生傳〉的書寫手法，確實上有所承。不過，儘管就書寫形式而言，《列仙傳》與《高士傳》皆可視為〈五柳先生傳〉的先導。然而，若從書

16 如「出身」對應「先生不知何許人也」；「姓名」照應「亦不詳其姓字」；「稱號」對照「宅邊有五柳樹，因以為號焉」。
17 日·一海知義著，彭佳紅譯：《〈五柳先生傳〉──架空的自傳》，頁22。

寫內容來看，亦即以傳記所欲表達的主題思想考察，恐怕〈五柳先生傳〉的主要靈感來源，還是源自「高士」系列傳記才是。[18]因為，「列仙」與「高士」兩種書寫類型的反映旨趣並不相同，前者的不知出身、姓名，乃是為了強調仙人的神秘感；後者則是為了突顯高士的超俗性。至於五柳先生，不論是其人物形象的展現，或是其活動場域的描繪，承襲的主要還是高士傳統。皇甫謐《高士傳》云：

> 《高士傳·石戶之農》：石戶之農，不知何許人也，與舜為友。

> 《高士傳·商容》：商容，不知何許人也。

> 《高士傳·榮啟期》：榮啟期者，不知何許人也。

> 《高士傳·長沮桀溺》：長沮、桀溺者，不知何許人也。[19]

　　引文所謂「不知何許人也」的敘述模式，正與〈五柳先生傳〉所述「先生不知何許人」相通。另外，必須稍作說明的是，此處的「不知何許人也」，就字面意思而言，既可解

---

18 因為〈五柳先生傳〉的傳主五柳先生，代表的顯然是一種任真自得、超然絕俗的隱者形象，而非飄然高舉、變化玄妙的仙人面貌。

19 分見晉·皇甫謐撰：《高士傳》（臺北：臺灣中華書局，1966），卷上，頁4、6、8、9。

釋成「不知道是什麼樣子的人」？亦可翻譯為「不知道是出身何處的人」？前者說的是「為人」如何的問題；後者指的為「地望」在那的疑惑。對此，李隆獻箋證云：

> 或解「何許」為「何等樣」，恐非古義。「何許」乃指地望，非指為人。陶公自謂不以地傳也。下句即自云其為人，安得謂不知其為何等樣人耶？且前文指明陶公此句實襲《高士傳》，而《高士傳》於某人名號下概敘明其籍貫；唯前舉「不知何許人也」諸人，並無地望，亦其證。[20]

　　確如李氏所論，此處「何許」之解釋，乃指傳主之「地望」，而非其「為人」。因為不僅〈五柳先生傳〉的下文，隨即分別說明五柳先生的基本性格、安貧心態、興趣嗜好、自我期許與自我評價等諸多屬於「為人」的問題；即便是《高士傳》中所謂「不知何許人也」的諸多隱者，其於傳中亦皆透過他們的言談、舉止與行事，展現出某種人格特質與處世態度，以上種種，均充分反映傳主之「為人」。

　　至於「不詳其姓字」的部分，《高士傳》亦有類似的表現方式：

> 《高士傳·荷蓧》：荷蓧者，衛人也，避亂不仕，自

---

20 李隆獻：〈五柳先生傳並贊箋證稿〉，王叔岷先生八十壽慶論文集編輯委員會編：《王叔岷先生八十壽慶論文集》（臺北：大安出版社，1993），頁469。

匿姓名。

> 《高士傳・石門守》：石門守者，魯人也，亦避世不
> 仕，自隱姓名。為魯守石門，主晨夜開閉。[21]

引文中「荷蓧」為「衛人」、「石門守」是「魯人」，並不符合「不知何許人」的敘述手法。不過，荷蓧是避亂不仕，「自匿姓名」之隱者；石門守亦為避世不仕，「自隱姓名」的高士。此處的「自匿姓名」、「自隱姓名」，則頗與〈五柳先生傳〉中「不詳其姓字」的書寫方式相應。

據此，可見〈五柳先生傳〉中「不知何許人」與「不詳其姓字」的表達模式，確有承襲《高士傳》之處。只是，《高士傳》中「不知何許人」與「不詳其姓字」的敘述，比較常是單獨出現，且分散在不同的篇章，而淵明的〈五柳先生傳〉，則是一氣呵成地將兩者結合起來，並藉以展現五柳先生的特殊性與獨特性。

另外，在以「某種特質」為其「稱號」的部分，淵明亦有所承，如《高士傳・巢父》云：

> 巢父者，堯時隱人也。山居，不營世利。年老，以樹
> 為巢而寢其上，故時人號曰巢父。[22]

巢父因其「山居」，故「以樹為巢」而寢其上，時人號

---

21 分見晉・皇甫謐撰：《高士傳》，卷上，頁 8、9。
22 晉・皇甫謐撰：《高士傳》，卷上，頁 2。

曰「巢父」。此種稱號方式,亦和〈五柳先生傳〉中「宅邊有五柳樹,因以為號焉」的取號手法類似。不過,必須特別說明的是,就「書寫手法」的角度而言,淵明確實上有所承,但從「傳記類別」的視野來看,淵明卻有下開後世法門之功,如趙白生就認為:

> 自傳的頭號問題是「我是誰」。面對自報家門這一關,陶淵明意在創格,不料無心插柳柳成行……陶淵明的「不知何許人」則幾乎成了中國某類自傳文的固定格式。[23]

〈五柳先生傳〉儘管在書寫手法上有模擬《高士傳》之跡,但兩者在書寫性質上的最大不同是:《高士傳》是由「他者」所編纂、匯集而成的「傳記」;〈五柳先生傳〉則是由「自我」所反思、建構而成的「自傳」。因此,若從傳主的視角來看,《高士傳》中的「不知何許人」,處理的是「他是誰」的疑惑;〈五柳先生傳〉中的「不知何許人」,面對的則為「我是誰」的問題。換言之,前引一海知義所謂的「只是這特異的『開場白』並不是陶淵明的獨創新作」,指的意思是:若將〈五柳先生傳〉,置於「他者」視野下的傳記類型流變中來考察,則「不知何許人」的表現模式,顯然不是淵明的「獨創」;但假使採用趙白生的觀察角度,把〈五柳先生傳〉放在屬於「自我」反思、建構的「自傳」文體中來

---

23 趙白生:〈「我與我周旋」——自傳事實的內涵〉,《北京大學學報(哲學社會科學版)》,第 39 卷第 4 期,頁 115。

討論，那麼，誠如趙氏所論，淵明此舉就確實具有「創格」之功。

2、「基本性格」、「生活條件」與「安貧心態」——「閑靖少言，不慕榮利」、「環堵蕭然，不蔽風日。短褐穿結，簞瓢屢空」、「晏如也」。

在「基本性格」部分，〈五柳先生傳〉中的描繪是「閑靖少言，不慕榮利」。在「生活條件」方面，傳中的介紹，總結而言即為：「住」的環境是「環堵蕭然，不蔽風日」；「衣」的狀態為「短褐穿結」；「食」的儲備則是「簞瓢屢空」。然而，儘管如此，但五柳先生對於「住」、「衣」、「食」之生活條件的匱乏，仍能始終保持怡然自得的「安貧心態」——晏如也。此處對於五柳先生的描繪，吳國富認為，乃是淵明仿照《漢書·揚雄傳》的部分內容而寫成：

> 陶淵明生平讀書眾多，《漢書》是他精熟的一種⋯⋯陶淵明對〈揚雄傳〉特別關注，《飲酒》詩有一首專門詠揚雄事迹，並仿照〈揚雄傳〉的一節寫成〈五柳先生傳〉。[24]

吳氏經由考察，得出〈五柳先生傳〉與〈揚雄傳〉具有

---

24 吳國富：〈「五柳先生」及「無弦琴」的守窮守默 —— 從揚雄看陶淵明的「憤宋」〉，《九江師專學報（哲學社會科學版）》2001 年第 2 期，頁 48。

互文關係的結論。至於〈五柳先生傳〉，仿照的究竟是〈揚雄傳〉中那個部分的內容，吳氏也提出了說明，《漢書・揚雄傳》云：

> 雄少而好學，不為章句，訓詁通而已，博覽無所不見。為人簡易佚蕩，口吃不能劇談，默而好深湛之思，清靜亡為，少者欲，不汲汲於富貴，不戚戚於貧賤，不修廉隅以徼名當世。家產不過十金，乏無儋石之儲，晏如也。自有大度，非聖哲之書不好也；非其意，雖富貴不事也。

> （揚雄）家素貧，耆酒，人希至其門。時有好事者載酒肴從游學。[25]

　　吳氏認為上述兩段〈揚雄傳〉引文，即為〈五柳先生傳〉的原型。以下，為了便於相互對照、比較，筆者將以吳氏關於文字解說的部分為主，[26]並輔以自己的詮釋架構與理解方式，將吳氏的文字說明轉換為表格形式呈現：

25 分見漢・班固撰，唐・顏師古注：《漢書》（北京：中華書局，2007），卷 87 上，頁 3514；卷 87 下，頁 3585。
26 吳氏關於文字解說的部分，參見吳國富：〈「五柳先生」及「無弦琴」的守窮守默 —— 從揚雄看陶淵明的「慎宋」〉，頁 48-49。不過，筆者雖然基本上同意吳氏的分析，但在某些具體細節的處理上，則略有不同。此點可從筆者所製表格與吳氏關於文字說明的對照中看出，此處為免繁瑣，茲不一一贅述。

	〈五柳先生傳〉	〈揚雄傳〉
（1）基本性格	閑靖少言，不慕榮利。	口吃不能劇談，默而好深湛之思，清靜亡為，少耆欲……自有大度，非聖哲之書不好也；非其意，雖富貴不事也。
（2）生活條件	環堵蕭然，不蔽風日。短褐穿結，簞瓢屢空。	家產不過十金，乏無儋石之儲。
（3）安貧心態	晏如也。	晏如也。
（4）興趣嗜好（一）：讀書	好讀書，不求甚解，每有會意，便欣然忘食。	雄少而好學，不為章句，訓詁通而已，博覽無所不見。
（5）興趣嗜好（二）：飲酒	性嗜酒，家貧不能常得，親舊知其如此，或置酒而招之。	（揚雄）家素貧，耆酒，人希至其門。時有好事者載酒肴從游學。
（6）為人評價	黔婁之妻有言：「不戚戚於貧賤，不汲汲於富貴。」極其言茲若人之儔乎？	不汲汲於富貴，不戚戚於貧賤。

　　從表格可知，前面三點「基本性格」、「生活條件」與「安貧心態」，正好是本文此處所欲探討的項目。至於表格後面三點，「興趣嗜好（讀書）」與「興趣嗜好（飲酒）」兩項，屬於後文「興趣嗜好」的討論內容；而「為人評價」的部分，則屬後文「自我評價」之範疇。

（1）基本性格。

　　在「基本性格」部分，〈五柳先生傳〉中的描繪是「閑靖少言，不慕榮利」；〈揚雄傳〉的敘述是「口吃不能劇談，默而好深湛之思，清靜亡為，少耆欲……自有大度，非聖哲

之書不好也；非其意，雖富貴不事也。」其中，「閑」，李
隆獻箋證引《漢書》顏師古注云：「閒，謂空隙無事之時。」
「靖」，李隆獻箋證引《說文》段玉裁注云：「謂立容安靜
也。」[27]故「閑靖」即有「無事安靜」之意，此與〈揚雄傳〉
中「清靜亡為」句頗為相通。另外，「閑靖」合而言之，亦
有「安靜寡慾」意，[28]此又和揚雄的「少耆欲」相類。是故，
五柳先生的「無事安靜」而「寡慾」，較之揚雄的「清靜亡
為，少耆欲」，確實有著緊密的互文關係。

　　五柳先生既有內在之「閑靖」性格，顯之於外，自會產
生「少言」之表現。揚雄亦然，其內在性情既屬「清靜少欲」
型態，發之於外，自不會是多言之輩。本傳稱其「口吃不能
劇談，默而好深湛之思」，儘管強調他的「不能劇談」，乃
因「口吃」之生理缺陷而起，但是，不可否認的是，撇開此
一缺憾不論，僅就其「默而好深湛之思」的「清靜少欲」個
性來看，其對於與人言談的態度，理應類同於五柳先生，屬
於「少言」之類型。至於五柳先生「不慕榮利」的部分，〈揚
雄傳〉提到其屬「自有大度，非聖哲之書不好」、「非其意，
雖富貴不事」之有為有守之士，《論語・述而第七》云：

　　　子曰：富而可求也，雖執鞭之士，吾亦為之；如不可
　　　求，從吾所好。

---

27 分見李隆獻：〈五柳先生傳並贊箋證稿〉，頁 472、473。
28 李隆獻箋證云：「『閑靖』即『閒靜』，謂安靜寡慾。」參見氏著：〈五
　　柳先生傳並贊箋證稿〉，頁 473。

> 子曰：飯疏食飲水，曲肱而枕之，樂亦在其中矣。不
> 義而富且貴，於我如浮雲。[29]

　　揚雄既然「非聖哲之書不好」，那麼，其所謂的「非其
意，雖富貴不事」，理應符合孔子此處所揭示之原則：不以
其道，則從吾所好，不去強求不義之富貴。而「從吾所好」
之「好」的具體內涵為何？自然是孔子夫子自述的「飯疏食
飲水，曲肱而枕之，樂亦在其中」這種不事富貴的貧士生活
了。據此可知，揚雄的「不事富貴」，一方面上承孔子的「從
吾所好」之樂，另一方面又下啟五柳先生「不慕榮利」之隱
者情懷，彼此之間，實有異代對話的互文關係。

（2）生活條件。

　　在「生活條件」方面，五柳先生是「環堵蕭然，不蔽風
日。短褐穿結，簞瓢屢空」。提到「簞瓢屢空」，多數論者
皆會注意到此一典故的歷史源頭——《論語》：[30]

> 子曰：賢哉！回也。一簞食，一瓢飲，在陋巷，人不
> 堪其憂，回也不改其樂。賢哉！回也。

---

29 分見魏・何晏等注，宋・邢昺疏：《論語注疏》（《十三經注疏》本，
　臺北：藝文印書館，1985），頁 61 下；頁 62 上-62 下。
30 如方介：〈陶淵明五柳先生傳疏證〉，《漢學研究》第 5 卷第 2 期（1987
　年 12 月），頁 538。

　　子曰：回也其庶乎！屢空。[31]

　　不過，《論語》此處兩則引文，雖然涉及「簞瓢屢空」之淵源，但卻僅說明了「食」的部分，至於「短褐穿結」之「衣服穿著」、「環堵蕭然，不蔽風日」之「居住環境」等兩個問題，似是缺乏相應的對照。[32]前文提過，〈五柳先生傳〉與「高士」系列傳記實有緊密的互文關係，此處，或許可從「高士」列傳尋覓線索，《高士傳・顏回》云：

　　顏回，字子淵，魯人也，孔子弟子。貧而樂道，退居陋巷，曲肱而寢。孔子曰：「回，來，家貧居卑，胡不仕乎？」回對曰：「不願仕。回有郭外之田五十畝，足以給饘粥；郭內之圃十畝，足以為絲麻。鼓宮商之音，足以自娛；習所聞於夫子，足以自樂。回何仕焉？」孔子愀然變容，曰：「善哉，回之意也。」[33]

　　引文的開頭部分，顯然是轉化上引《論語》的內容而來，至於後面的引文，則頗具道家隱逸之格調，這是因為，《高士傳》中的顏回形象，本就是從道家典籍中引申而來，《莊子・讓王》云：

---

31 分見魏・何晏等注，宋・邢昺疏：《論語注疏》，〈雍也第六〉，頁53上；〈先進第十一〉，頁98下。

32 引文「一簞食，一瓢飲，在陋巷，人不堪其憂」之「陋巷」，雖已涉及「居住環境」的問題，但仍缺乏較為具體的描繪。

33 晉・皇甫謐撰：《高士傳》，卷上，頁10。

孔子謂顏回曰：「回，來！家貧居卑，胡不仕乎？」
顏回對曰：「不願仕。回有郭外之田五十畝，足以給
飦粥；郭內之田十畝，足以為絲麻；鼓琴足以自娛，
所學夫子之道者足以自樂也。回不願仕。」孔子愀然
變容曰：「善哉回之意！丘聞之：『知足者不以利自累
也，審自得者失之而不懼，行修於內者无位而不怍。』
丘誦之久矣，今於回而後見之，是丘之得也。」[34]

　　我們將《高士傳》與《論語》、《莊子》相互比較，一
方面可以清楚看出《高士傳》與《論語》、《莊子》的互文
關係，另一方面，又可經由彼此對照而理出《高士傳》的書
寫旨趣。就「互文關係」而言，《高士傳》中的顏回，先是
引錄《論語》中顏回身居陋巷、貧而樂道之「貧士」形象，
接著再巧妙聯繫《莊子》中顏回因為安貧樂道而自足於懷，
因此不願出仕之「隱者」形象。[35]如此，一位兼具「貧士」
與「隱者」，並以自身形象溝通儒道，展現「安貧樂道」之
理想典範的人物，於焉產生。
　　《高士傳》中類似顏回這種會通儒道之高士，還有兩位，

34　清・郭慶藩撰，王孝魚點校：《莊子集釋》（北京：中華書局，1997），
　　卷9，頁978。
35　可以略為補充的是，《高士傳・顏回》的結尾，特地刪去《莊子》中「知
　　足者不以利自累也，審自得者失之而不懼，行修於內者无位而不怍」等
　　印證道家觀點的言論，應是基於兩個理由：一是為了突顯人物形象，故
　　採用較為緊湊的敘事手法，故將後段類似說教，容易造成拖沓的話語捨
　　棄；二是因為《高士傳》的作者，或許意圖讓顏回展現出一種「儒道會
　　通」的理想形象，故從《論語》、《莊子》兩書中，費心找出共通元素，
　　並加以巧妙連結，藉以完成典範人物的形象塑造。

《高士傳‧原憲》云：[36]

> 原憲，字子思，宋人也，孔子弟子，居魯。環堵之室，
> 茨以生草，蓬戶不完，桑以為樞；而甕牖二室，褐以
> 為塞；上漏下溼，匡坐而彈琴。子貢相衛，結駟連騎，
> 排藜藿，入窮閭，巷不容軒，來見原憲。原憲韋冠縱
> 履，杖藜而應門。子貢曰：「嘻！先生何病也？」憲
> 應之曰：「憲聞之：无財謂之貧，學道而不能行謂之
> 病。若憲，貧也，非病也。夫希世而行，比周而友，
> 學以為人，教以為己，仁義之慝，輿馬之飾，憲不忍
> 為也。」子貢逡巡而有愧色，終身恥其言之過也。[37]

引文中的原憲亦為孔門弟子，他的居住環境是「環堵之
室，茨以生草，蓬戶不完，桑以為樞」、「甕牖二室，褐以
為塞」、「上漏下溼」，此種克難居所，正類同於五柳先生
「環堵蕭然，不蔽風日」之居住環境。[38]另外，《高士傳‧
曾參》云：[39]

---

36 《莊子‧讓王》亦有提及「原憲」事跡，參見清‧郭慶藩撰，王孝魚點
　　校：《莊子集釋》，卷9，頁975-977。《高士傳》所述內容，顯然錄自
　　《莊子》，兩者之間的互文聯繫，實不言可喻。
37 晉‧皇甫謐撰：《高士傳》，卷上，頁11。
38 李隆獻箋證「環堵蕭然，不蔽風日」，亦已注意到五柳先生此處與「原
　　憲」典故的互文關係，參見氏著：〈五柳先生傳並贊箋證稿〉，頁483。
39 對於《高士傳》中「曾參」的諸種事跡，依然如前所述，仍可在《莊子‧
　　讓王》找到互文證據，參見清‧郭慶藩撰，王孝魚點校：《莊子集釋》，
　　卷9，頁977。

> 曾參，字子輿，南武城人也。不仕而遊居於衛。縕袍
> 無表，顏色腫噲，手足胼胝。三日不舉火，十年不製
> 衣。正冠而纓絕，捉衿而肘見，納履而踵決，曳縱而
> 歌。天子不得臣，諸侯不得友。魯哀公賢之，致邑焉，
> 參辭不受，曰：「吾聞受人者，常畏人；與人者，常
> 驕人。縱君不我驕，我豈無畏乎？」終不受，後卒于
> 魯。[40]

　　五柳先生的「衣著」狀態為「短褐穿結」，曾參的穿著
情況則是「十年不製衣」，「縕袍無表」、「正冠而纓絕，
捉衿而肘見，納履而踵決」，較之五柳先生，亦是不遑多讓。
　　綜上所述可知，五柳先生在「食」、「住」與「衣」等
生活條件部分，確屬艱困，其與〈揚雄傳〉中描繪「家產不
過十金，乏無儋石之儲」的慘況，也頗有雷同之處。不過，
筆者認為，此處的五柳先生，雖有上承揚雄之處，但就互文
視角而論，他和《高士傳》中三位孔門弟子顏回、原憲與曾
參之間的內在聯繫，似乎也相當緊密。

（3）安貧心態。

　　川合康三述及五柳先生的安貧心態云：

> 貧窮不僅僅是沒有酒喝。連衣、食、住等所有最基本

的生活條件，都觸目驚心地寫著貧窮兩個字。如此貧
困潦倒，但他仍然「晏如」自若。「晏如」，指的是
一種不為外在因素所左右，保持自己內心平靜的精神
狀態。隱栖這一生存方式的本質，不是辭官不就、僻
居山野等外部顯露的行為，而是與這些外在因素無涉
的內心世界的安寧與充實，「晏如」一語，就是這種
精神超越的表徵。它既有安詳沉穩的情態，復具飄逸
超邁的風神，所以成為隱逸文學的一個重要術語。[41]

　　確實如同川合康三所說，「晏如」作為隱逸文學的一個
重要術語，強調的就是雖處貧困潦倒之境，亦能始終保持內
心世界的安寧與充實。是故，它既有「安詳沉穩」之情態，
復具「飄逸超邁」之風神。〈五柳先生傳〉與〈揚雄傳〉在
敘述完兩人艱苦的生活條件之後，緊接著不忘特別強調：他
們的態度都是「晏如也」。意即兩人不僅均能安於貧窮狀態，
而且還頗能自得其樂，此即所謂「安貧樂道」之人格修養，[42]
其亦為儒道兩家所共同稱許之德行。

　　上引《高士傳・顏回》述其「貧而樂道」，且自云「鼓
宮商之音，足以自娛；習所聞於夫子，足以自樂」；《高士
傳・原憲》敘其「雖貧非病」，且自述「无財謂之貧，學道
而不能行謂之病」，顯見其頗自得於行道之樂；《高士傳・

41 日・川合康三著，蔡毅譯：《希望那樣的「我」——〈五柳先生傳〉型
　　自傳》，《中國的自傳文學》（北京：中央編譯出版社，1999），頁62。
42 能夠「安貧」，必具「安詳沉穩之情態」；可以「樂道」，即有「飄逸
　　超邁之風神」。

曾參》謂其「顏色腫噲，手足胼胝」、「三日不舉火，十年不製衣」，生活勤苦而貧困，但卻仍能「曳縰而歌」，至於「曳縰而歌」的具體情況，《莊子·讓王》有較精采的補充：「曳縰而歌《商頌》，聲滿天地，若出金石。」[43]接著，《高士傳》評之以「天子不得臣，諸侯不得友」，以上均可呈顯曾參獨立不懼，雖貧窮但卻頗能自得於心的高士情懷。上述三人，其「安貧樂道」之人格形象，亦皆可視為五柳先生所欲上承之理想人物典範。

　　3、興趣嗜好 ──「好讀書，不求甚解，每有會意，便欣然忘食」、「性嗜酒，家貧不能常得，親舊知其如此，或置酒而招之。造飲輒盡，期在必醉；既醉而退，曾不吝情去留」與「常著文章自娛，頗示己志」。

　　在「興趣嗜好」部分，上引吳國富論文認為〈五柳先生傳〉與〈揚雄傳〉在「讀書」與「飲酒」兩個方面雷同。

　　（1）興趣嗜好（一）──「讀書」。

　　就「讀書」而言，五柳先生「好讀書，不求甚解，每有會意，便欣然忘食」。其中，「好讀書」乃古代中國知識份子的共通習性，五柳先生與之相同，代表他亦為「士」階層的一份子，此點應無疑義。至於「不求甚解」、「每有會意」

---

43 清·郭慶藩撰，王孝魚點校：《莊子集釋》，卷 9，頁 977。

之「甚解」與「會意」兩種概念,則不同學者之間,解釋就頗有差異。如左健認為:

> 在「好讀書,不求甚解」之後,接著就是「每有會意,便欣然忘食」,可見他是以直覺性的「會意」來否定、取代思辨性之「解」的。「解」與「會意」其內涵雖有交會之處,但性質之差異更為顯然:「解」以認知分析為特徵,是科學型的;「會意」以情感體驗為特徵,是藝術型的。[44]

左氏的詮解架構,顯然是將「甚解」與「會意」當成兩種不同的讀書方法,前者屬於「科學」之「思辨性」的「認知分析」;後者則為「藝術」之「直覺性」的「情感體驗」。於是,「好讀書,不求甚解,每有會意,便欣然忘食」即被左氏理解成:以「會意」式的讀書方法,來否定、取代「甚解」型的閱讀方式。然而,左氏這種先判別兩者界定,之後再各自肯定、否定其中之一的解釋模式,是否真能符合淵明此傳之原意?對此,筆者以為,或許王叔岷的理解方式更為通達:

> 陶淵明的〈歸去來辭〉有兩句說他自己「質性自然,非矯厲所得。」他的本質、本性是自然的,不是勉強的。他讀書的態度也是順乎自然,不求勉強的解釋,

---

44 左健:〈陶淵明「好讀書,不求甚解」論〉,《雲南社會科學》1994年第 5 期,頁 92。

但，並不是不求深解。[45]

　　王氏因為肯定〈五柳先生傳〉既為淵明自傳，是故，此處即以淵明的讀書方式解釋五柳先生的「不求甚解」。王氏將「不求甚解」理解為「順乎自然，不求勉強的解釋」，「但，並不是不求深解」。換言之，即「不求強解」，但並不是「不求深解」。如此，下文的「每有會意，便欣然忘食」即可視為是：五柳先生在「順乎自然」，不求「勉強解釋」的前提下，讀書而有所得的一種歡欣喜悅情感。筆者以為，就〈五柳先生傳〉的文意脈絡而言，王氏這種前後貫通、整體觀照的解讀方式，或許更為接近原文旨趣。

　　龔斌校箋「不求甚解」句引楊慎《丹鉛雜錄》云：

　　　《晉書》云陶淵明讀書不求甚解。此語俗世之見，後世不曉也。余思其故，自兩漢來，訓詁甚行，說五字之文，至於二三萬言，陶心知厭之，故超然真見，獨契古初，而晚廢訓詁，俗世不達，便謂其不求甚解矣。[46]

　　引文提到自從兩漢以來，訓詁甚為流行，僅說「五字之文」，竟解說至「二三萬言」，其中固有「深解」之高見，然亦不乏「強解」之弊病。此一學術背景，或許正是五柳先生之所以特別強調「不求甚解」之讀書方法的理由所在。是

---

45 王叔岷：〈談「好讀書不求甚解」〉，《慕廬演講稿》，收錄於氏著：《慕廬論學集（一）》（北京：中華書局，2007），頁86。
46 晉・陶潛著，龔斌校箋：《陶淵明集校箋》，卷6，註2，頁487。

故，五柳先生應如楊氏所說，乃是以一種「獨契古初」的心領神會方式，並在符合上文王氏所云「順乎自然，不求勉強解釋」的前提下，展開閱讀行為，享受讀書之樂。

五柳先生「好讀書」，〈揚雄傳〉稱其「少而好學」、「博覽無所不見」，兩者在「好學」、「博覽」的特質部分相近。五柳先生的讀書方式是「不求甚解，每有會意，便欣然忘食」；揚雄則是「不為章句，訓詁通而已」，意即不鑽章句之牛角尖，強為解人，僅求心領神會，通達核心旨意即可。是故，兩人在讀書的態度上，亦頗為相通。

（2）興趣嗜好（二）──「飲酒」。

陳寅恪曾經注意到：「〈五柳先生傳〉為淵明自傳之文。文字雖甚短，而述性嗜酒一節最長。」[47]確實，〈五柳先生傳〉誠如陳氏所言，花了極大的篇幅敘述「飲酒」之事。對此，一海知義則有較為具體的統計數字：

> 〈五柳先生傳〉除了最後的傳贊部分，總共不到一百二十個字。可是對於飲酒的描寫卻有四十來字，占了三分之一的篇幅。[48]

五柳先生既被描繪成一位「閑靖少言」、「忘懷得失」

---

47 陳寅恪：〈陶淵明之思想與清談之關係〉，《金明館叢稿初編》（北京：生活・讀書・新知三聯書店，2001），頁227。
48 日・一海知義著，彭佳紅譯：《〈五柳先生傳〉── 架空的自傳》，頁27。

的「隱者」，但令人好奇的是，傳中卻額外花了許多篇幅，來特別敘述五柳先生的「飲者」形象。如此，則五柳先生實是一位兼具「隱者」與「飲者」雙重身份的高士。然而，「隱者」與「飲者」之間的緊密聯繫，除了五柳先生之外，是否也同樣適用在其他隱者的身上，對此，周靜佳分析到：

> （〈五柳先生傳〉）可與其他隱者飲酒的記載相比照，進一步論述隱者與飲者的關係。從《後漢書‧逸民傳》到《宋書》、《南史》、《晉書》的〈隱逸傳〉可以發現，其中所記的隱者，如陶淵明之嗜酒者並不多，因為飲酒畢竟是嗜欲的表現，而隱者遠離世俗，遁跡山林，不僅少及酒肉，甚至強調「不飲酒食肉」，以見其淡泊寡欲。[49]

誠如周氏所述，就常人的經驗判斷，飲酒本身確實容易令人聯想到嗜欲，甚至是荒唐、墮落等負面形象。況且，歷史上的許多隱者，皆以清苦自持的美好德行流芳後世，是故，「隱者」與「飲者」之間，不僅沒有劃上等號的必然性，甚至彼此之間，還存在著某種程度的內在緊張關係。但是，五柳先生的獨特存在，不僅消弭了「隱者」與「飲者」之間可能產生的內在矛盾，甚至還使得「隱者」與「飲者」兩種形象，完美地融通於五柳先生身上。而之所以會有這樣圓滿的結果，筆者以為，或許是基於以下的理由：

---

49 周靜佳：《陶淵明「飲者」形象的建構 —— 由〈五柳先生傳〉談起》，《南臺學報》第 38 卷第 2 期（2013 年 6 月），頁 140。

魏晉風流，或說魏晉風度，其具體內涵主要是由眾多「名士」所賦予，甚至創造的。然而，何謂「名士」？牟宗三有一段相當精闢的論述：

> 「唯顯逸氣而無所成」（宅心事外）之純名士，本是天地之逸氣，人間之棄才。固極荒涼，亦極可賞。從深處言，無所成，四不著邊，無掛搭處，亦可與最高境界有相似。……然聖人之無可無不可，無得而稱焉，是「大而化之」之境界，是其不繫不著而物各付物成就一切。……此皆非名士境界之無所成，四不著邊，無掛搭處。名士境界之無所成實只是聖賢境界之無得無成之「相似法」。[50]

依據牟氏所說，名士乃是「天地逸氣」、「人間棄才」，既「荒涼」而又「可賞」，不過，終究是「四不著邊」、「無掛搭處」且「無所成」，此即所謂「唯顯逸氣而無所成」。對此，吳冠宏則進一步補充云：

> 仔細玩味「逸氣」與「棄才」這兩個關鍵詞，前者一「逸」字將名士從平凡俗世中超拔而出，後者一「棄」字又將名士重新拋擲於宇宙孤獨之茫荒中，往而不返，「氣」與「才」二字正說明名士乃是從王充以來擺脫「德性」之視域而著眼於才性與氣性之人物觀的

---

50 牟宗三：〈魏晉名士及其玄學名理〉，《才性與玄理》（臺北：臺灣學生書局，1993），頁83。

體現。[51]

吳氏特別針對牟氏「天地逸氣」、「人間棄才」中的「逸氣」與「棄才」進行討論,其認為「逸」字顯示名士的「超拔」,「棄」字則是突出名士「往而不返」的「孤獨茫荒」。至於「氣」、「才」二字,說的正是名士擺脫「德性」而著眼於「才性」與「氣性」之體現。筆者以為,「隱者」雖與「名士」有著本質上的不同,但不可否認的是,某些隱者,特別是「道隱」類型的隱者,[52]其某些人格特質,或是處世態度,[53]確實也頗為符合上述所謂名士「唯顯逸氣而無所成」的風流樣貌。江建俊曾經提到:

> 魏晉人物的典型是「名士」,而名士的風姿情調之特色,號稱「風流」,風流的焦點又凝聚在「酒」上。[54]

確實,魏晉風流,當中有很重要的部分就是體現在「酒香」、「酒趣」上。對此,魯迅〈魏晉風度及文章與藥及酒

---

51 吳冠宏:〈清逸與狂癡 —— 名士人格的兩種詮解〉,《魏晉玄義與聲論新探》(臺北:里仁書局,2006),頁 30。
52 對於「道隱」的相關討論,可參見謝大寧:〈儒隱與道隱〉,《國立中正大學學報(人文分冊)》1992 年第三卷第一期,頁 121-147。
53 如謝大寧所謂兩類「道隱」型態中的第二類:「顯一種清涼自在之人格典範,他亦不絕俗,甚至可作盡世間事,然似都無掛搭。……只是做完即捨的曠達。」參見謝大寧:〈儒隱與道隱〉,頁 140。
54 江建俊:〈由劉伶〈酒德頌〉談到魏晉名士之酒德〉,收錄於國立成功大學中文系主編:《魏晉南北朝文學與思想學術研討會論文集》(臺北:文史哲出版社,1991),頁 599。

之關係〉,[55]以及王瑤〈文人與酒〉兩篇文章,[56]已有精要討論,意者可以自行參看。筆者此處,不擬贅述前賢所論,只想指出,〈五柳先生傳〉提到五柳先生之「飲者」形象云:「造飲輒盡,期在必醉;既醉而退,曾不吝情去留。」其中,「造飲輒盡,期在必醉」說的是五柳先生飲酒以「醉」為其終極目的;「既醉而退,曾不吝情去留」講的則為「醉」之目標一旦達成,五柳先生隨即瀟洒離去。換言之,五柳先生「飲者」形象的關鍵概念,就在於一個「醉」字。我們試將五柳先生此種「飲者」形象,和《世說新語》中的名士之飲略作比較,〈任誕〉第二十三云:

> 劉伶病酒,渴甚,從婦求酒。婦捐酒毀器,涕泣諫曰:「君飲太過,非攝生之道,必宜斷之!」伶曰:「甚善。我不能自禁,唯當祝鬼神,自誓斷之耳!便可具酒肉。」婦曰:「敬聞命。」供酒肉於神前,請伶祝誓。伶跪而祝曰:「天生劉伶,以酒為名,一飲一斛,五斗解酲。婦人之言,慎不可聽。」便引酒進肉,隗然已醉矣。

> 劉公榮與人飲酒,雜穢非類,人或譏之。答曰:「勝公榮者,不可不與飲;不如公榮者,亦不可不與飲;

---

55 收錄於魯迅撰,吳中杰導讀:《魏晉風度及其他》(上海:上海古籍出版社,2000),頁 185-198。

56 王瑤:《中古文學史論》(北京:北京大學出版社,1998),頁 165-18。

　　是公榮輩者，又不可不與飲。」故終日共飲而醉。[57]

　　第一則引文講述「劉伶病酒而從婦求酒」之事。文中其婦所謂「君飲太過，非攝生之道，必宜斷之」諸語，正是常人對於飲酒之負面觀感的表述；然而，劉伶卻回以「天生劉伶，以酒為名」、「婦人之言，慎不可聽」之論，顯見其心中對於飲酒之事，自有異於世俗之觀點。最後，劉伶終於如其所願，「引酒進肉，隗然已醉」。第二則引文提到「劉公榮與人飲酒」之事，劉公榮為了飲酒，不惜以接近詭辯的話術說出「勝公榮者，不可不與飲」、「不如公榮者，亦不可不與飲」，以及「是公榮輩者，又不可不與飲」諸論，就是為了達成可與其同好「終日共飲而醉」的終極目的。其中，「劉伶病酒」強調的是「個人獨飲」之情境；「公榮飲酒」突顯的則為「群體共飲」之狀態。不過，兩者之間雖有飲酒主體之人數多寡的區別，但對於飲酒以致「沉醉」這件事，卻有著共通的執著與講究。

　　其實，對於飲酒本身，以及其所象徵之內在意蘊，換言之，意即何謂「酒德」？儒道兩家顯然有著迥然不同的觀點。張伯偉認為：

　　　　所謂「酒德」，顧名思義，就是飲酒的德行，其具體
　　　　內容在《尚書》、《周禮》、《儀禮》及《禮記》等
　　　　書中有較為明確的規定。如從《尚書·酒誥》中可歸

---

57 分見余嘉錫撰，周祖謨、余淑宜整理：《世說新語箋疏》（台北：華正書局，2003），頁729-730。

納出四項：其一，「無彝酒」。即不能將飲酒作為正常的生活。酒只有在祭祀、養老和養病時方可飲用。……其二，「惟祀德將，無醉」。飲酒時要以德行來自我控制，不能落到沉醉的地步。其三，執「群飲」。如有成群合飲者，必須逮捕並治罪。……其四，禁止官吏沉湎於酒。……孔子對於飲酒雖然沒有發表太多的議論，但一句「唯酒無量，不及亂」（《論語・鄉黨》），一句「鄉人飲酒，杖者出，斯出矣」（同上），則表明儒家的酒德觀一方面不禁止飲酒，另一方面又必須遵守飲酒的禮儀。[58]

　　以張氏所述之儒家酒德觀而論，第一點是「無彝酒」── 即不能將飲酒作為正常的生活。然而，五柳先生卻是「性嗜酒，家貧不能常得」，意即若能常得於酒，五柳先生倒是頗為願意讓酒成為他日常生活的一部分。

　　儒家酒德觀的第二點是「惟祀德將，無醉」── 即飲酒之際要以德行來進行自我控制，不能落到沉醉的地步。五柳先生的飲酒態度則是「造飲輒盡，期在必醉」、「既醉而退，曾不吝情去留」。「期在必醉」說的是飲酒以沉醉境界為其終極目標；「既醉而退」講的則為飲酒目的一旦達成，五柳先生隨即伴著沉醉的愉悅心境告退離去。儒家講究「無醉」之酒德，五柳先生追求的卻是「期在必醉」、「既醉而退」之飲酒觀，兩者之間的差異實顯而易見。

58 張伯偉：《從〈酒德頌〉看魏晉人的新酒德觀》，收錄於南京大學中文系主編：《辭賦文學論集》（南京：江蘇教育出版社，1999），頁 275。

　　儒家重視國家秩序，故強調「執群飲」── 即有成群合飲者，必須逮捕並治罪。五柳先生的飲酒情境卻常是「親舊知其（性嗜酒）如此，或置酒而招之」。親舊置酒招之的舉動，廣義而言當然亦屬「群飲」之範疇，此為五柳先生異於儒家酒德原則之又一例證。

　　誠如張氏所歸納：儒家的酒德觀一方面不禁止飲酒，另一方面又必須遵守飲酒的禮儀，如「禁止官吏沉湎於酒」、「唯酒無量，不及亂」。而五柳先生如同前文所述，雖然「性嗜酒」，講究「造飲輒盡，期在必醉」的沉醉境界，但卻能維持「既醉而退，曾不吝情去留」的飲酒德行。因此，五柳先生儘管在「沉湎於酒」這點上不盡符合儒家的標準，但在「飲不及亂」這個部分，倒是頗與儒家的酒德觀點相通。我們試以《世說新語》的記載作為對照，〈任誕〉云：

> 　畢茂世云：「一手持蟹螯，一手持酒杯，拍浮酒池中，便足了一生。」[59]

劉孝標注此條引《晉中興書》云：

> 　畢卓字茂世，新蔡人。少傲達為胡毋輔之所知。太興末，為吏部郎，嘗飲酒廢職。比舍郎釀酒熟，卓因醉，夜至其甕間取飲之。主者謂是盜，執而縛之，知為吏部也，釋之。卓遂引主人燕甕側，取醉而去。[60]

59　余嘉錫撰，周祖謨、余淑宜整理：《世說新語箋疏》，頁740。
60　余嘉錫撰，周祖謨、余淑宜整理：《世說新語箋疏》，頁740。

畢卓認為若可「手持酒梧」、「拍浮酒池」，便能「足了一生」。此種飲酒態度與「性嗜酒，家貧不能常得」的五柳先生頗為同調。不過，畢卓「為吏部郎，嘗飲酒廢職」之事，明顯犯了儒家所謂「官吏沉湎於酒」的禁忌。另外，畢卓因為「比舍郎釀酒熟」，於是「因醉，夜至其甕間取飲之」，最後還被「主者謂是盜，執而縛之」。此處畢卓所為，顯然與儒家「飲不及亂」之酒德觀點背道而馳。

綜上所述可知，《世說新語》中〈任誕〉篇所記載的部分名士，其飲酒態度不僅不盡符合儒家之酒德觀，甚至還有與之截然相反的地方。至於五柳先生則略有不同，其與上述名士相較，他們或許在追求「沉醉」之風流境界上頗為雷同，但對於儒家「飲不及亂」之酒德觀點，似乎就取捨各異了。

〈五柳先生傳〉提到五柳先生「性嗜酒，家貧不能常得，親舊知其如此，或置酒而招之。」〈揚雄傳〉則是說揚雄「家素貧，耆酒，人希至其門。時有好事者載酒肴從游學。」此處五柳先生的「性嗜酒，家貧不能常得」，似乎即是揚雄「家素貧，耆酒」的翻版。另外，五柳先生「親舊知其如此，或置酒而招之」的狀況，雖與揚雄「時有好事者載酒肴從游學」之事不同，但是，人們欲以酒來親近兩人的論述基調，卻是頗為雷同。此或又可視為〈揚雄傳〉與〈五柳先生傳〉存在互文關係的另一例證。不過，〈五柳先生傳〉還提及五柳先生的飲酒態度是「造飲輒盡，期在必醉；既醉而退，曾不吝情去留」。此點雖為〈揚雄傳〉所無，但卻可與《世說新語》中部分名士的飲酒觀點對照比較，張伯偉認為，這乃是一種

「新酒德觀」：

> 新酒德觀的思想淵源來自於《莊子》。和儒家將飲酒
> 與禮樂相結合不同，道家認為，飲酒就是為了得到歡
> 樂，醉酒能夠保持神全，也就能夠與道合一。[61]

　　相對於儒家飲酒結合禮樂的「舊酒德觀」，魏晉名士所
追求嚮往的，顯然是一種誠如張氏所說：飲酒可得歡樂，醉
酒能保神全，能夠與道合一的「新酒德觀」。不過，若我們
從諸多魏晉名士的具體生活中來考察，即可發現，他們在享
受「飲酒可得歡樂」之餘，卻不免因為過度地放縱情欲，以
致產生如同上文所述的因飲酒而廢職，甚至犯下因飲酒而亂
事的醜行。如此，則魏晉名士在實踐「新酒德觀」之際，他
們因飲酒而得的歡樂或許有之，但是，因醉酒而冀保神全，
乃至因沉醉而欲達「與道合一」的超越境界，恐怕就不是光
憑他們的企慕即可圓滿達成。

　　至於五柳先生的飲酒態度，雖然較為接近魏晉名士「新
酒德觀」的風流品味，但是，因為他對於儒家「舊酒德觀」
中「飲不及亂」的適中原則亦頗有相應的體會。是故，五柳
先生的酒德觀，或可視為是折中於新舊之間，既有新時代的
氣韻風度，又具舊傳統的德性美質。而也正因為如此，所以
五柳先生獨特的「飲者」形象，才有可能化解原本「隱者」
與「飲者」之間，理應存在的諸種內在矛盾，並進而使得「隱

---

61 張伯偉：《從〈酒德頌〉看魏晉人的新酒德觀》，頁284。

者」與「飲者」兩種形象，圓滿地融合於五柳先生身上。

（3）興趣嗜好（三）──「著文」。

　　五柳先生的興趣嗜好，除了「讀書」與「飲酒」之外，
還有「著文」一項也很重要。〈五柳先生傳〉提及五柳先生
「常著文章自娛，頗示己志。」文人自著詩文以言己志，本
屬中國古典文論的傳統，《尚書·舜典第二》云：「詩言志，
歌永言，聲依永，律和聲。」[62]其中的「詩言志」，廣義而
論，可有兩種觀看的視角：就作詩者來說，「詩言志」之「志」，
乃是屬於「作者之志」的抒發；從引詩者來看，「詩言志」
之「志」，則是經由斷章取義地借用「作者之志」，以明「己
志」。不過，這種引用方式，常會因為語境脈絡的差異，使
得「作者之志」與「己志」不盡相同。因此，《尚書》的「詩
言志」，既可指寫詩者的「作詩言志」，亦可指引用者的「賦
詩言志」。前者表現的是「作者之志」，後者反映的則為「讀
者之志」。

　　如果說《尚書》的「詩言志」，在主詞的部分尚有兼指
「作者」與「讀者」的遊移空間，那麼，〈毛詩序〉的「詩
言志」在主詞部分顯然明晰許多：

　　　詩者，志之所之也。在心為志，發言為詩。情動於中，
　　　而形於言，言之不足，故嗟歎之，嗟歎之不足，故永

---

62 漢·孔安國傳，唐·孔穎達等正義：《尚書正義》（《十三經注疏》本，
　　臺北：藝文印書館，1985），頁46下。

歌之，永歌之不足，不知手之舞之、足之蹈之也。[63]

〈毛詩序〉所說的「詩言志」，明顯屬於「在心為志，發言為詩」的作者之志。因此，此處所謂的詩，即是作者心之志向所趨的一種外在展示。《左傳·襄公二十五年》云：

仲尼曰：「志有之：『言以足志，文以足言。』不言，誰知其志？言之無文，行而不遠。」[64]

〈毛詩序〉是從正面闡釋「在心為志，發言為詩」的「詩言志」觀點；《左傳》引文較之〈毛詩序〉的說明，則有兩點不同：其一，強調「言」與「文」的差異，「言」是較為樸素的「本志」，「文」屬更為精緻的「言」；其二，從反面突顯「言」與「文」的重要，「不言，誰知其志」、「言之無文，行而不遠」諸句，分別講述「言」對於「志」的對應關係，以及「文」對於「言」的增飾效果。

至於五柳先生的「常著文章自娛，頗示己志」，其中包含兩個部分，一是「自娛」，二為「示己志」。就「示志」方面而論，五柳先生表面看似上承〈毛詩序〉的「在心為志，發言為詩」之說，以及《左傳》記載的「言以足志，文以足言」觀點。不過，若我們細究其實質內涵，則可發現兩者的本質並不相類，〈毛詩序〉云：

63 漢·毛公傳、鄭玄箋：《毛詩鄭箋》（台北：學海出版社，2001），頁 1。
64 晉·杜預注，唐·孔穎達等正義：《春秋左傳正義》（《十三經注疏》本，臺北：藝文印書館，1985），頁 623 下。

情發於聲，聲成文，謂之音。治世之音安以樂，其政
和；亂世之音怨以怒，其政乖；亡國之音哀以思，其
民困。故正得失，動天地，感鬼神，莫近於詩。先王
以是經夫婦，成孝敬，厚人倫，美教化，移風俗。[65]

　　從引文可知，〈毛詩序〉中所謂的音樂與詩歌，其具體
內涵的表現與反映，皆與「經夫婦」、「成孝敬」、「厚人
倫」、「美教化」、「移風俗」等國家政教緊密相關。是故，
〈毛詩序〉的「詩言志」，乃是具有特殊意涵之「志」，而
非所有的「志」皆可納入其討論範疇。但是，五柳先生的「示
己志」之「志」，其具體意蘊顯然有別於〈毛詩序〉的「志」，
如前所述，它展示的乃是一種兼具隱者高趣與飲者風流的個
人之志，較無涉於所謂的國家政教之志。[66]

　　另外，在「著文自娛」的部分，〈五柳先生傳〉中「自
娛」觀點的提出，本就較為偏離先秦以降講究「詩言志」的
文學批評傳統。王國瓔認為：

所謂「自娛」，自然是超功利的態度，故而不必有意
「為詩」，追求時尚，更無意於逞才求勝，博取聲名。

---

65 漢・毛公傳、鄭玄箋：《毛詩鄭箋》，頁 1。
66 此亦正如同川合康三所云：「『己志』云云，在這裡（〈五柳先生傳〉）
　　當然不會是經時濟世之志，而是以上所寫的自己個人的獨得之樂。隨意
　　讀書之樂，盡興飲酒之樂，身無一物而全不介意的坦然之樂，把這些樂
　　趣再用語言表現出來，豈不是又添一樂！」引文參見日・川合康三著，
　　蔡毅譯：《希望那樣的「我」——〈五柳先生傳〉型自傳》，頁 63。

　　這樣的作品，應該是最率真自然的表現。[67]

　　誠如王氏所論，所謂的「自娛」，應是一種自然率真且超越世俗功利的著述態度，是故，不必如同〈毛詩序〉講究「正得失」、「動天地」與「感鬼神」的政教觀點，亦不必「有意為詩」，追求時尚、逞才求勝，藉以博取聲名。此種論調的提出，或許正可突顯五柳先生自然率真、無執於俗的高士形象。然而，頗值得玩味的是，五柳先生不僅著文「自娛」，也著文「示志」。著文自娛，尚可理解成「無意為文」以邀聲名於眾人的一種超功利表現。但是，著文示志，似乎就較難逃脫「有意為文」以示本志之功利考量的嫌疑。對此，田曉菲有著相當敏銳的觀察：

　　　　「自娛」和「示己志」，似乎是兩個相互矛盾的目標。如果一個人的預期讀者是自己，那麼又示志給誰看呢？[68]

　　田氏看出〈五柳先生傳〉中「常著文章自娛，頗示己志」兩句，其實隱含著內在矛盾，因為確如田氏所述那樣，如果一個人的預期讀者就是自己，僅是為了「自娛」而已，那麼，他又要「示己志」給誰看呢？顯然，五柳先生的預期讀者除

<hr>

67　王國瓔：〈陶淵明詩中「篇篇有我」——論陶詩的自傳意味〉，收於國立臺灣大學中國文學系編印：《王叔岷先生學術成就與薪傳研討會論文集》，（臺北：臺灣大學中國文學系，2001），頁318。

68　田曉菲：〈「先生不知何許人也」〉，《塵幾錄——陶淵明與手抄本文化研究》（北京：中華書局，2007），頁58。

了自己，尚有他人，至於所謂的他者是誰？筆者以為，理應是五柳先生期待視野下的當代知己或是後世知音。

　　如前所述，五柳先生的興趣嗜好，計有「讀書」、「飲酒」與「著文」三項。對此，〈揚雄傳〉與〈五柳先生傳〉的互文關係，從表面觀之，似乎僅涉及前面兩項，不過，對於「著文」一事，其實揚雄與五柳先生亦有可資參照的地方。揚雄《法言·吾子》云：

> 或問：「吾子少而好賦。」曰：「然。童子彫蟲篆刻。」俄而，曰：「壯夫不為也。」或曰：「賦可以諷乎？」曰：「諷乎！諷則已，不已，吾恐不免於勸也。」或曰：「霧縠之組麗。」曰：「女工之蠹矣。」[69]

　　透過引文所述可知，揚雄「少而好賦」，本身亦屬辭賦作家，雖然隨後即以「童子彫蟲篆刻」的輕視言論批評之，並強調「壯夫不為」。然而，值得深究的是，揚雄否定的並非辭賦創作本身，而是辭賦的諷諫效果無法彰顯，引文所述「諷則已，不已，吾恐不免於勸也」的談話，正深刻地道出揚雄對於辭賦之諷諫功能不彰的焦慮。對於「童子彫蟲篆刻」，汪榮寶《法言義疏》詮解云：「言文章之有賦，猶書體之有蟲書、刻符，為之者勞力甚多，而施用於實用者甚寡，可以為小技，不可以為大道也。」[70]此處小技與大道的分別

---

69 漢·揚雄著，汪榮寶撰，陳仲夫點校：《法言義疏》（北京：中華書局，1997），頁45。

70 漢·揚雄著，汪榮寶撰，陳仲夫點校：《法言義疏》，頁46。

關鍵，顯然就是可施於實用者，究竟是甚寡還是甚多。而所謂的施於實用的標準，指的則是如同於〈毛詩序〉所說，可以美教化、移風俗這種與國家政教相關，具有特殊意涵之情志內容。揚雄《法言‧吾子》云：

> 或問：「景差、唐勒、宋玉、枚乘之賦也，益乎？」曰：「必也淫。」「淫，則奈何？」曰：「詩人之賦麗以則，辭人之賦麗以淫。」[71]

引文中揚雄所述的「詩人之賦麗以則」與「辭人之賦麗以淫」兩大判分原則，前者的「麗則」，代表的正是〈毛詩序〉以降的「詩言志」舊傳統；後者的「麗淫」象徵的則屬《楚辭》以後文學發展的新趨勢。顯然，揚雄對於「著文」一事的觀點，走的是傳統「詩言志」系統的老路。而五柳先生的「自娛說」與「示志論」，較之揚雄的文學觀點，差異其實頗大。因此，揚雄與五柳先生對於「著文」之事，純以著文之興趣嗜好而言，彼此或有互文連結之處；但就著文觀點的實質內涵來考察，兩者之間卻又迥然有別。

4、自我期許 ——「忘懷得失，以此自終」。

在「自我期許」的部分，〈五柳先生傳〉的描繪雖然僅有「忘懷得失，以此自終」八字，但內含的意蘊卻是相當豐

---

71 漢‧揚雄著，汪榮寶撰，陳仲夫點校：《法言義疏》，頁49。

富，此處既有「忘懷得失」之超越境界的展現，又具「以此自終」之終極理想的嚮往。以下分別說明之。

（1）「忘懷得失」。

就「忘懷得失」之超越境界的展現而言，我們或許可從〈五柳先生傳〉中的「不」字開始討論，對此，錢鍾書曾有精準地評論：

> 陶潛〈五柳先生傳〉。按「不」字為一篇眼目。……「不」之言，若無得而稱，而其意，則有為而發。[72]

錢氏以「不」字作為〈五柳先生傳〉的一篇眼目，確實相當有見地，〈五柳先生傳〉一文，「不」字凡九見，其可約略分成五類如下：

類　　別	類型內容	「不」字之傳記引文
第一類	抗拒「名聲利益」之追求	「先生不知何許人也」、「亦不詳其姓字」、「不慕榮利」、「不汲汲於富貴」。
第二類	強化「貧窮處境」之描繪	「性嗜酒，家貧不能常得」、「環堵蕭然，不蔽風日」。
第三類	深化「安貧心態」之論述	「不戚戚於貧賤」。
第四類	講究「自然讀書」之方法	「好讀書，不求甚解」。
第五類	彰顯「自然率真」之形象	「既醉而退，曾不吝情去留」。

---

72 錢鍾書：《管錐編》（北京：中華書局，1999），第四冊，頁1228。

　　其中，在第一類的抗拒「名聲利益」之追求部分，「不慕榮利」為其「總綱」，其可包括「不慕榮名」與「不慕利祿」兩種「分論」內涵：其一，不慕榮名 ──「先生不知何許人也」（不強調家族之門戶地望）、「亦不詳其姓字」（不突顯個人之美好名聲）；其二，不慕利祿 ──「不汲汲於富貴」（不追求世俗之富貴利益）。

　　另外，第二類的強化「貧窮處境」之描繪，以及第三類的深化「安貧心態」之論述，可以視為一組，前者彰顯五柳先生「性嗜酒，家貧不能常得」、「環堵蕭然，不蔽風日」之貧士困境；後者則特別標舉五柳先生儘管面對外在環境的艱難，卻能「不戚戚於貧賤」，始終保持寧靜淡泊之安貧心境。

　　至於第四類的講究「自然讀書」之方法，以及第五類的彰顯「自然率真」之形象，亦可合為一組，兩者皆以「任真自然」之人物形象的塑造為其旨趣，差別只是展示對象的不同而已 ── 前者表現在讀書上，後者則反映在飲酒上。

　　總之，上述五種類型，不管是對於榮名利祿之「得」的淡然，還是面對貧窮窘境之「失」的安然，抑或是對於「任真自然」之人物超越形象的描繪，皆可一言以蔽之的納入到「忘懷得失」的內涵範疇中去進行理解。換言之，「忘懷得失」之超越境界的具體展現，即可在九個「不」字所組成的五種類型的論述內容當中覓得答案。

（2）「以此自終」。

　　從「以此自終」之終極理想的嚮往來看，一海知義認為：

《高士傳》、〈隱逸傳〉中的人物，有不少如「遂入
深山，莫知其所終」所說的隱蔽行踪，以致其死難以
得到確認。然而五柳先生與這些隱士不同，曰「自
終」。對於這一表述，小川環樹在〈五柳先生和方山
子傳〉中這樣述說過：「『自終』的『自』這個字中，
包含著與他人無關之意。並且大概不是由於災害等而
死（極端地說，不是被誅戮而死），而是終享天年的
意思。」這是對於「自終」正確的解釋。五柳先生不
受他人干擾，終享天年了。[73]

　　一海知義提到《高士傳》，以及史書中的〈隱逸傳〉人
物，有不少人有著「遂入深山，莫知其所終」的隱蔽行踪，
以致其死難以得到確認的記載。這樣的例證確實有之，如《高
士傳・善卷》云：

善卷者，古之賢人也。堯聞得道，乃北面師之，及堯
受終之後，舜又以天下讓卷。卷曰：「昔唐氏之有天
下，不教而民從之，不賞而民勸之，天下均平，百姓
安靜，不知怨，不知喜。今子盛為衣裳之服，以眩民
目；繁調五音之聲，以亂民耳；丕作〈皇韶〉之樂，
以愚民心。天下之亂，從此始矣。吾雖為之，其何益
乎？予立宇宙之中，冬衣皮毛，夏衣絺葛，春耕種，
形足以勞動；秋收斂，身足以休食。日出而作，日入

73 日・一海知義著，彭佳紅譯：《〈五柳先生傳〉—— 架空的自傳》，頁34。

而息，逍遙於天地之間，而心意自得。吾何以天下為
哉？悲夫子之不知余也！」遂不受去，入深山，莫知
其處。[74]

另外，正史記載如《後漢書・逸民列傳・向長》云：

向長字子平，河內朝歌人也。隱居不仕，性尚中和，
好通《老》、《易》。貧無資食，好事者更饋焉，受
之取足而反其餘。……建武中，男女娶嫁既畢，勅斷
家事勿相關，當如我死也。於是遂肆意，與同好北海
禽慶俱遊五嶽名山，竟不知所終。[75]

不管是《高士傳》中的善卷，還是〈逸民傳〉中的向長，
前者是「入深山，莫知其處」，後者為「遊五嶽名山，竟不
知所終」。兩處引文所述，確實符合一海知義的相關論述。
不過，這僅是問題的一個方面，其實，《高士傳》與〈逸民
傳〉中，仍然存在不少最後以壽終於家的隱者，如《高士傳・
黔婁先生》云：

黔婁先生者，齊人也。修身清節，不求進於諸侯。魯
恭公聞其賢，遣使致禮，賜粟三千鍾，欲以為相，辭
不受。齊王又禮之，以黃金百斤聘為卿，又不就。著書

---

74 晉・皇甫謐撰：《高士傳》，卷上，頁 3-4。

75 宋・范曄撰，唐・李賢等注：《後漢書》（北京：中華書局，1973），
　　卷 83，頁 2758-2759。

四篇，言道家之務，號黔婁子，終身不屈，以壽終。[76]

引文中的黔婁先生，類似於五柳先生，此點將於後文「傳贊：自我定位」的部分再作討論。同樣都是《高士傳》中的人物，前引善卷在「不受天下」之後離去，接著「入深山，莫知其處」。至於黔婁，先是魯恭公欲以為相，辭而不受；後為齊王欲聘為卿，又不就；最後，終身不屈，以壽而終。相較之下，兩人堅持不受政治職務的安排，此為其所同。然而，不受官職之後，善卷選擇遠離人間，遁走深山，最後莫知其處，黔婁則是以壽而終於家，[77]此為兩者結局之差異。另外，《後漢書・逸民列傳・王霸》云：

王霸字儒仲，太原廣武人也。少有清節。及王莽篡位，棄冠帶，絕交宦。建武中，徵到尚書，拜稱名，不稱臣。有司問其故。霸曰：「天子有所不臣，諸侯有所不友。」司徒侯霸讓位於霸。閻陽毀之曰：「太原俗黨，儒仲頗有其風。」遂止。以病歸。隱居守志，茅屋蓬戶。連徵不至，以壽終。[78]

76　晉・皇甫謐撰：《高士傳》，卷中，頁5。

77　《高士傳・黔婁先生》雖然沒有明確說明黔婁壽終於家之事，但《列女傳・賢明傳・魯黔婁妻》卻是有所補充：「魯黔婁先生之妻也。先生死，曾子與門人往弔之。其妻出戶，曾子弔之。」從《高士傳》與《列女傳》的互文視角觀之，黔婁最後應是壽終於家。是故，曾子與門人才有往弔之舉，其妻亦有出戶迎接之事。引文參見漢・劉向撰，清・梁端校注：《列女傳》（臺北：臺灣中華書局，1966），卷2，頁8。

78　宋・范曄撰，唐・李賢等注：《後漢書》，卷83，頁2762。

　　同樣都是《後漢書》的〈逸民傳〉，向長是「男女娶嫁既畢，勑斷家事勿相關」，於是與同好肆意俱遊五嶽名山，竟不知所終；王霸則是「隱居守志，茅屋蓬戶」，最後，連徵不至，以壽而終於家。

　　據上所述可知，五柳先生的「以此自終」，確實如同一海知義的解釋，有著「不受他人干擾，終享天年」之意。但是，要能完全做到「不受他人干擾」，顯然有個關鍵前提，就是前文所說的「忘懷得失」。換言之，必須先有「忘懷得失」的超越境界，方能達成「以此自終」的終極理想。

　　5、傳贊：自我定位 ── 黔婁之妻有言：「不戚戚於貧賤，不汲汲於富貴。」極其言茲若人之儔乎？酣觴賦詩，以樂其志。無懷氏之民歟？葛天氏之民歟？

　　關於〈五柳先生傳〉的贊語，一海知義認為主要展現三個要點：「第一，對貧富的態度；第二，飲酒與作詩；第三，比擬古人。」[79]至於其具體的分析架構則如下所示：

類　別	類型內容	傳贊文本
第一點	對貧富的態度	黔婁之妻有言：「不戚戚於貧賤，不汲汲於富貴。」極其言茲若人之儔乎？
第二點	飲酒與作詩	酣觴賦詩，以樂其志。
第三點	比擬古人	無懷氏之民歟？葛天氏之民歟？

　　筆者以為，一海知義的討論框架，似可略為調整。因為

---

79 日・一海知義著，彭佳紅譯：《〈五柳先生傳〉── 架空的自傳》，頁36。

在第一點中，五柳先生明顯是以黔婁自比，一句「極其言茲若人之儔乎」，正是五柳先生以黔婁作為比擬對象的證明。另外，在第三點的部分，「無懷氏之民歟」與「葛天氏之民歟」，一海知義將其解釋為五柳先生的自我比擬，其說固然可通，不過，若是將其理解成五柳先生對於上古真淳、樸素時代的一種追尋與嚮往，或許亦不違背原文之書寫旨趣。是故，筆者以為，傳贊部分的分析模式，可以略作變更如下：

類　別	類型內容	傳贊文本
第一點	自況與比擬	黔婁之妻有言：「不戚戚於貧賤，不汲汲於富貴。」極其言茲若人之儔乎？
第二點	自娛與樂道	酣觴賦詩，以樂其志。
第三點	追尋與嚮往	無懷氏之民歟？葛天氏之民歟？

對於上述三個要點，以下將分別說明之。

（1）自況與比擬：黔婁之妻有言：「不戚戚於貧賤，不汲汲於富貴。」極其言茲若人之儔乎？

在自況與比擬的部分，傳贊先是點出五柳先生對於貧富的態度乃是「不戚戚於貧賤，不汲汲於富貴」。前引〈揚雄傳〉曾經提到，揚雄亦屬「不汲汲於富貴，不戚戚於貧賤」之高士，兩篇文章對於「不戚貧賤」、「不汲富貴」的論述順序雖然不同，但基本旨趣卻是相通。《列女傳‧賢明傳‧魯黔婁妻》云：

> 彼（黔婁）先生者，甘天下之淡味，安天下之卑位。
> 不戚戚於貧賤，不忻忻於富貴。求仁而得仁，求義而
> 得義。[80]

　　我們試將引文與前文所述《高士傳・黔婁先生》的內容相互對照，即可發現兩者之間的互文性。因為黔婁「不戚戚於貧賤」，故能「甘天下之淡味」，亦可做到如同〈黔婁先生〉中所說「修身清節」；因為黔婁「不忻忻於富貴」，故可「安天下之卑位」，此即〈黔婁先生〉中所謂「不求進於諸侯」之意。正因為黔婁的「不戚貧賤」、「不汲富貴」，乃是自我抉擇之結果，是故，〈黔婁先生〉才有「魯恭公賜粟三千鍾，欲以為相，辭不受」、「齊王以黃金百斤聘為卿，又不就」的相關記載。最後，黔婁終能如同其妻所言：「求仁而得仁」、「求義而得義」，此亦符合〈黔婁先生〉中對於黔婁「終身不屈」的論述。

　　黔婁「不戚貧賤」、「不汲富貴」的人物形象如此，而五柳先生的傳贊，先是引黔婁之妻的言論「不戚戚於貧賤，不汲汲於富貴」自況，接著，又說「極其言茲若人之儔乎」，此處顯然是將五柳先生比擬為黔婁先生。是故，我們或許可以這麼說：《高士傳》的〈黔婁先生〉與《列女傳》的〈魯黔婁妻〉，經由彼此的互文關係，建構出黔婁先生「不戚貧賤」、「不汲富貴」的崇高形象；之後，〈揚雄傳〉又透過與〈黔婁先生〉、〈魯黔婁妻〉的互文連結，強化了揚雄「不

---

80 漢・劉向撰，清・梁端校注：《列女傳》，卷2，頁8。

戚貧賤」、「不汲富貴」的高潔品行；最後〈五柳先生傳〉
再藉由其與〈揚雄傳〉，以及〈黔婁先生〉、〈魯黔婁妻〉
的互文聯繫，塑造出五柳先生「不戚貧賤」、「不汲富貴」
的高士風貌。

（2）自娛與樂道：酣觴賦詩，以樂其志。

〈五柳先生傳〉的傳贊提及自娛與樂道之事僅有八字「酣
觴賦詩，以樂其志」。其中，「酣觴賦詩」講述的內容偏向
「自娛」；「以樂其志」描繪的形象接近「樂道」。

首先說明「酣觴賦詩」之「自娛」部分，前文提及五柳
先生的三大興趣嗜好是：讀書、飲酒與著文。此處的「酣觴」
指的即為飲酒之趣；「賦詩」說的則為著文之樂。不過，這
裡漏掉「讀書」之事不談，或許是基於兩個原因：其一，五
柳先生在酣飲之際，興致特別高昂，此時，順勢將此激越情
感化為詩興，進而朗誦、書寫出來，這種藉由酒趣、酒興引
發詩趣、詩興的創作模式，本身雖為五柳先生日常生活中的
一部分，但這種「詩酒」相互結合的書寫型態，實有值得特
別標舉之處。其二，相較而論，讀書的理解過程，不管是淺
解、深解還是甚解，都比較是屬於被動地接受作者與文本的
誘導、啟發；但是酣觴與賦詩則有所不同，不管是酣飲中各
類情緒的舒展，還是賦詩中諸種感受的抒發，自身不僅可以
具備充分的主導權，而且過程中還能積極地展示自己的主動
性與能動性。因此，此處五柳先生的自娛內容，之所以會特
別提出酣觴與賦詩兩項，或許就是因為：它們最能體現五柳

先生抒發情志之際，所欲突顯的主觀能動性。

　　接著討論「以樂其志」之「樂道」內容，傳文說五柳先生「常著文章自娛，頗示己志」，而示己志之志，如前所論，指的乃是一種兼具「隱者高趣」與「飲者風流」的個人情志，而此種情志，既為五柳先生自我選擇下的結果，是故，求仁得仁、求義得義，五柳先生理應樂在其中。至於符合隱者高趣與飲者風流兩種形象，為何可被視為樂道？就隱者高趣的部分而言，隱者不戚貧賤、不汲富貴的崇高人格，向來就被認可是一種體道修養的高潔表現，這點較無疑義。比較有爭議的應是「飲者風流」的人物形象，為何也可納入至道的討論範疇？這是因為飲者之風流形象，固然頗不合於儒家傳統的酒德觀，但前文亦已辨析過，在魏晉新酒德觀的影響下，如五柳先生這種折中於新舊之間，一方面既符合儒家飲不及亂的適中原則，另一方面又保有魏晉名士的風流品味，本身兼具新酒德觀的氣韻風度，以及舊酒德觀的德性美質。是故，稱其為合於道之內涵，應屬可被理解與接受之詮釋。

（3）追尋與嚮往：無懷氏之民歟？葛天氏之民歟？

　　對於傳贊的最後兩句「無懷氏之民歟」？「葛天氏之民歟」？一海知義認為是「比擬古人」，筆者以為，將其解釋為五柳先生對於上古聖王時代的追尋與嚮往，或許更加貼切，理由如下：

　　楊勇校箋「無懷氏之民歟」、「葛天氏之民歟」兩句云：

無懷氏、葛天氏，皆古帝也。或云：無懷氏之時，其
民甘食而樂居，懷土而重生，雞犬之音相聞，民至老
死不相往來。葛天氏或云為有巢氏，或云在伏羲之
前。其治世不言而信，不化而行。[81]

無懷氏與葛天氏皆屬上古聖王，無懷氏之時，其民甘食
而樂居；葛天氏之際，其治世不言而信，不化而行。這兩個
時代，顯然都是民風尚未墮落之前的純真樸實之世，因此，
五柳先生不免心嚮往之，而欲成為其中的一份子。通常，當
我們使用「比擬古人」一詞，應該是指將主體對象具體的比
擬為某一位古人，如前文將五柳先生比擬為黔婁這位古代高
士。但是，「無懷氏之民」、「葛天氏之民」，顯然並不是
專指具體的兩位古人，而是泛指生活在傳說中兩個美好盛世
下的人民。因此，當五柳先生表達想要成為無懷氏之民、葛
天氏之民時，他的本意應該是說：希望能夠返回上古盛世，
成為無懷氏、葛天氏那個時代的一份子。所以，重點應是對
於美好時代的追尋與嚮往，而非典範人物的自況或比擬。另
外，黃文青提到：

　　饒有趣味的是，作者撰文目的分明是要揭示自我，卻
　　在文章（五柳先生傳）首尾連用二否定句與二問句一
　　再模糊自我身分的定位，既流露出中國文人創作中少
　　見的幽默感，又潛伏著世道不見相容五柳先生這類素

81　晉·陶潛著，楊勇校箋：《陶淵明集校箋》（臺北：正文書局，1999），
　　卷6，頁288。

心寒士的孤獨感，更充盈一種「得意忘言」的理趣。[82]

　　傳文開始即說「先生不知何許人也，亦不詳其姓字」，此為「二否定句」；傳文結尾又云「無懷氏之民歟？葛天氏之民歟」？此是「二疑問句」。黃氏認為作者撰文的目的既是要「揭示自我」，卻又在文章首尾用二否定句與二疑問句「模糊自我」，因此，將其解釋為是作者「幽默感」、「孤獨感」，以及「得意忘言」之理趣的綜合展現。黃氏的分析固然有其理路，不過，筆者以為，開頭兩否定句與結尾兩疑問句，從表面觀之，雖有「模糊自我」之嫌，但細究全文之語意脈絡，又可發現，其實全文乃是意圖透過「模糊自我」來「揭示自我」，進而「期許自我」、「定位自我」。

　　對於五柳先生是否等同於陶淵明本人，此一議題暫且不論，僅以〈五柳先生傳〉本身之書寫策略而言，確實誠如黃氏所說，文章開頭「先生不知何許人也，亦不詳其姓字」兩否定句，的確「模糊」了傳主的自我。但從「宅邊有五柳樹，因以為號焉」開始，至「常著文章自娛，頗示己志」為止，作者卻是逐步藉由對五柳先生之「隱者高趣」與「飲者風流」形象的建構，來「揭示」傳主的自我。接著，作者藉由「忘懷得失，以此自終」兩句，闡釋了傳主「期許」中的自我形象 —— 以「忘懷得失」之超越境界，達成「以此自終」的終極理想。最後，在傳贊的部分，作者分別透過傳主自況與比擬之人、自娛與樂道之事，以及追尋與嚮往之境，「定位」

---

82 黃文青：《從空間概念論陶淵明在〈五柳先生傳〉的抒情自我》，《成大中文學報》第五十期（2015 年 9 月），頁 76。

了傳主的自我。其中，「不戚戚於貧賤，不汲汲於富貴」兩否定句，以及「極其言茲若人之儔乎」此一疑問句，是對於五柳先生「貧士」、「隱者」身份的定位 —— 屬於黔婁先生類型的高士；「酣觴賦詩，以樂其志」兩句，則是對於五柳先生「飲者」、「文人」形象的定位；至於「無懷氏之民歟」與「葛天氏之民歟」兩疑問句，則為替五柳先生所追尋與嚮往的美好時代定位，在此，五柳先生顯然是一方面感慨自己生不逢時，另一方面經由自我性情的衡量、反思，於是將自我定位為：雖不幸降生於亂世，但依其自然質性，卻是理應返回上古傳說盛世之子民。

綜上所述，筆者以為，傳文開頭「先生不知何許人也，亦不詳其姓字」兩否定句，雖有「模糊」傳主之嫌，但也正因這種「模糊」，反而使得作者在傳主形象的塑造歷程中，可以不受歷史現實的限制，而能自由自在地馳騁開展：不僅可以圓滿結合「隱者高趣」與「飲者風流」兩種形象，還能上擬先秦高士，甚至追步上古盛世之民。是故，文章開頭的「模糊自我」，就書寫策略與呈顯效果而論，反而成就了文章意圖「揭示自我」、「期許自我」與「定位自我」的創作旨趣。

三、「類同」與「差異」
—— 「陶集」與〈五柳先生傳〉之參照比較

鏊清了〈五柳先生傳〉之書寫結構，並理出五柳先生兼具「隱者高趣」與「飲者風流」之人物形象之後，接著，我

們即可以五柳先生的此種形象作為參照原型，並藉由陶集中的淵明形象，[83]來與其進行比較。而在這個部分，我們將先比較兩者的相通之處，亦即陶集中淵明既含「隱者高趣」，又具「飲者風流」的人物形象。之後再比較兩人的差異之處，換言之，此處要處理的問題是：陶集中的淵明，除了「隱者高趣」與「飲者風流」這兩種特別突出，且為後世讀者所熟知的形象外，其它隱而未發，或是發而未顯的人物意象、情志元素，理應也是考察淵明整體形象之際，必須一起納入考量的重點。

　　以下，我們將分別針對「任真」與「自得」——五柳先生與淵明之「相通形象」，以及「片面」與「整體」——五柳先生與淵明之「相異形象」兩個部分來展開討論。

（一）「任真」與「自得」——五柳先生與淵明之「相通形象」

　　五柳先生與淵明之人物形象的相通之處頗多，其具體例證如下。

1、「出身」、「姓名」與「稱號」——「先生不知何許人也，亦不詳其姓字。宅邊有五柳樹，因以為號焉」。

　　〈五柳先生傳〉中的傳主五柳先生，儘管不知出身，不

---

[83] 此處所謂的淵明人物形象，指的是：陶集裡所展示出來，充滿各種人間情味、親切感人的淵明形象；而非史傳中所建構出來，僅是為了符合隱者品味，因而有所抑揚、取捨的類傳形象。

明姓名，但是卻有稱號，田曉菲云：

> 五柳先生沒有姓字，但是有號：門前的五棵柳樹標識
> 了他的家宅，也標識了宅中人。[84]

確實如同田氏所說，五柳先生家門前面的五棵柳樹，既標識了他的住宅，也標識了宅中人。於此，我們可以進一步反思，真正的隱者，既然不願別人知曉他的出身、姓名，那麼，為何又要特別標舉出他的稱號？對此，沈約有段精采的評論，其《宋書·隱逸傳序》云：

> 夫隱之為言，迹不外見，道不可知之謂也。若夫千載
> 寂寥，聖人不出，則大賢自晦，降夷凡品，止於全身
> 遠害，非必穴處巖栖，雖藏往得二，鄰亞宗極，而舉
> 世莫窺，萬物不覩。若此人者，豈肯洗耳潁濱，皦皦
> 然顯出俗之志乎。
>
> 遯世避世，即賢人也。夫何適非世，而有避世之因，
> 固知義惟晦道，非曰藏身。至於巢父之名，即是見稱
> 之號，號曰裘公，由有可傳之迹，此蓋荷蓧之隱，而
> 非賢人之隱也。賢人之隱，義深於自晦，荷蓧之隱，
> 事止於違人。論迹既殊，原心亦異也。身與運閉，無
> 可知之情，雖黍宿賓，示高世之美。運閉故隱，為隱

---

84 田曉菲：〈「先生不知何許人也」〉，頁61。

> 之迹不見，違人故隱，用致隱者之目。身隱故稱隱者，
> 道隱故曰賢人。……其餘夷心俗表者，蓋逸而非隱
> 云。[85]

　　沈約顯然認為，真正的隱者，理應「迹不外見，道不可知」，至於「洗耳潁濱，皦皦然顯出俗之志」類型的隱者，因為形跡外露，實已違反「舉世莫窺，萬物不覿」之「大賢自晦」的原則。是故，沈約認為「賢人之隱」與「荷蓧之隱」，乃是屬於兩種不同性質的隱逸型態，賢人之隱是「義深於自晦」，且既然「身與運閉」，故亦「無可知之情」、「為隱之迹不見」；至於荷蓧之隱僅是「事止於違人」，故其「雞黍宿賓」之舉，不免存有「示高世之美」、「用致隱者之目」的嫌疑。因此，沈約認為「巢父之名，即是見稱之號」，「號曰裘公，由有可傳之迹」，上述兩人皆屬「荷蓧之隱」類型，而非「賢人之隱」的範疇。

　　若我們依照沈約的上述觀點，來對五柳先生的隱逸行為作一考察，那麼，五柳先生既有如同巢父般的「見稱之號」，亦有類同裘公式的「可傳之迹」，是故，理應歸為「荷蓧之隱」類型。不過，暫且撇開沈約的觀點不論，在六朝時期，「荷蓧之隱」類型的隱者，其實所得到的評價仍然相當正面，因為皇甫謐撰寫的《高士傳》，裡面就有〈荷蓧丈人〉專篇。[86]由此可見，沈約的隱逸論述，雖然不失為一種有價值的參照觀點，但顯然並非當時隱逸思想的主流。然而，值得深思

---

85 梁・沈約撰：《宋書》，卷 93，頁 2275-2276。
86 晉・皇甫謐撰：《高士傳》，卷上，頁 9。

的是，沈約的論點，還是提醒了我們對於隱者的考察視野：像五柳先生這樣雖然不知出身，不明姓名，但是卻有稱號的隱者，我們理應特別注意其在此「見稱之號」下所意圖展現的「可傳之迹」究竟為何？

　　至於五柳先生的「可傳之迹」為何？綜合前文所述，答案亦頗為清晰，即是一種完美結合「隱者高趣」與「飲者風流」的高士形象。對此，陶集中亦頗多相應篇章可資對照，如五言〈答龐參軍〉云：

> 相知何必舊，傾蓋定前言。
> 有客賞我趣，每每顧林園。
> 談諧無俗調，所說聖人篇。
> 或有數斗酒，閒飲自歡然。
> 我實幽居士，無復東西緣。
> 物新人惟舊，弱毫多所宣。
> 情通萬里外，形跡滯江山。
> 君其愛體素，來會在何年。[87]

　　詩中「談諧無俗調，所說聖人篇」的高情雅志，「我實幽居士，無復東西緣」的隱者定位，「或有數斗酒，閒飲自歡然」的飲者形象，皆屬可與五柳先生互文參看之文本。不過，必須要特別補充的是，五柳先生雖然兼具「隱者高趣」與「飲者風流」兩種形象，不過，若就文章的主導傾向來看，

87　晉‧陶潛著，龔斌校箋：《陶淵明集校箋》，卷2，頁116。

〈五柳先生傳〉中主要人物形象的塑造，仍然應以「隱者高趣」為主，「飲者風流」為輔。而在此前提下，我們亦可將飲酒與讀書、著文並列，成為五柳先生展現「隱者高趣」的三大具體內涵。上述觀點，其實不難得到證實，前引傳贊中五柳先生以黔婁作為自況比擬的對象，而其中連結兩人的主要特質即為「不戚戚於貧賤，不汲汲於富貴」的隱者性格。

　　由此可見，五柳先生之人物形象，就「作者」之書寫旨趣而言，實以「隱者高趣」為主，「飲者風流」為輔；而從「文本」之展示效果來看，「隱者高趣」與「飲者風流」兩者之間，實有相輔相成之功，難分軒輊；但若僅以「讀者」之閱讀趣味觀之，恐怕會有許多讀者認為，應以「飲者風流」為主，「隱者高趣」為輔。換言之，原應屬於配角的五柳先生之「飲者風流」形象，似乎頗有喧賓奪主之嫌，因為它本是擔任輔助五柳先生「隱者高趣」形象的建構工作，結果因為自己的表現太過出色，反而遮蔽了主角的光彩，並為後人所津津樂道。[88]

　　關於五柳先生之「飲者風流」形象，將於下文「興趣嗜好」部分再作細論，此處為免重覆，茲不贅述，僅特別著重於五柳先生「隱者高趣」形象的互文闡釋。淵明四言〈答龐參軍〉云：

---

[88] 如周靜佳就認為：「如果說固窮曠達的『隱者』是淵明有意藉由〈五柳先生傳〉傳世的形象，而本自天成，自然流露的『飲者』，或許無心，卻勢所難免，留給後人深刻的印象。」周氏「有意」、「無心」之說，已經點出淵明在建構五柳先生的形象時，對於「隱者」與「飲者」兩種形象，確實有著主觀意願上的形塑標準。引文參見周靜佳：《陶淵明「飲者」形象的建構 —— 由〈五柳先生傳〉談起》，頁 141-142。

衡門之下，有琴有書。

載彈載詠，爰得我娛。

豈無他好，樂是幽居。

朝為灌園，夕偃蓬廬。[89]

　　淵明於上引五言〈答龐參軍〉自稱「我實幽居士，無復東西緣」，此處四言〈答龐參軍〉又自謂「豈無他好，樂是幽居」。前者強調的是 —— 對於自身幽居之士的界定；後者突顯的是 —— 對於自身幽居之樂的肯定。淵明於陶集中既以幽居之隱者自稱，顏延之〈陶徵士誄序〉（以下簡稱顏〈誄〉）亦云：「有晉徵士尋陽陶淵明，南岳之幽居者也。」[90]引文「有晉徵士」的問題暫且不論，「南岳之幽居者」中的「幽居」兩字，明顯是引用陶集辭彙而來。且就身份定位的角度觀之，顏延之對於淵明之幽居隱者的身份，不僅是深表認同，還進一步承襲其說而加以表揚之。[91]另外，本文「前言」部分已經提過，〈宋傳〉、蕭〈傳〉、〈晉傳〉與〈南傳〉四篇史傳，皆以〈五柳先生傳〉作為淵明之自況實錄。[92]其中，

89　晉・陶潛著，龔斌校箋：《陶淵明集校箋》，卷 1，頁 32。
90　梁・蕭統編，唐・李善注：《文選》（上海：上海古籍出版社，1997），卷 57，頁 2470。
91　對此問題，可以參看本書第三章中有關「淵明『經典形象』之塑造」部分的說明。
92　頗堪玩味的是，〈五柳先生傳〉雖然號稱「實錄」，但是，對於五柳先生地望、門第、姓氏、稱號的記載卻完全是「務虛」而不「紀實」。對此，魏耕原認為：「此傳（五柳先生傳）並非敘寫『生平之行』，而在專表自己習性志向，所謂『高趣』而已。雖然特性如此，確屬自傳文字

除了非屬正史系統的蕭〈傳〉之外，《宋書》、《晉書》與《南史》，皆將淵明傳記，納入「隱逸列傳」的譜系中來加以書寫。[93]

從淵明幽居士之自稱，以及顏延之南岳幽居者的品評，再加上四篇史傳的隱逸界定，淵明的隱者身份，已然確認無疑。據此，陶集、顏〈誄〉，以及四篇史傳中的淵明，既為隱逸高士，而〈五柳先生傳〉中的傳主亦為隱逸高士，如此，則淵明似乎即為五柳，五柳亦是淵明。而〈五柳先生傳〉、陶集、顏〈誄〉，以及四篇史傳之間，更是形成一種彼此參照、相互辯證的互文關係。

2、「基本性格」、「生活條件」與「安貧心態」──「閑靖少言，不慕榮利」、「環堵蕭然，不蔽風日。短褐穿結，簞瓢屢空」、「晏如也」。

（1）在「基本性格」方面，五柳先生是「閑靖少言，不慕榮利」。意即內在性情閒靜，表現於外，既沉默寡言，亦不追逐外在之虛名與富貴。首先說明「閑靖少言」與陶集及顏〈誄〉的互文關係。淵明〈與子儼等疏〉自云：「少學琴書，偶愛閒靜。」〈自祭文〉則云：「勤靡餘勞，心有常閒。」

則無疑。」參見氏著：〈最後絕裂：變形的《高士傳》──陶淵明〈五柳先生傳〉作年考論〉，《陝西師範大學學報》第 35 卷第 1 期（2006年 1 月），頁 30。可見，此處史傳所謂的實錄之實，指的應是五柳先生的隱者精神、高人風度之實，而非生平家世之實。

93 蕭〈傳〉因非正史，故無隱逸列傳的編制，但蕭統在傳中，亦將淵明形塑成一位任真自得的高潔隱者。

〈戊申歲六月中遇火〉亦云：「形迹憑化往，靈府長獨閑。」[94]顏〈誄〉序文稱淵明「弱不好弄，長實素心」、「在眾不失其寡，處言愈見其默」。[95]如果說偶愛閒靜、弱不好弄、長實素心是對於淵明「閒靜性格」的說明；[96]那麼，心有常閒、靈府長獨閑則是對於淵明「閒靜境界」的表述。至於「在眾不失其寡，處言愈見其默」，則是對於淵明「少言」特質的描繪。另外，一海知義還敏銳地舉出淵明〈晉故征西大將軍長史孟府君傳〉中的「沖默而有遠量」，以及〈祭程氏妹文〉中的「靖恭而言鮮」兩個例證，其中「沖默」與「言鮮」兩個評語，分別是針對孟府君和程氏妹寡言、少言性格的描述。對此，一海知義特別強調：「我們可以看到『沉默寡言』對陶淵明來說是理想的，是使他產生好感的人物性格特徵之一。而這又恰巧和五柳先生的性格一致，可謂意味深長。」[97]

　　至於在「不慕榮利」的外在展現部分，陶集與顏〈誄〉亦有與之相應的互文聯繫。淵明《詠貧士七首》其四云：「好爵吾不縈，厚饋吾不酬。」[98]顏〈誄〉序文稱美淵明：「道不偶物，棄官從好。遂乃解體世紛，結志區外，定迹深棲，於是乎遠。」[99]其中，「好爵不縈」、「厚饋不酬」與「棄

---

94 分見晉・陶潛著，龔斌校箋：《陶淵明集校箋》，卷7，頁509；卷7，頁532；卷3，頁228。

95 梁・蕭統編，唐・李善注：《文選》，卷57，頁2470。

96 淵明不僅自己「長實素心」，亦樂與素心之人交往，《移居二首》其一云：「昔欲居南村，非為卜其宅。聞多素心人，樂與數晨夕。」正可為證。引文參見晉・陶潛著，龔斌校箋：《陶淵明集校箋》，卷2，頁129。

97 日・一海知義著，彭佳紅譯：《〈五柳先生傳〉——架空的自傳》，頁25。

98 晉・陶潛著，龔斌校箋：《陶淵明集校箋》，卷4，頁368。

99 梁・蕭統編，唐・李善注：《文選》，卷57，頁2471。

官從好」三句，強調的正是淵明不慕榮利之表現；[100]而「解體世紛，結志區外，定迹深棲，於是乎遠」四句，以及淵明〈戊申歲六月中遇火〉所說的「草廬寄窮巷，甘以辭華軒」，[101]突顯的則是淵明不慕榮利之隱者情懷的具體展現。據此，淵明與五柳先生又著實相似。

（2）在「生活條件」與「安貧心態」部分，五柳先生是「環堵蕭然，不蔽風日。短褐穿結，簞瓢屢空，晏如也」。其中，「環堵蕭然，不蔽風日」屬於居住環境的範疇；「短褐穿結」與「簞瓢屢空」則是分屬衣、食兩大民生問題。至於最後的「晏如」評價，是對於五柳先生在住、衣、食三大生活條件方面的心態總結。關於五柳先生的生活條件，一言以蔽之，「貧」字而已。至於淵明的生活條件，亦是如同五柳先生 —— 貧窮而已：

〈自祭文〉云：「自余為人，逢運之貧，簞瓢屢罄，絺綌冬陳。」

〈與子儼等疏〉云：「吾年過五十，少而窮苦，每以家弊，東西遊走。」

〈歸去來兮辭序〉云：「余家貧，耕植不足以自給。

100　「好爵吾不縈，厚饋吾不酬」兩句，雖是歌詠黔婁這位古代「貧士」之作，不過，因為淵明的《詠貧士七首》，本來就有藉吟詠古代貧士以自詠之意，是故，此處「好爵不縈」、「厚饋不酬」的評價，亦可施用於淵明身上。

101　晉・陶潛著，龔斌校箋：《陶淵明集校箋》，卷 3，頁 228。

　幼稚盈室，餅無儲粟，生生所資，未見其術。」[102]

　　淵明自從生而為人，即逢運之貧、少而窮苦，即使年過五十，仍然「每以家弊，東西遊走」。不僅自己「簞瓢屢罄，絺綌冬陳」，亦累及家人，以致「幼稚盈室，餅無儲粟」。

　　對此，顏〈誄〉亦有類似的表述。顏〈誄〉序文講述淵明生活經歷云：「少而貧病，居無僕妾。井臼弗任，藜菽不給。母老子幼，就養勤匱。」[103]其中，「少而貧病，居無僕妾」兩句，正與淵明「自余為人，逢運之貧」、「吾年過五十，少而窮苦」之說相類；「井臼弗任，藜菽不給」兩句，則和淵明「余家貧，耕植不足以自給」、「生生所資，未見其術」的情況接近；「母老子幼，就養勤匱」兩句，說的亦與淵明「每以家弊，東西遊走」、「簞瓢屢罄，絺綌冬陳」、「幼稚盈室，餅無儲粟」的窘境頗為相符。[104]

　　另外，顏〈誄〉正文談論淵明居家生活云：「居備勤儉，躬兼貧病。人否其憂，子然其命。」[105]引文「居備勤儉，躬兼貧病」兩句，亦與前文對於淵明貧窮生活的討論一致，明確點出淵明的「貧」（隱含住之簡陋、衣之破敗、食之匱乏）；

---

102 分見晉・陶潛著，龔斌校箋：《陶淵明集校箋》，卷7，頁532；卷7，頁509；卷5，頁453。
103 梁・蕭統編，唐・李善注：《文選》，卷57，頁2470-2471。
104 淵明《雜詩十二首》其八云：「代耕本非望，所業在田桑。躬耕未曾替，寒餒常糟糠。豈期過滿腹，但願飽粳糧。御冬足大布，麤絺以應陽。正爾不能得，哀哉亦可傷。人皆盡獲宜，拙生失其方。」引文內容與此段的論述旨趣頗為相關，亦可相互參看。引文參見晉・陶潛著，龔斌校箋：《陶淵明集校箋》，卷4，頁351。
105 梁・蕭統編，唐・李善注：《文選》，卷57，頁2473。

至於「人否其憂，子然其命」兩句，則是贊許淵明，對於人們原本應該憂慮的貧窮命格，淵明卻能正面承擔。淵明《移居二首》其一云：「弊廬何必廣，取足蔽牀席。」〈始作鎮軍參軍經曲阿作〉云：「被褐欣自得，履空常晏如。」[106]如果說「人否其憂，子然其命」還只是一種對於生命，雖然正面承擔，但卻不免帶有一種引人深切同情的生命悲感的話，那麼，強調「弊廬何必廣，取足蔽牀席」，高唱「被褐欣自得，履空常晏如」的淵明，其所展現的知足情調與樂觀姿態，則儼然是對於貧窮始終保持「晏如」心態之五柳先生的翻版。[107]

3、興趣嗜好 ──「好讀書，不求甚解，每有會意，便欣然忘食」、「性嗜酒，家貧不能常得，親舊知其如此，或置酒而招之。造飲輒盡，期在必醉；既醉而退，曾不吝情去留」與「常著文章自娛，頗示己志」。

五柳先生的「興趣嗜好」計有三種：讀書、飲酒與著文，以下分別針對這三種興趣嗜好，與陶集及顏〈誄〉中的淵明相關形象相互參照之。

---

106 分見晉・陶潛著，龔斌校箋：《陶淵明集校箋》，卷 2，頁 129；卷 3，頁 181。

107 淵明《擬古九首》其五云：「東方有一士，被服常不完。三旬九遇食，十年著一冠。辛勤無此比，常有好容顏。」文中被服不完、三旬九食，十年僅著一冠，且辛勤無此比，但卻能常保好容顏的「東方貧士」，其人物形象亦頗近於淵明。是故，五柳先生，東方貧士以及淵明三人，就互文辯證的視野觀之，理應是同一人。引文參見晉・陶潛著，龔斌校箋：《陶淵明集校箋》，卷 4，頁 325。

（1）「讀書」：好讀書，不求甚解，每有會意，便欣然忘食。

五柳先生好讀書，淵明亦好讀書，此為知識分子之基本素養。至於五柳先生的讀書型態，乃是「好讀書，不求甚解」、「每有會意，便欣然忘食」。對此，前文已經提過，這是一種在順乎自然，不求勉強解釋的前提下，讀書而有所得的一種歡欣情感的展現。方宗誠《陶詩真詮》云：

> 「好讀書，不求甚解。」蓋又嫌漢儒章句訓詁之多穿鑿附會，失孔子之旨也。是真持平之論，真得讀經之法。[108]

方氏以穿鑿附會為甚解，確如方氏所言，穿鑿附會即是勉強解釋，已經違背順乎自然之讀書旨趣。而不求甚解即是以會意之法取代附會之舉，齊益壽認為：

> 讀書而有所會意，其中包含三個層面：一是讀者所會之意；二是作品所載之意；三是作者所蘊之意。[109]

依據齊氏之論，五柳先生的會意法，應是將作者、作品

---

108 北京大學北京師範大學中文系、北京大學中文系文學史教研室編：《陶淵明資料彙編》，下冊，頁 366。
109 齊益壽：〈陶淵明「好讀書，不求甚解」析論〉，《長庚人文社會學報》第七卷第一期（2014 年），頁 14。

與讀者三者之意，融會貫通為一整全理解，如此，方能不負欣然忘食之高遠境界。至於淵明的注重會意，陶集亦有多處記載，《飲酒二十首》其五云：「此中有真意，欲辨已忘言。」[110]引文說的雖是淵明與自然景物之間得意忘言的玄妙境界，但此種得意忘言之體悟方法，應已內化、融入淵明的思維範式之中，故以其法讀書，則與五柳先生不求甚解之會意讀法，亦可相通。[111]另外，淵明《讀史述九章・張長公》云：「斂轡朅來，獨養其志。寢跡窮年，誰知斯意。」[112]張長公之志，誰知斯意？顯然淵明自認可以獨會其意，此或可視為淵明喜用會意讀書法之例證。淵明〈與子儼等疏〉云：「開卷有得，便欣然忘食。」[113]此處淵明開卷有得，即可欣然忘食的情境，又與每有會意、欣然忘食的五柳先生相同。可見，開卷有所得於心，便欣然忘食之淵明，和好讀書，每有會意亦欣然忘食的五柳先生，正屬同類之人。

　　（2）「飲酒」：性嗜酒，家貧不能常得，親舊知其如此，或置酒而招之。造飲輒盡，期在必醉；既醉而退，曾不吝情去留。

110　晉・陶潛著，龔斌校箋：《陶淵明集校箋》，卷 3，頁 253。
111　此處淵明的「得此中真意」之論，可與五柳先生的「每有會意，便欣然忘食」之說相互參照。淵明真意既得之後，對於求得真意過程中的諸種繁瑣言論之辨析，自然不須再行涉入，此為其「欲辨忘言」之意，這種得意忘言的體悟方式，又與五柳先生「好讀書，不求甚解」而僅求「會意」的理解模式相類。
112　晉・陶潛著，龔斌校箋：《陶淵明集校箋》，卷 6，頁 500。
113　晉・陶潛著，龔斌校箋：《陶淵明集校箋》，卷 7，頁 509。

　　〈五柳先生傳〉以飲酒描寫所占篇幅最多，此點亦深刻地影響到後世淵明史傳的書寫。如〈宋傳〉述及淵明形象，飲酒刻劃的部分所占篇幅甚多，[114]而〈宋傳〉之後的蕭〈傳〉、〈晉傳〉與〈南傳〉，亦不遑多讓，敘述淵明飲酒所佔的篇幅皆頗為可觀。四篇史傳如此重視淵明飲者形象之建構，理應是受到〈五柳先生傳〉的互文影響所致，因此，它們彼此之間的高度雷同，顯然是基於對淵明飲者形象的認同，而非巧合。另外，顏〈誄〉序文說淵明「性樂酒德」；[115]蕭統〈陶淵明集序〉則是認為：「有疑陶淵明詩，篇篇有酒，吾觀其意不在酒，亦寄酒為迹者也」。[116]儘管兩人對於淵明飲者形象的關注視角頗不相同，[117]但是，兩文的相同之處在於，皆已充分注意到淵明與酒之密切關係，[118]而此點抑或又是受到

114　對此問題，可以參看本書第四章中有關「〈宋傳〉對於淵明『飲者』形象之重構與影響」部分的說明。

115　梁・蕭統編，唐・李善注：《文選》，卷57，頁2471。

116　梁・蕭統著，俞紹初校注：《昭明太子集校注》，頁200。

117　顏延之的「性樂酒德」說，突顯的是：淵明對於「魏晉新酒德觀」的接受、轉化與展現；至於蕭統的「寄酒為迹」論，強調的則為：如何在淵明以酒為迹的表面行為下，揭示其真正的內在核心本質（一種從「行跡之飲」探索「心跡之隱」的考察視角）。換言之，兩者的問題意識明顯有別。

118　必須加以說明的是，顏〈誄〉的書寫主體是淵明本人，故其「性樂酒德」指涉的對象，即是淵明本身的飲者形象；至於蕭統〈陶淵明集序〉的書寫主體則是陶集作品，故其「寄酒為迹」討論的對象，乃是藉由淵明其文來理解其人。〈陶淵明集序〉云：「余愛嗜其文，不能釋手，尚想其德，恨不同時。」引文強調由「愛其文」至「想其德」的論述方式，正可證明蕭統採用的考察視角，即是一種由「文」觀「人」的進路。是故，蕭統才會意圖藉由陶集作品，來映照出淵明的飲者形象。引文參見梁・蕭統著，俞紹初校注：《昭明太子集校注》，頁200。不過，蕭統這種由「文」觀「人」的觀看模式，或許是受到鍾嶸的啟發，其《詩品・宋徵士陶潛詩》云：「（淵明）文體省淨，殆無長語。篤意真古，辭興婉

〈五柳先生傳〉的啟發所致。

　　〈歸去來兮辭〉記載淵明在「乃瞻衡宇，載欣載奔。僮僕歡迎，稚子候門」之後，先是確認「三逕就荒，松菊猶存」，然後「攜幼入室」，看到「有酒盈罇」，於是「引壺觴以自酌，眄庭柯以怡顏」。[119]據此，已可略見淵明與酒之緊密聯繫。關於淵明之飲者形象，陶集中的相關論述甚多，儘管數量並沒有像蕭統所說「篇篇有酒」那麼誇張，但就個人文集的所佔比例而言，確實不能算少。就陶集中的淵明飲者形象而言，可以略述如下。

　　其一，正面述及飲酒之功效，對於淵明來說，酒之功德大矣：如〈時運〉云：「人亦有言，稱心易足。揮茲一觴，陶然自樂。」〈答龐參軍〉云：「或有數斗酒，閒飲自歡然。」[120]此為淵明閒飲之歡樂。《和郭主簿二首》其一云：「春秫作美酒，酒熟吾自斟。」[121]此是淵明獨飲之狀態。其中，又可再細分為「欲言無予和，揮杯勸孤影」這種自我撫慰之飲；[122]「天運苟如此，且進杯中物」、「理也可奈何，且為陶一觴」、「撥置且莫念，一觴聊可揮」這樣的自我寬心之飲；[123]

恓。每觀其文，想其人德。」鍾嶸「每觀其文，想其人德」的論述，較之蕭統說法，兩者實頗為雷同。引文參見王叔岷撰：《鍾嶸詩品箋證稿》（臺北：中研院中國文哲研究所，1992），頁 260。

119 晉・陶潛著，龔斌校箋：《陶淵明集校箋》，卷 5，頁 453。

120 分見晉・陶潛著，龔斌校箋：《陶淵明集校箋》，卷 1，頁 9；卷 2，頁 116。

121 晉・陶潛著，龔斌校箋：《陶淵明集校箋》，卷 2，頁 144。

122 晉・陶潛著，龔斌校箋：《陶淵明集校箋》，《雜詩十二首》其二，卷 4，頁 337。

123 分見晉・陶潛著，龔斌校箋：《陶淵明集校箋》，〈責子〉，卷 3，頁 303；《雜詩十二首》其八，卷 4，頁 351；〈還舊居〉，卷 3，頁 220。

「佳人美清夜，達曙酣且歌」此種感歎「豈無一時好，不久當如何」的傷逝之飲；[124]還有「銜觴念幽人，千載撫爾訣」的懷人之飲，[125]「酒能祛百慮，菊解制頹齡」的養生之飲，[126]「試酌百情遠，重觴忽忘天」的體道之飲；[127]以及一邊「歡然酌春酒」，一邊盡情享受「汎覽周王傳，流觀山海圖」之讀書樂趣的歡欣之飲。[128]另外，在聚眾而飲的部分，既有〈諸人共游周家墓柏下〉這種「清歌散新聲，綠酒開芳顏」的眾人共游之飲；[129]亦有「漉我新熟酒，隻雞招近局」、「過門更相呼，有酒斟酌之」與「得歡當作樂，斗酒聚比鄰」這樣的鄰里相邀之飲。[130]

　　其二，反面論及無酒之遺憾，如〈九日閒居序〉云：「余閒居，愛重九之名。秋菊盈園，而持醪靡由。空服九華，寄懷於言。」[131]淵明閒居，時值重九秋菊盈園之際，可惜卻持醪靡由，無酒可喝，故不免只能空服九華，寄懷於言了，此

---

124 晉・陶潛著，龔斌校箋：《陶淵明集校箋》，《擬古九首》其七，卷4，頁329。

125 晉・陶潛著，龔斌校箋：《陶淵明集校箋》，《和郭主簿二首》其二，卷2，頁148。

126 晉・陶潛著，龔斌校箋：《陶淵明集校箋》，〈九日閒居〉，卷2，頁78。

127 晉・陶潛著，龔斌校箋：《陶淵明集校箋》，〈連雨獨飲〉，卷2，頁125。

128 晉・陶潛著，龔斌校箋：《陶淵明集校箋》，《讀山海經十三首》其一，卷4，頁389。

129 晉・陶潛著，龔斌校箋：《陶淵明集校箋》，卷2，頁109。

130 分見晉・陶潛著，龔斌校箋：《陶淵明集校箋》，《歸園田居五首》其五，卷2，頁93；《移居二首》其二，卷2，頁132-133；《雜詩十二首》其一，卷4，頁335。

131 晉・陶潛著，龔斌校箋：《陶淵明集校箋》，卷2，頁78。

篇序文極為傳神地展示出淵明的無酒之憾。陶集中類似這樣情調的作品還有不少，如《挽歌詩三首》其一云：「但恨在世時，飲酒不得足。」《挽歌詩三首》其二云：「在昔無酒飲，今但湛空觴。春醪生浮蟻，何時更能嘗。」〈歲暮和張常侍〉云：「履闕清酤至，無以樂當年。」〈和胡西曹示顧賊曹〉云：「感物願及時，每憾靡所揮。」[132]另外，「觴弦肆朝日，樽中酒不燥」與「在世無所須，惟酒與長年」四句，[133]雖然不是從反面述說淵明的無酒之悲，但卻是從正面積極表達自己對於隨時有酒可喝的希冀，此正可與「反面論及無酒遺憾」對照參看。

　　無酒有憾，那麼，若是有酒而不飲，又當如何？淵明《飲酒二十首》其三云：

> 道喪向千載，人人惜其情。
> 有酒不肯飲，但顧世間名。
> 所以貴我身，豈不在一生。
> 一生復能幾，倏如流電驚。
> 鼎鼎百年內，持此欲何成。[134]

　　淵明認為道喪千載之後的世間俗人，但惜其偽情、顧其虛名，而且「有酒不肯飲」，不願藉由酒中真趣復返自然本

---

132 分見晉·陶潛著，龔斌校箋：《陶淵明集校箋》，卷4，頁415；卷4，頁417；卷2，頁168；卷2，頁173。

133 分見晉·陶潛著，龔斌校箋：《陶淵明集校箋》，《雜詩十二首》其四，卷4，頁342；《讀山海經十三首》其五，卷4，頁397。

134 晉·陶潛著，龔斌校箋：《陶淵明集校箋》，卷3，頁248。

性，如此不僅殊為可惜，更是辜負自己。是故，淵明《飲酒二十首》其二十特別強調：「若復不快飲，空負頭上巾。」[135] 此詩抒發人生理應痛快飲酒之慨，頗具名士風範，《世說新語・任誕》第二十三云：

> 王孝伯言：「名士不必須奇才。但使常得無事，痛飲酒，熟讀〈離騷〉，便可稱名士。」[136]

熟讀〈離騷〉與否姑且不論，王孝伯認為「常得無事，痛飲酒」，可視作是名士風流的兩大具體表徵。準此，則淵明「若復不快飲，空負頭上巾」，以及五柳先生「性嗜酒」、「造飲輒盡，期在必醉；既醉而退，曾不吝情去留」的飲者風姿，理應可以符合王孝伯的名士界定。此外，淵明〈歸去來兮辭序〉曾經提及：「彭澤去家百里，公田之利，足以為酒，故便求之。」[137]淵明因酒而求為彭澤令，此則記載亦屬名士風姿之展示，《世說新語・任誕》第二十三云：

> 步兵校尉缺，廚中有貯酒數百斛，阮籍乃求為步兵校尉。[138]

此處阮籍因酒而求為步兵校尉之事，與淵明因酒而求為

135 晉・陶潛著，龔斌校箋：《陶淵明集校箋》，卷3，頁288。
136 余嘉錫撰，周祖謨、余淑宜整理：《世說新語箋疏》，頁764。
137 晉・陶潛著，龔斌校箋：《陶淵明集校箋》，卷5，頁453。
138 余嘉錫撰，周祖謨、余淑宜整理：《世說新語箋疏》，頁730。

彭澤令之事，表面上雖有人、事的差異，但因酒求官之敘事
理路則頗為雷同，可見，兩者之間的互文關係頗為緊密。

　　總之，淵明於詩文中，無論是正面論及飲酒之樂，還是
反面述說無酒之憾，甚或是積極表達自己對於有酒可喝的渴
望，皆可印證淵明的嗜酒形象，確實始終如一，[139]而此種飲
者姿態，較之於五柳先生，又極其相似。

（3）「著文」：常著文章自娛，頗示己志。

淵明〈飲酒二十首序〉云：

> 余閒居寡歡，兼比夜已長，偶有名酒，無夕不飲。顧
> 影獨盡，忽焉復醉。既醉之後，輒題數句自娛；紙墨
> 遂多，辭無詮次。聊命故人書之，以為歡笑爾。[140]

　　五柳先生的兩個突出形象分別是「造飲輒盡，期在必
醉」、「既醉而退，曾不吝情去留」的飲者風流，以及「常
著文章自娛，頗示己志」的隱者高趣。前者雖屬任真自得之

---

139 論者或許會以淵明的〈止酒〉詩，來作為其嗜酒形象始終如一的反證。
　　不過，此詩應可視為淵明偶然的幽默之作，或是某天心血來潮時的遊戲
　　筆法。如齊益壽經過詳細辨析之後，認為〈止酒〉中所謂的「止」，是
　　有時間限制的：「陶淵明宣佈要停酒了，時間是從今朝起到明晨止，僅
　　僅一天而已。」依據齊氏之論，顯然這個止酒的時間還相當短，僅只一
　　天。引文參見齊益壽：《善戲謔兮，不為虐兮——陶淵明〈止酒〉詩析
　　疑》，收於國立臺灣大學中國文學系編印：《王叔岷先生百歲冥誕國際學
　　術研討會會議論文集》（臺北：臺灣大學中國文學系，2014），頁 218。
140 晉·陶潛著，龔斌校箋：《陶淵明集校箋》，卷 3，頁 242。

飲者形象，但細繹文意，即可深刻地感受到：五柳先生在「既
醉而退，曾不吝情去留」之獨來獨往的飄然身影下，不免帶
有一種蒼茫的孤獨感。斯波六郎曾經為文指出：

> 可以說淵明之詩幾乎都是由孤獨的生活生發的作
> 品，這些孤獨感大致可分為兩類：無法與世調和的孤
> 獨感和作品所充盈的感嘆人生無常的孤獨感。[141]

　　引文的指涉對象雖是淵明之詩，但亦可適用於陶集其它
文體。毛慶蕃評選《古文學餘》對於「期在必醉」句的看法
是：「三閭之獨醒不如彭澤之既醉；獨醒得失之獨切也，既
醉得失之兩忘也。」[142]五柳先生為何「造飲輒盡，期在必醉」？
或許答案真的如同毛氏所說，乃是意圖「得失兩忘」。但是，
若我們進一步追問，五柳先生又為何要孤獨而執著地追尋「得
失兩忘」的超越境界，以斯波六郎的觀點考之，〈五柳先生
傳〉似乎較為缺乏「感嘆人生無常」這種面向的「孤獨感」；
但對於「無法與世調和的孤獨感」，這點在五柳先生的身上，
好像就比較容易得到文本的印證。[143]至於淵明，是否也有同
樣的孤獨感，答案顯然也是肯定的，淵明〈歸去來兮辭〉云：

---

141 日・斯波六郎作，葉軍譯：〈陶淵明〉，收錄於復旦大學中國古代文學
　　研究中心編：《中國文學研究・第三輯》（南昌：江西教育出版社，2001），
　　頁75。
142 北京大學北京師範大學中文系、北京大學中文系文學史教研室編：《陶
　　淵明資料彙編》，下冊，頁366-367。
143 〈五柳先生傳〉提到五柳先生自比黔婁，以及嚮往上古無懷氏與葛天氏
　　之無為治世，此或可視為是五柳先生意圖超越現世的某種暗示或隱喻。

「歸去來兮，請息交以絕游。世與我而相違，復駕言兮焉求。」
[144]因為「世與我而相違」，故淵明深刻反省「復駕言兮焉求」
之後，毅然決定「「歸去來兮」、「息交絕游」，從此歸隱
田園，不再涉足官場。〈歸去來兮辭〉一句「世與我而相違」，
不正點出淵明「無法與世調和的孤獨感」。[145]

　　另外，在《飲酒二十首》的序文中，淵明述說著自己的
「閒居寡歡」，那他又為何「閒居寡歡」？或許被視為組詩
最後總結的《飲酒二十首》其二十，可以略為提供考察的線
索：

> 羲農去我久，舉世少復真。
> 汲汲魯中叟，彌縫使其淳。
> 鳳鳥雖不至，禮樂暫得新。
> 洙泗輟微響，漂流逮狂秦。
> 詩書復何罪，一朝成灰塵。
> 區區諸老翁，為事誠殷勤。
> 如何絕世下，六籍無一親。
> 終日馳車走，不見所問津。
> 若復不快飲，空負頭上巾。
> 但恨多謬誤，君當恕醉人。[146]

---

144 晉・陶潛著，龔斌校箋：《陶淵明集校箋》，卷5，頁454。
145 不過，需要說明的是，五柳先生雖然限於作者之創作旨趣，以致較乏「感
嘆人生無常」這種面向的「孤獨感」；但是，陶集作品中的淵明形象則
不然，其不僅存在諸多「無法與世調和的孤獨感」，亦充盈著「感嘆人
生無常的孤獨感」。
146 晉・陶潛著，龔斌校箋：《陶淵明集校箋》，卷3，頁288。

　　在此詩中，淵明先是感嘆「羲農去我久，舉世少復真」，此為人之自然真性的失落；再則質疑「如何絕世下，六籍無一親」，此是聖賢典範的殞落；最後批判「終日馳車走，不見所問津」，此屬當世士風的墮落。因此，淵明的「閒居寡歡」，實也存在著「無法與世調和的孤獨感」。於是，淵明只能類同於五柳先生，藉由「若復不快飲，空負頭上巾」的飲酒行為，試圖來忘卻這種生命悲感，所以《飲酒二十首》的序文才會特別強調：偶有名酒，無夕不飲。顧影獨盡，忽焉復醉。此時，「顧影獨盡，忽焉復醉」的淵明形象，實與「期在必醉」、「曾不吝情去留」的五柳先生極其相似。

　　至於在五柳先生「常著文章自娛，頗示己志」的隱者高趣部分，前引淵明〈飲酒二十首序〉云：「既醉之後，輒題數句自娛；紙墨遂多，辭無詮次。聊命故人書之，以為歡笑爾。」引文所謂「輒題數句自娛」、「以為歡笑爾」，正是五柳先生「嘗著文章自娛」之意。另外，五柳先生善以文章來示己志，對此，陶集亦有相應的互文作品可資參照。淵明〈有會而作序〉云：「歲云夕矣，慨然永懷，今我不述，後生何聞哉！」[147]淵明此說，正有藉由述作示志，讓後生可以觀其詩文，體察其心之深意。此外，顏〈誄〉也有提到：「（淵明）賦詩歸來，高蹈獨善。亦既超曠，無適非心。」[148]引文亦明確點出，淵明藉由詩文，賦其自身高蹈獨善之歸志。顏〈誄〉之論，明顯是根據淵明〈歸去來兮辭序〉的書寫內容

147　晉・陶潛著，龔斌校箋：《陶淵明集校箋》，卷3，頁307。
148　梁・蕭統編，唐・李善注：《文選》，卷57，頁2473。

而來：

> 余家貧，耕植不足以自給……家叔以余貧苦，遂見用
> 於小邑……及少日，眷然有歸與之情。何則？質性自
> 然，非矯厲所得。飢凍雖切，違己交病。嘗從人事，
> 皆口腹自役。於是悵然慷慨，深愧平生之志……尋程
> 氏妹喪於武昌，情在駿奔，自免去職……因事順心，
> 命篇曰歸去來。[149]

　　五柳先生善以文章示志，淵明亦然。淵明辭官歸隱，是
其一生出處大節的頭等大事，但他惟恐後生無聞其志，或是
誤解其志，於是寫了〈歸去來兮辭〉以明本志，而且他還另
外補充了一篇說明寫作緣起的序文，藉以深化後生對其本志
的理解。至於序文的核心概念，在於「質性自然，非矯厲所
得」兩句。淵明於序文中特別強調他過去所從之人事，皆屬
「口腹自役」而已。於是，在「飢凍雖切，違己交病」的自
我省察，以及「悵然慷慨，深愧平生之志」的自我反思之後，
他已經做好等待適當時機隨即「斂裳宵逝」的打算。而此時
又恰逢其「程氏妹喪於武昌」，於是順水推舟，以「情在駿
奔」作為「自免去職」的理由。淵明最後還不忘提醒讀者，
以上所為，實屬「因事順心」之舉，完全可以符合、呼應他
最為關注的「質性自然，非矯厲所得」原則。張淑香認為：
「〈歸去來兮辭〉是陶淵明棄官歸隱的自我表白，也有公開

---

149 晉・陶潛著，龔斌校箋：《陶淵明集校箋》，卷 5，頁 453。

『宣言』的意圖。」[150]確實如同張氏所論,〈歸去來兮辭〉的書寫,應不僅是「自娛」而已,顯然其最主要的目的是為了要「示志」——展示自己因事順心而毅然決定歸去來的平生之志,而且,是以一種「公開宣言」的慎重方式。而這段序文的論述旨趣,也正是顏〈誄〉中「(淵明)賦詩歸來,高蹈獨善。亦既超曠,無適非心」所反映的內容重點。因此,就影響層面而言,淵明以〈歸去來兮辭〉來公開展示己志的策略,顯然相當成功,故其所欲建構的人格形象,才能深刻地烙印在後世相關文本的書寫上。

綜上所述可知,五柳先生善以文章自娛、示志,淵明亦善以詩文自娛、示志,此乃再次展示兩人似是同類人的可能。

4、自我期許——「忘懷得失,以此自終」。

五柳先生期許自己能夠做到「忘懷得失」,並「以此自終」,陶集中的淵明形象亦然。淵明〈歸去來兮辭〉云:

> 木欣欣以向榮,泉涓涓而始流。善萬物之得時,感吾生之行休。已矣乎!寓形宇內復幾時,曷不委心任去留?胡為乎遑遑欲何之?富貴非吾願,帝鄉不可期。懷良辰以孤往,或植杖而耘耔。登東皋以舒嘯,臨清

---

150 張淑香:〈陶詩箚記:家屋三帖〉,收錄於國立臺灣大學中國文學系主編:《林文月先生學術成就與薪傳國際學術研討會論文集》(臺北:國立臺灣大學中國文學系,2014),頁 483。

　　　　流而賦詩。聊乘化以歸盡，樂夫天命復奚疑！[151]

　　引文「寓形宇內復幾時，曷不委心任去留」、「聊乘化以歸盡，樂夫天命復奚疑」四句，正是淵明「忘懷得失」並希望「以此自終」的文本證據。另外，〈自祭文〉云：「勤靡餘勞，心有常閒。樂天委分，以至百年。」[152]四句內容與上述〈歸去來兮辭〉引文相較，基調頗為類似，兩者亦有互文關係。除此之外，陶集中的詩歌作品，如〈歲暮和張常侍〉云：「窮通靡攸慮，顦顇由化遷。」《飲酒二十首》其十五云：「若不委窮達，素抱深可惜。」[153]亦屬相類概念之展現。於此，似又可證淵明面對生死之達觀心態，亦類同於五柳先生。

　　對於「忘懷得失」，李隆獻認為：

　　　　世人之有得失之心，大抵在好名；陶公勘破名關，故
　　　　能得失不縈胸中……又《形影神》三首〈神釋〉云：
　　　　「立善有遺愛，誰當為汝譽！」雖無不必立善之意，
　　　　卻已突破留名之私，故得失自不足以縈懷矣。[154]

　　誠如李氏所說，好名確實佔了世人得失之心的大宗，對此，陶集中亦有反映，如「吁嗟身後名，于我若浮煙」、「去

151　晉・陶潛著，龔斌校箋：《陶淵明集校箋》，卷5，頁454。
152　晉・陶潛著，龔斌校箋：《陶淵明集校箋》，卷7，頁532。
153　分見晉・陶潛著，龔斌校箋：《陶淵明集校箋》，卷2，頁168；卷3，頁277。
154　李隆獻：〈五柳先生傳並贊箋證稿〉，頁491。

去百年外，身名同翳如」四句。[155]前兩句說的是淵明主觀上對於身後名聲並不掛懷的淡然自若；後兩句講的則為淵明客觀上對於身後名聲終會湮滅的如實理解。還有如「道喪向千載，人人惜其情。有酒不肯飲，但顧世間名」、「孰若當世士，冰炭滿懷抱。百年歸邱壟，用此空名道」八句。[156]前四句講的是世間俗人對於虛偽名聲的念茲在茲；後四句說的則為當世士人對於人間虛名儘管汲汲營營，然而，一旦死後，這些虛幻名聲終無所用。上述四例中的淵明，分別從自身以及世俗之人對於名聲的追求進行深刻反思，最後得出的結論，確實頗有「突破留名之私」、「得失不足縈懷」這種「忘懷得失」的境界。另外，還可稍加補充的是，淵明〈自祭文〉亦有類似的觀點：

> 惟此百年，夫人愛之。懼彼無成，愒日惜時。存為世珍，沒亦見思。嗟我獨邁，曾是異茲。寵非己榮，涅豈吾緇？[157]

魏耕原曾經如此分析〈五柳先生傳〉的開頭兩句：「觀其文開頭即言『先生不知何許人也，亦不詳姓字』，泯化一切，確有些莊子無名無己的精神。」[158]〈自祭文〉開頭四句

---

155 分見晉・陶潛著，龔斌校箋：《陶淵明集校箋》，〈怨詩楚調示龐主簿鄧治中〉，卷 2，頁 111；〈和劉柴桑〉，卷 2，頁 135。

156 分見晉・陶潛著，龔斌校箋：《陶淵明集校箋》，《飲酒二十首》其三，卷 3，頁 248；《雜詩十二首》其四，卷 4，頁 342。

157 晉・陶潛著，龔斌校箋：《陶淵明集校箋》，卷 7，頁 532-533。

158 魏耕原：〈最後絕裂：變形的《高士傳》── 陶淵明〈五柳先生傳〉作

「惟此百年，夫人愛之。懼彼無成，愒日惜時」，先是敘述
人生苦短，故人們必須汲汲營營地追求最佳效益，以免虛擲
光陰。接下來兩句，說的則為一般世俗中人追求「存為世珍，
沒亦見思」之「求名」、「有己」心態。但是淵明自己則不
然，「嗟我獨邁，曾是異茲」兩句先是點出自己異於世人之
處，接著提出自己的結論乃是「寵非己榮，涅豈吾緇」，此
與〈自祭文〉後文所述「匪貴前譽，孰重後歌」可相參看。[159]
淵明「寵非己榮，涅豈吾緇」兩句，說的是生前「匪貴前譽」
之事，意指潔身自好，既不受外在虛名所誘惑，又不受晦暗
世道所污染。「孰重後歌」指的則是自己連生前之虛名尚且
不顧，又那會眷戀死後之虛浮歌頌。可見，〈自祭文〉所欲
展現的正是淵明「無名」、「無己」之情懷，此亦可證淵明
對於名關的忘懷得失。如果說五柳先生的忘懷得失，理應包
含「不知何許人」、「不詳其姓字」之「無名」、「無己」
精神的話，那麼，深具「無名」、「無己」涵養，且不求生
前榮名、死後哀思的淵明，於此亦頗與五柳先生同調。

　　不過，五柳先生既然有著「閑靖少言，不慕榮利」的性
格，傳贊又以「不戚戚於貧賤，不汲汲於富貴」的黔婁自比。
是故，其所謂的忘懷得失，除了「不慕榮利」之虛華榮名之
外，自然尚有不慕財富利益的意涵存焉。就常人的欲望而言，
所追求的不外乎名、利兩途。名者，世俗之虛名；利者，人

年考論〉，頁 31。不過，筆者以為，魏氏此處所論雖然不為無見，但
是，頗值深思的是，五柳先生這種「無名無己」的隱者精神，究竟是一
種自然無為狀態下的真情流露？還是屬於刻意有為的激憤展示？此點
恐怕仍有進一步討論的空間。
159 晉·陶潛著，龔斌校箋：《陶淵明集校箋》，卷 7，頁 533。

間之富貴。五柳先生名利兩忘，淵明亦然，其對「名關」的忘懷得失，已如上述，至於對待財富的態度，仍能不汲汲追求。淵明《詠貧士七首》其一云：「朝霞開宿霧，眾鳥相與飛。遲遲出林翮，未夕復來歸。量力守故轍，豈不寒與飢。」[160]此詩作為《詠貧士》組詩的第一首，不僅有著總綱的作用，更可視為是淵明之自詠。開頭四句，淵明以鳥自喻，講述自己的出處歷程有異於其他士人 —— 既慢出又早歸，對此，陶集亦有相應作品可資參考，淵明《飲酒二十首》其十九云：

> 疇昔苦長飢，投耒去學仕。
> 將養不得節，凍餒固纏己。
> 是時向立年，志意多所恥。
> 遂盡介然分，拂衣歸田里。[161]

至於淵明「拂衣歸田里」之後，就開始過著「量力守故轍，豈不寒與飢」這種飢寒交迫的貧困日子，其〈怨詩楚調示龐主簿鄧治中〉云：

> 炎火屢焚如，螟蜮恣中田。
> 風雨縱橫至，收斂不盈廛。
> 夏日長抱飢，寒夜無被眠。
> 造夕思雞鳴，及晨願烏遷。
> 在己何怨天，離憂悽目前。[162]

---

160 晉・陶潛著，龔斌校箋：《陶淵明集校箋》，卷4，頁361。
161 晉・陶潛著，龔斌校箋：《陶淵明集校箋》，卷3，頁285。

　　開頭四句敘述自己因為遭受各種災害的侵害，是故，只
能過著「夏日長抱飢，寒夜無被眠」、「造夕思雞鳴，及晨
願烏遷」這種「豈不寒與飢」的困窘生活，《雜詩十二首》
其八云：

> 代耕本非望，所業在田桑。
> 躬耕未曾替，寒餒常糟糠。
> 豈期過滿腹，但願飽粳糧。
> 御冬足大布，麤絺以應陽。
> 正爾不能得，哀哉亦可傷。[163]

　　引文亦是屬於「哀哉可傷」之貧窮生活的寫照。然而，
因為「量力守故轍」的歸隱之路是自己所選擇的，故雖然「離
憂悽目前」，但「在己何怨天」，淵明仍是堅持固窮以對。
常人在短期之內，生活處境尚可甚或小康，而能「不汲汲於
富貴」，此點固屬難得，但相對容易做到；不過，像淵明這
樣長期處於「躬耕未曾替，寒餒常糟糠」之寒飢交迫，既哀
且傷的經濟困境中，還能始終維持「不汲汲於富貴」的節操，
不僅難能，更顯可貴。

162　晉‧陶潛著，龔斌校箋：《陶淵明集校箋》，卷2，頁111。
163　晉‧陶潛著，龔斌校箋：《陶淵明集校箋》，卷4，頁351。

5、傳贊：自我定位 —— 黔婁之妻有言：「不戚戚於貧賤，不汲汲於富貴。」極其言茲若人之儔乎？酣觴賦詩，以樂其志。無懷氏之民歟？葛天氏之民歟？

正因為五柳先生能夠「不戚貧賤」、「不汲富貴」，所以能在安貧的生活狀態中樂道。前文基本性格的部分，提到五柳先生「閑靖少言，不慕榮利」，另外，在生活條件方面，則是「環堵蕭然，不蔽風日。短褐穿結，簞瓢屢空」，但卻能始終保持「晏如」。此處五柳先生對於貧富的態度，主要是呼應前文的「閑靖」而「不慕榮利」，以及住、衣、食部分的「環堵蕭然，不蔽風日。短褐穿結，簞瓢屢空，晏如也」；至於「酣觴賦詩」（飲酒與作詩），則可和前文飲酒部分的「性嗜酒，家貧不能常得，親舊知其如此，或置酒而招之。造飲輒盡，期在必醉；既醉而退，曾不吝情去留」，以及著文部分的「常著文章自娛，頗示己志」相互參照。至於此段尤可注意者，應屬五柳先生比擬古人，亦即以黔婁自擬的部分。對此，淵明《詠貧士七首》其四云：

> 安貧守賤者，自古有黔婁。
> 好爵吾不榮，厚饋吾不酬。
> 一旦壽命盡，蔽覆乃不周。
> 豈不知其極，非道故無憂。
> 從來將千載，未復見斯儔。

　　朝與仁義生，夕死復何求。[164]

　　詩中「安貧守賤」且「好爵不榮」、「厚饋不酬」的黔
婁，實與五柳先生之人物形象頗多雷同。而淵明一方面於此
詩說「從來將千載，未復見斯儔」，明言黔婁之清貧道統已
絕千載；另一方面又於〈五柳先生傳〉云「極其言茲若人之
儔乎」。如此，則淵明顯然是認為：五柳先生實可上承黔婁
之降已經中斷千年之高隱道統。至於淵明之自我形象，是否
又類同於黔婁？答案應是肯定的。淵明《詠貧士七首》，表
面上詠的雖是歷代貧士，但實則亦屬自勉、自勵的詠懷之作，
是故，其詠黔婁即是自詠。顏〈誄〉論及淵明形象云：「嗚
呼哀哉！仁焉而終，智焉而斃。黔婁既沒，展禽亦逝。其在
先生，同塵往世。旌此靖節，加彼康惠。嗚呼哀哉！」[165]此
處亦是將淵明比擬為黔婁，可見，淵明與黔婁之人物形象，
實頗多交集。不過，頗值一提的是，顏〈誄〉之所以會如此
論述，應是受到淵明〈五柳先生傳〉述及黔婁「不戚貧賤，
不汲富貴」之品格，以及《詠貧士七首》其四提到的「安貧
守賤者，自古有黔婁」之自勉、自勵的影響。據上所述，則
五柳先生與淵明，又可透過兩人與黔婁的相似形象，再次找
到共鳴。

　　討論至此，可以小結如下：不論是隱逸高人的情懷，還
是閑靜少言，不慕榮利的性格特質，或是好讀書、喜飲酒、
愛著文的人生興趣，以及面對貧窮的晏如態度，五柳先生與

---

164 晉・陶潛著，龔斌校箋：《陶淵明集校箋》，卷4，頁368-369。
165 梁・蕭統編，唐・李善注：《文選》，卷57，頁2475。

淵明兩人，確實有著高度的重疊性。王叔岷云：「陶公之樸
實而超曠，真率而通達，至今讀此傳（五柳先生傳），猶想
見其為人。」[166]誠如王氏所說，我們一讀〈五柳先生傳〉，
即可相當容易地聯想到淵明「樸實」、「超曠」、「真率」、
「通達」之人格特質，僅就此一意義而言，〈五柳先生傳〉
確可視作淵明自況之實錄。

（二）「片面」與「整體」—— 五柳先生與
淵明之「相異形象」

前文提及，淵明與五柳先生之人物形象，確實存在著高
度雷同，故〈宋傳〉等四大史傳皆以自況實錄視之，誠然持
之有故，言之成理。不過，這只是問題的一個方面，若我們
深入探究淵明於詩文中的自我表白，即可發現，光是「樸實
超曠」、「真率通達」的五柳先生形象，似不足以概括淵明
之整體面貌。對此，前賢亦早已指出，如一海知義就認為：

> 當全面考慮陶淵明整體形象時，發現〈五柳先生傳〉
> 中少了幾個關鍵的部分。這不僅和其他作品之間存在
> 矛盾，還欠缺了其他作品中存在的要點。〈五柳先生
> 傳〉欠缺的不僅僅是幾個具體的官歷和行踪。人生中
> 幾個重要部分的欠缺導致了五柳先生不可能成為陶
> 淵明的實像。或者至少可以說，五柳先生不可能成為

---

166 王叔岷：〈陶淵明〈五柳先生傳〉箋證〉，《慕廬雜稿》（臺北：大安
　　出版社，2001），頁117。

陶淵明的整體形象。[167]

　　一海知義認為五柳先生不可能成為陶淵明的「整體形象」，此論固屬事實。但是，他又說五柳先生不可能成為陶淵明的「實像」，此點則必須稍作界定，此處所謂的「實像」，若指的是符合淵明「完整」之如實形象，那麼，確實如同一海知義所說，五柳先生不可能成為淵明的實像；但是，假若此處的「實像」僅是指符合淵明「片面」之如實形象，換言之，僅是承認〈五柳先生傳〉所述皆為淵明之「真實形象」，但並不意味〈五柳先生傳〉所述既是淵明之「真實形象」，又符合其「整體形象」，如此，則我們或可斷言——五柳先生理應可以成為淵明之實像，只是，它僅具備「部分」淵明實像之效力，而非淵明之「整體」實像。

　　以下，筆者將從 1、建功立業的「功名之心」與感士不遇的「無成之悲」；2、意氣昂揚的「壯厲猛志」與少言多言的「曲折心態」；3、貧富交戰的「動態歷程」與前修古賢的「道勝慰懷」；4、生命消逝的「死亡焦慮」與珍惜時光的「自我勉勵」等四個部分，來嘗試說明五柳先生與淵明人物形象之差異。

1、建功立業的「功名之心」與感士不遇的「無成之悲」。

淵明〈命子〉云：

---

167 日・一海知義著，彭佳紅譯：《〈五柳先生傳〉—— 架空的自傳》，頁43。

悠悠我祖，爰自陶唐。邈為虞賓，歷世重光。御龍勤
夏，豕韋翼商。穆穆司徒，厥族以昌。

……桓桓長沙，伊勳伊德。天子疇我，專征南國。功
遂辭歸，臨寵不忒。孰謂斯心，而近可得。

……嗟余寡陋，瞻望弗及。顧慚華鬢，負影隻立。……
卜云嘉日，占亦良時。……厲夜生子，遽而求火。凡
百有心，奚特于我！既見其生，實欲其可。[168]

詩從「悠悠我祖，爰自陶唐」的陶氏先人，寫到家門之
中最令淵明感到驕傲的「桓桓長沙，伊勳伊德」，再至自己
的「嗟余寡陋，瞻望弗及」，最後，則是對兒子「既見其生，
實欲其可」的殷切期望。詩的敘述順序「先祖」（發跡）
──「長沙」（鼎盛）──「自己」（感慨）──「兒子」
（期盼），其實已經強烈透露出淵明意圖再榮陶氏家風的自
勉、自勵情懷，此點誠如逯欽立所言：「陶淵明強烈的門第
觀念，首先表現在他的〈命子〉詩中。」[169]如此，強烈期許
陶氏家風再現榮光的淵明，與「先生不知何許人也，亦不詳
其姓字」這位不強調出身門望，不講究姓名的五柳先生，又
豈會是同一人？錢鍾書評〈五柳先生傳〉云：「『不知何許

---

168 晉・陶潛著，龔斌校箋：《陶淵明集校箋》，卷 1，頁 45-46。
169 晉・陶淵明著，逯欽立校注：《陶淵明集》（北京：中華書局，1999），
　　附錄一〈關於陶淵明〉，頁 208。

人，亦不詳其姓氏』，豈作自傳而并不曉己之姓名籍貫哉？正激於世之賣聲名，誇門第者而破除之爾。」[170]果如錢氏所言，則意欲「破除門第」之五柳先生，與自覺「展示門第」之淵明，兩者之間顯然存在著不小落差。

　　還可稍作補充的是，淵明〈命子〉提到其曾祖陶侃「功遂辭歸，臨寵不忒」，此論雖然未必盡合史實，[171]但至少反映了淵明心中的某種功業典範，廖蔚卿認為淵明「對祖上功業的稱道，正暗示了詩人意識中仍未忘卻人間的地位與令名。」[172]這個判斷確實相當符合淵明此詩對於功業追求之心理。至於五柳先生的功名心又如何？毛慶蕃評選《古文學餘》論及「先生不知何許人也，亦不詳其姓字」云：「無鄉人之心，故不知何許人；無求名之心，故不詳其姓字。」[173]如此一來，仍未忘卻人間「地位」與「令名」的淵明，較之於「無鄉人之心」、「無求名之心」的五柳先生，似乎又不應是同一人。

　　另外，淵明〈詠二疏〉云：

---

170 錢鍾書：《管錐編》，第四冊，頁 1228-1229。

171 《晉書・陶侃傳》云：「（陶侃）夢生八翼，飛而上天，間天門九重，已登其八，唯一門不得入。閽者以杖擊之，因墜地，折其左翼。及寤，左腋猶痛。……及都督八州，據上流，握強兵，潛有窺窬之志，每思折翼之祥，自抑而止。」可見，陶侃對於晉室，是否真的完全展現出無私之忠心，恐怕仍有討論的空間。引文參見唐・房玄齡等撰：《晉書》，卷 66，頁 1779。

172 廖蔚卿：〈論兩晉詩人〉，《中古詩人研究》（臺北：里仁書局，2005），頁 169。

173 北京大學北京師範大學中文系、北京大學中文系文學史教研室編：《陶淵明資料彙編》，下冊，頁 366。

大象轉四時，功成者自去。
借問衰周來，幾人得其趣？
游目漢廷中，二疏復此舉。
高嘯返舊居，長揖儲君傅。
餞送傾皇朝，華軒盈道路。
離別情所悲，餘榮何足顧。
事勝感行人，賢哉豈常譽。
厭厭閭里歡，所營非近務。
促席延故老，揮觴道平素。
問金終寄心，清言曉未悟。
放意樂餘年，遑恤身後慮。
誰云其人亡，久而道彌著。[174]

　　歷來注釋此詩者，一方面著眼於「二疏歸隱」之事的闡發，另一方面亦不忘提醒讀者，淵明歌詠二疏中蘊含「託古自見」、「借以詠懷」之深意。如湯漢云：「二疏取其歸，三良與主同死，荊卿為主報仇，皆託古以自見云。」[175]王叔岷則云：「二疏之超然引退，陶公有同趣焉。詠二疏，蓋借以詠懷耳。」「陶公之託慕二疏，在『高嘯返舊居』耳。」[176]上述引文，不管是湯氏的取其歸說，還是王氏的超然引退，高嘯返舊居論，他們主要的關注視角，皆是將二疏歸隱與淵

---

174 晉・陶潛著，龔斌校箋：《陶淵明集校箋》，卷4，頁378。
175 晉・陶潛撰，宋・湯漢注：《宋刊陶靖節詩》（福州：福建人民出版社，2012），頁126。
176 分見晉・陶潛撰，王叔岷箋證：《陶淵明詩箋證稿》（臺北：藝文印書館，1999），頁459、463。

明歸隱相互比擬。然而，細繹淵明〈詠二疏〉即可清楚看出，二疏之歸隱，其實並不同於淵明之歸隱。〈詠二疏〉首兩句說「大象轉四時，功成者自去」，此或可視作淵明之所以詠二疏之核心旨趣，因為對於淵明而言，功成自去不僅是「天道」之具體呈顯，亦屬「人道」之崇高展現。接著四句「借問衰周來，幾人得其趣？游目漢廷中，二疏復此舉」則是明確指出二疏上承功成自去之傳統，於是兩人「高嘯返舊居，長揖儲君傅」。前引淵明〈命子〉歌詠其曾祖陶侃「功遂辭歸」，此處贊賞二疏「功成自去」，兩處合而觀之，則淵明心中之功業典範，已經呼之欲出，王國瓔在細讀張協〈詠二疏〉與淵明〈詠二疏〉的文本基礎上，提出：

> 張協（〈詠二疏〉）取材史傳所述疏廣之言：「知足不辱，知止不殆。」稱道二疏「達人知止足，遺榮忽若無。」強調其知足知止的智慧。陶淵明卻取材疏廣引《老子》第九章「功成身退，天之道」之語，偏重其「功成者自去」的選擇。與陶淵明〈命子〉中對其曾祖陶侃「功遂辭歸」之推崇一致，同時也顯示，人生在世，功業有成在陶詩中的份量。[177]

王氏從淵明對於二疏「功成自去」，以及陶侃「功遂辭歸」之推崇，看出人生在世，功業有成在陶詩中的份量，確為卓識。至於淵明之歸隱，沈約《宋書·隱逸傳·陶潛傳》

---

177 王國瓔：〈日月擲人去，有志不獲騁——陶詩中的無成之悲〉，《古今隱逸詩人之宗——陶淵明論析》（臺北：允晨文化，1999），頁146。

云：「郡遣督郵至，縣吏白應束帶見之，潛嘆曰：『我不能為五斗米折腰向鄉里小人。』即日解印綬去職。賦〈歸去來〉。」[178]此為史書所載之淵明歸隱原因。另外，淵明〈歸去來兮辭序〉云：

> 及少日，眷然有歸與之情。何則？質性自然，非矯厲所得。飢凍雖切，違己交病。嘗從人事，皆口腹自役。於是悵然慷慨，深愧平生之志。猶望一稔，當斂裳宵逝。尋程氏妹喪於武昌，情在駿奔，自免去職。仲秋至冬，在官八十餘日，因事順心，命篇曰歸去來。[179]

此屬淵明夫子自道之歸隱理由。然而，不管是史書所載之理由，還是淵明自述之原因，均可清楚看出，相較於二疏的功成自去與陶侃的功遂辭歸，淵明之歸隱，雖則有著「自去」、「辭歸」之美名，然而卻始終缺乏「功成」、「功遂」之實質。是故，對於渴望功成自去、功遂辭歸的淵明而言，前引王氏文章，即以「無成之悲」四字，相當精準地概括出淵明潛藏於心中的遺憾，並進而認為：「陶淵明並非天生就要作隱士，他的棄官歸田，乃是生不逢時，失志不遇情況下，不得已的選擇。」[180]如此，則天生就是隱士性格的五柳先生，就和並非天生就要作隱士，乃是因為不得已的選擇才作了隱士的淵明，實有著大異其趣的性格取向。

---

178 梁・沈約撰：《宋書》，卷 93，頁 2287。
179 晉・陶潛著，龔斌校箋：《陶淵明集校箋》，卷 5，頁 453。
180 王國瓔：〈日月擲人去，有志不獲騁 —— 陶詩中的無成之悲〉，頁 136。

　　另外，當純然隱者的五柳先生「著文章自娛，頗示己志」之際，其所自娛、示志的書寫內容，理應不出穎脫不羣，任真自得之隱逸情懷的如實展現。然而，淵明則有所不同，淵明〈感士不遇賦序〉云：

> 昔董仲舒作〈士不遇賦〉，司馬子長又為之。余嘗以三餘之日，講習之暇，讀其文，慨然惆悵。夫履信思順，生人之善行；抱朴守靜，君子之篤素。自真風告逝，大偽斯興，閭閻懈廉退之節，市朝驅易進之心。懷正志道之士，或潛玉於當年；潔己清操之人，或沒世以徒勤。故夷皓有安歸之歎，三閭發已矣之哀。悲夫！寓形百年，而瞬息已盡；立行之難，而一城莫賞。此古人所以染翰慷慨，屢伸而不能已者也。夫導達意氣，其惟文乎？撫卷躊躇，遂感而賦之。[181]

　　淵明儘管高賦歸去來且盤桓於五柳樹前，儼然一副五柳先生的瀟灑模樣。但是，他有時仍不免會流露出另一種面貌：對於真風告逝、大偽斯興，閭閻懈廉退之節，市朝驅易進之心的亂世，五柳先生或許只須穎脫不羣於外在世俗，任真自得於內在本懷，即可忘懷得失，以此自終；然而，帶有儒者襟懷的淵明，當他面對「懷正志道之士，或潛玉於當年」、「潔己清操之人，或沒世以徒勤」這種昏暗時代，則不免會因此而感到「慨然惆悵」。〈感士不遇賦〉還提及：

---

181 晉·陶潛著，龔斌校箋：《陶淵明集校箋》，卷5，頁425。

> 嗟乎！雷同毀異，物惡其上，妙算者謂迷，直道者云
> 妄。坦至公而無猜，卒蒙恥以受謗，雖懷瓊而握蘭，
> 徒芳潔而誰亮？哀哉！士之不遇，已不在炎帝帝魁之
> 世。獨祗修以自勤，豈三省之或廢。庶進德以及時，
> 時既至而不惠。[182]

　　引文從「雷同毀異，物惡其上」至「雖懷瓊而握蘭，徒
芳潔而誰亮」，乃是淵明對於所處之世君子道消，小人道長
的深沉感嘆。是故，希冀「庶進德以及時」但卻「時既至而
不惠」的淵明，也只能哀痛地高吟「士之不遇」悲歌。據上
所述可知，身為「隱者」之淵明，固可高歌「歸去來兮」，
並以此來自娛示志，但這並不妨礙身為「儒者」之淵明，亦
能慷慨悲吟「感士不遇」，並藉此來導達意氣。

　　李隆獻箋證〈五柳先生傳〉云：

> 陶公之志有三：一為「性本愛丘山」之「適志之
> 志」，……一為「猛志逸四海」之「濟世之志」，……
> （一為）「固窮之志」。[183]

　　如果說身為隱者的淵明高歌歸去來兮，符合自身性本愛
丘山之「適志之志」的話；那麼，身為儒者的淵明哀嘆感士

182　晉・陶潛著，龔斌校箋：《陶淵明集校箋》，卷5，頁426。
183　李隆獻：〈五柳先生傳並贊箋證稿〉，頁489-490。

不遇,則屬自身猛志逸四海之「濟世之志」的失落悲吟。[184]兩者雖然一從正面說,一就反面言,然而,淵明對於「適志之志」與「濟世之志」兩種志趣的認可,則屬一致。至於「固窮之志」,其性質則與前面兩種略有不同,因為不管是「適志之志」,還是「濟世之志」,皆為淵明自然天性之展示,淵明〈感士不遇賦〉云:

> 咨大塊之受氣,何斯人之獨靈。稟神智以藏照,秉三五而垂名。或擊壤以自歡,或大濟於蒼生。靡潛躍之非分,常傲然以稱情。[185]

其中,「擊壤以自歡」即屬性本愛丘山之「適志之志」的具體呈顯;「大濟於蒼生」則為猛志逸四海之「濟世之志」的實質表現。上述兩種志向儘管「或潛或躍」不同,然而,皆屬淵明「傲然稱情」之自然情性的抒發。但是,「固窮之志」就不同了,它並非淵明自然情性的如實展現,而是不得已下的無奈選擇,儘管它也頗為符合淵明自身之志趣,但從理論位階而論,卻僅能算是淵明「第二義」的志向。「固窮」典出《論語‧衛靈公》:

> 在陳絕糧,從者病,莫能興。子路慍見曰:「君子亦

---

184 淵明此處所謂的「猛志逸四海」之「猛志」,既可理解為儒家式的澄清天下之濟世大志,亦可詮釋成俠客般的撫劍獨行之凌雲壯志。李氏箋證的說法,顯然採用的是前者的解釋方式。
185 晉‧陶潛著,龔斌校箋:《陶淵明集校箋》,卷5,頁425。

有窮乎？」子曰：「君子固窮，小人窮斯濫矣。」[186]

　　引文以「君子固窮」與「小人窮斯濫矣」相對而言，可見，固窮是一種有別於一般小人的君子修養，淵明〈有會而作〉云：「斯濫豈攸志，固窮夙所歸。」[187]正是引用《論語》原意而表態之。然而，固窮這種修養並不容易做到，淵明《詠貧士七首》其七云：「誰云固窮難，邈哉此前修。」[188]此詩雖然正面述說固窮不難，但這乃是一種自我期許的勉勵說法，其實，這種說法本身，已經從反面映證了固窮之難，以致淵明必須藉由反覆地吟詠前修之固窮故事來自我砥礪。

　　淵明〈癸卯歲十二月中作與從弟敬遠〉云：「高操非所攀，謬得固窮節。」《飲酒二十首》其十六云：「竟抱固窮節，飢寒飽所更。」[189]詩中「謬得」、「竟抱」諸語，已可略見「固窮節」本非淵明衷心嚮往之終極關懷。另外，〈感士不遇賦〉云：「寧固窮以濟意，不委曲而累己。既軒冕之非榮，豈縕袍之為恥。誠謬會以取拙，且欣然而歸止。擁孤襟以畢歲，謝良價於朝市。」[190]從文中亦可清楚看出，淵明之所以「寧固窮以濟意」，乃是基於「不委曲而累己」的緣故，而一個「寧」字，更是明確點出，固窮之於淵明，並非首選，而是一種退而求其次心態下的無奈選擇。

---

186 何晏集解，邢昺疏：《論語注疏》，頁 137 上。
187 晉・陶潛著，龔斌校箋：《陶淵明集校箋》，卷 3，頁 307。
188 晉・陶潛著，龔斌校箋：《陶淵明集校箋》，卷 4，頁 375。
189 晉・陶潛著，龔斌校箋：《陶淵明集校箋》，分見卷 3，頁 210；卷 3，頁 279。
190 晉・陶潛著，龔斌校箋：《陶淵明集校箋》，卷 5，頁 427。

綜上所述可知,五柳先生的著文自娛、示志,其具體的指涉內容,顯然與淵明的著文自娛、示志頗有差別。五柳先生只須單純表現「擊壤以自歡」這種性本愛丘山之「適志之志」即可;但淵明的自娛、示志內涵則相對複雜許多,既有「擊壤自歡」這種「適志之志」,亦有「大濟蒼生」那種「濟世之志」,更有「寧固窮濟意,不委曲累己」這種並非首選,僅能算是第二義的固窮之志。[191]據此,則五柳先生與淵明兩人之志向內涵與意趣表現,實又頗多差異。

陶集中與〈感士不遇賦〉之主題相似的作品,還有〈榮木〉,其序文云:

> 榮木,念將老也。日月推遷,已復九夏。總角聞道,白首無成。[192]

淵明於〈榮木〉中所表露的「總角聞道」,但卻「白首無成」的功業無成焦慮,與〈感士不遇賦〉中「庶進德以及時,時既至而不惠」的慨歎頗有相通之處。〈榮木〉云:

---

191 必須特別說明的是,〈五柳先生傳〉雖亦涉及固窮之志的論述,但其所強調的固窮之志,乃是一種已經圓滿完成,且沒有任何疑惑的「靜態」之晏如境界;其與淵明在其它陶集作品中,所欲突顯的尚未圓滿完成,且有著頗多疑惑的「動態」之辯證歷程,實有著本質上的區別。因此,筆者以為,〈五柳先生傳〉中的固窮之志,依其論述旨趣,實可視為是一種「適志之志」的自然展露,故不須再另外分類來處理;至於陶集中的固窮之志則不同,如上所述,它既有別於「性本愛丘山」的「適志之志」,亦迥異於「猛志逸四海」的「濟世之志」,故可與後面兩類鼎足而三,另成專類來討論。

192 晉·陶潛著,龔斌校箋:《陶淵明集校箋》,卷1,頁15。

采采榮木，結根於茲。晨耀其華，夕已喪之。人生若寄，顦顇有時。靜言孔念，中心悵而。

采采榮木，於茲托根。繁華朝起，慨暮不存。貞脆由人，禍福無門。匪道曷依，匪善奚敦。

嗟予小子，稟茲固陋。徂年既流，業不增舊。志彼不舍，安此日富。我之懷矣，怛焉內疚。

先師遺訓，余豈云墜。四十無聞，斯不足畏。脂我名車，策我名驥。千里雖遙，孰敢不至！[193]

「晨耀其華，夕已喪之」、「繁華朝起，慨暮不存」四句，表面上講的雖是榮木的易衰，其實骨子裡反映的則是自己對於時間流逝的擔憂。「匪道曷依，匪善奚敦」兩句，以及「四十無聞，斯不足畏。脂我名車，策我名驥。千里雖遙，孰敢不至」六句，前者強調進德修業之襟懷，後者突顯立業及時之旨趣。八句合而觀之，則頗有〈感士不遇賦〉中「庶進德以及時」之意。淵明《讀史述九章・屈賈》云：「進德修業，將以及時。如彼稷契，孰不願之？」[194]引詩吟詠對象雖為屈賈二人，但亦含有淵明自詠之意，其「進德修業，將以及時」兩句，正與〈感士不遇賦〉強調的「進德及時」觀念一致。據上所述可知，淵明本具儒者濟世之志，可惜因士

---

193 晉・陶潛著，龔斌校箋：《陶淵明集校箋》，卷1，頁15。
194 晉・陶潛著，龔斌校箋：《陶淵明集校箋》，卷6，頁496。

不遇而始終無法如願，然而，其對於無成之悲的感慨，亦在
某種程度上，將自己與五柳先生的形象作了區分。

2、意氣昂揚的「壯厲猛志」與少言多言的「曲折心態」。

五柳先生「閑靜少言，不慕榮利」，彷彿天生就是一位
高隱之士。淵明則不然，概括言之，其一身實兼有兩種性情：
第一種即是有著「少無適俗韻，性本愛丘山」性格的淵明，[195]
此乃擁有隱者情懷的淵明；另一面則是有著「少年罕人事，
游好在六經」志向的淵明，[196]此屬帶有儒者胸襟的淵明。[197]前

---

[195] 「性本愛丘山」之「丘山」，龔斌校箋作「邱山」，參見晉・陶潛著，
龔斌校箋：《陶淵明集校箋》，《歸園田居五首》其一，卷2，頁82。
然而，諸本多作「丘山」，如王叔岷《陶淵明詩箋證稿》、楊勇《陶淵
明集校箋》均作「丘山」。引文分見晉・陶潛著，王叔岷箋證：《陶淵
明詩箋證稿》，卷二，頁100；晉・陶潛著，楊勇校箋：《陶淵明集校
箋》，卷2，頁56。今據王、楊二氏之說改之。

[196] 晉・陶潛著，龔斌校箋：《陶淵明集校箋》，《飲酒二十首》其十六，
卷3，頁279。

[197] 一海知義以〈始作鎮軍參軍經曲阿作〉之「弱齡寄事外，委懷在琴書」、
《歸田園居五首》其一之「少無適俗韻，性本愛丘山」與《飲酒二十首》
其十六之「少年罕人事，游好在六經」三詩為例，認為「從這些詩中看
到的陶淵明，是一個熱愛自然、耽讀詩書的斯文的青年形象。」參見日・
一海知義著，彭佳紅譯：《〈五柳先生傳〉 —— 架空的自傳》，頁41。
其中，「少無適俗韻，性本愛丘山」這種「熱愛自然」的興致，較為接
近道家隱者之性情；「少年罕人事，游好在六經」此種「耽讀詩書」的
喜好，則比較偏向儒家士人之志趣。而「弱齡寄事外，委懷在琴書」兩
句，內涵意蘊略顯游移，既可視作是以琴書自娛之隱者高趣之展示，亦
可歸類為醉心向道之儒士學養的體現，甚至也有可能是上述兩者兼而有
之，故其具體解釋，必須視其前後語境而定。若將五柳先生與淵明兩人
相互比較，五柳先生顯然較為偏向道家隱者之性情；淵明則是兩者兼而
有之，既有隱者高趣，又具儒士學養。

者之形象，正可與五柳先生疊合；而後者之特質，則頗異於
五柳先生，此點已經如前所述。以上是就兩人的性情志趣而
言之，若從淵明一生的心態觀之，亦有可說者，《擬古九首》
其八云：「少時壯且厲，撫劍獨行遊。」《雜詩十二首》其
五云：「憶我少壯時，無樂自欣豫。猛志逸四海，騫翮思遠
翥。」[198]此為淵明少時之壯厲猛志，充分展現出一種意氣風
發的青年熱情。《讀山海經十三首》其十云：「精衛銜微木，
將以填滄海。刑天舞干戚，猛志固常在。」[199]此詩應為淵明
中晚年時期示其心志的詠懷之作，[200]「猛志固常在」，既是
詠刑天之猛志，亦是淵明自詠。可見，淵明少時壯厲之猛志，
儘管到了他的中晚年，都已經賦歸田園多年，卻始終常存其
心。《雜詩十二首》其二云：「日月擲人去，有志不獲騁。
念此懷悲悽，終曉不能靜。」[201]此詩充分反映出當淵明年歲
漸增，深感此生猛志無法獲騁之際，不免念此悲悽、終不能
靜，此亦可從反面印證：淵明之猛志，終其一生，皆壯懷激
烈地縈繞於其心中。[202]是故，心存猛志、壯懷激烈，以致終

---

198 引文分見晉・陶潛著，龔斌校箋：《陶淵明集校箋》，卷 4，頁 330；
卷 4，頁 344。

199 晉・陶潛著，龔斌校箋：《陶淵明集校箋》，卷 4，頁 405。

200 龔斌校箋云：「《讀山海經》十三首作年既難確定，命意又不顯，故歷
來理解不一。多數論者因認定這組詩作於晉宋易代之際，故以忠晉感憤
說附會。……與上相反者，認為《讀山海經》不過寫其幽居之樂，無甚
深意。」參見晉・陶潛著，龔斌校箋：《陶淵明集校箋》，卷 4，頁 414。
筆者以為，此應為淵明中晚年幽居時期之詠懷組詩。

201 晉・陶潛著，龔斌校箋：《陶淵明集校箋》，卷 4，頁 337。

202 本段對於淵明「猛志」的論述旨趣，並不在於區分其具體內涵，究竟是
屬於儒家式的濟世之志，抑或是俠客般的壯遊之志，而僅是想要強調，
淵明之壯烈猛志，實可象徵一種源源不絕的生命活力與處世熱情。因

曉不能靜的淵明，又怎麼會與始終閑靜自如的五柳先生，形象完全相同呢？[203]

至於類似五柳先生般的少言個性，身為隱者的淵明，亦有此種內在本性，此點已如前文所述。不過，筆者以為，關於淵明之少言，除了天生性格的解釋之外，或許，我們亦不能排除這樣的可能：身為儒者的淵明，面對天下滔滔之亂象，雖然無力改變，但亦不想陷於無益之辯的糾纏。固其少言，除了表示其無奈心境外，也在某種程度上顯示其抗議的姿態。《詠貧士七首》其三云：「豈忘襲輕裘，苟得非所欽。賜也徒能辨，乃不見吾心。」[204]真正的儒者，應該是有所為，有所不為的，對於不了解自己行為舉止之人，儘管對方雄辯滔滔，亦不得淵明之心。《飲酒二十首》其十八云：「有時不肯言，豈不在伐國。」[205]此處詩意雖是針對揚雄而發，但

此，其具體內涵與其說是上述兩種中的那一種，倒不如將其視為是一種兼而有之的渾厚生機之展現。

203 一海知義雖以《擬古九首》其八之「少時壯且厲，撫劍獨行游。誰言行游近？張掖至幽州」、《雜詩十二首》其五之「憶我少壯時，無樂自欣豫。猛志逸四海，騫翮思遠翥」兩首作品為例，並注意到：「這數行詩句中儘管只是吟咏了年輕時的『幻想』，但可從中窺見血氣方剛的青年陶淵明的面貌。而在〈五柳先生傳〉中，這昔日的風采沒有留下一鱗半爪，出現的卻是另一個陶淵明」。參見日・一海知義著，彭佳紅譯：《〈五柳先生傳〉 —— 架空的自傳》，頁 41-42。一海知義的觀察甚為敏銳，不過，其以「幻想」、「血氣方剛的青年陶淵明」評論淵明之少壯猛志，似有小看淵明志向之嫌。因為淵明的壯厲猛志，乃是與其「少年罕人事，游好在六經」的儒者襟懷息息相關，它是一種理想的嚮往、境界的展示，反映的是充滿「濟世熱情」的青年陶淵明形象。若是僅以「血氣方剛」的「幻想」視之，似乎只是著眼於較為低階的氣性、人欲層次，但卻忽略了更為高階的道性、人格境界。

204 晉・陶潛著，龔斌校箋：《陶淵明集校箋》，卷 4，頁 366。

205 晉・陶潛著，龔斌校箋：《陶淵明集校箋》，卷 3，頁 284。

亦可視為是淵明自我心志的表露。[206]可見，對於不得淵明之心的無益之辨，以及有違本意的失德之說，淵明或許寧可選擇少言，甚至無言。只是，這種少言、無言乃是因為外在因素的限制而產生的無奈心態。不過，也是因為此種無奈心境的表露，才更能如實展現淵明本身性格理應具有的多元面貌，這點，顯然又是純因出於天性而少言的五柳先生較為缺乏的面向。

方介認為：「陶公『少言』，原因有三：一則惡為俗中之言。……二則難遇知己以話衷情。……三則已臻得意志忘言之化境。」[207]方氏所云之第三點，即淵明因為已臻得意志忘言之化境，故而少言，此點似乎可再商榷。[208]至於「惡為俗中之言」與「難遇知己以話衷情」兩個部分，不僅頗可與上文所述相通，亦能於陶集中尋得佐證，先討論「惡為俗中之言」的部分，淵明《擬古九首》其六云：

> 蒼蒼谷中樹，冬夏常如茲。
> 年年見霜雪，誰謂不知時。
> 厭聞世上語，結友到臨淄。
> 稷下多談士，指彼決吾疑。

---

206 淵明此詩，頗有以揚雄自比之意，故詩中內容亦可視為淵明之自詠。
207 方介：〈陶淵明五柳先生傳疏證〉，頁533。
208 筆者以為，方氏所謂的得其意志而忘言，比較屬於當時流行的「言意之辨」之哲學命題；至於此處所說的淵明之少言、無言，則較為偏向個人情性的體現，以及交談對象、內容與時機的處世應答問題。而且，前者的「忘言」，乃是一種超越之境界型態的展現，其實質內涵亦與因自身性情而寡言，或是因話不投機而少言，以及因為呈顯抗議姿態而無言不盡相同。

裝束既有日，已與家人辭。

行行停出門，還坐更自思。

不畏道里長，但畏人我欺。

萬一不合意，永為世笑嗤。

伊懷難具道，為君作此詩。[209]

　　詩中先以「冬夏常如茲」的谷中蒼樹作為隱喻，象徵淵明自己堅貞不變的心志與姿態。接著「厭聞世上語，結友到臨淄」、「稷下多談士，指彼決吾疑」四句，明確指出因為自己「惡為俗中之言」，故意欲前往臨淄尋求同道解惑。湯漢注此詩云：

　　前四句興而比，以言吾有定見而不為談者所眩，似謂白蓮社中人也。[210]

　　湯氏「似謂白蓮社中人」之推斷，或許難以證實；但「吾有定見而不為談者所眩」之評，確實深得淵明為文之用心。誠如湯氏所述，開頭四句，明為起興，實為淵明自比，故既興且比。至於淵明之所以自喻為堅貞之谷中蒼樹，實有為而發，因其惡為俗中之言：既「厭聞世上語」，不喜世間之俗人俗語；又「但畏人我欺」，害怕自己被談士似是而非的利口巧辭所迷惑；且擔憂「萬一不合意，永為世笑嗤」，深恐自己因為一時的失察，造成難以彌補的遺憾。對於「世人之

---

209 晉・陶潛著，龔斌校箋：《陶淵明集校箋》，卷4，頁327。

210 晉・陶潛撰，宋・湯漢注：《宋刊陶靖節詩》，卷4，頁112。

欺」，淵明於陶集中似乎頗為警覺，除了此處「但畏人我欺」的自我提醒之外，《飲酒二十首》其十二云：「去去當奚道，世俗久相欺。擺落悠悠談，請從余所之。」[211]詩中內容亦慎重提及「世俗相欺」之事。由此可見，淵明之所以「惡為俗中之言」，或許就是因為世俗之言多含「相欺」話術，是故，淵明終於決定「擺落悠悠談，請從余所之」，以自己之堅定信念為所當為，此亦可證湯氏「吾有定見而不為談者所眩」之論。

接著討論「難遇知己以話衷情」的部分，淵明〈祭從弟敬遠文〉云：「斂策歸來，爾知我意，常願攜手，寘彼眾議。」此是正面論述「願與知音言」之熱烈心情，《雜詩十二首》其二云：「欲言無予和，揮杯勸孤影。」[212]此則為從反面表述「難覓知音言」的失落感受。可見，淵明之少言、無言，不純粹是因為天性，而是有著現實上的考量。《飲酒二十首》其九云：

> 清晨聞叩門，倒裳往自開。
> 問子為誰與？田父有好懷。
> 壺漿遠見候，疑我與時乖。
> 襤縷茅簷下，未足為高栖。
> 一世皆尚同，願君汨其泥。
> 深感父老言，稟氣寡所諧。

211　晉・陶潛著，龔斌校箋：《陶淵明集校箋》，卷3，頁271-272。
212　分見晉・陶潛著，龔斌校箋：《陶淵明集校箋》，卷7，頁525；卷4，頁337。

　　　紆轡誠可學，違己詎非迷。

　　　且共歡此飲，吾駕不可回。[213]

　　詩中的田父，雖有「好懷」，動機良善，然而，其所謂「繾綣茅簷下，未足為高栖」、「一世皆尚同，願君汩其泥」的勸導言論，並無法真正契合淵明心志。是故，淵明固然「深感父老言」，接受其用心良苦之美意，但因自己實在「稟氣寡所諧」，不適合官場生涯，故基於「紆轡誠可學，違己詎非迷」之做人原則，也只能拒絕田父的提議。我們可以看到，此處的淵明，儘管最後仍可與田父「共歡此飲」，一起共享歡飲之樂，然而，令人遺憾的是，對於「吾駕」可不可回、該不該回，意即淵明是否重返仕途的問題，兩人顯然並無交集。

　　頗值玩味的是，前引《雜詩十二首》其二云「欲言無予和，揮杯勸孤影」，說的是淵明個人獨飲的無知音之憾；而此處的淵明，雖然有著田父陪伴著共歡此飲，不用再獨自一人領略「揮杯勸孤影」的落寞，然而，令人感到可惜的是，淵明此時應仍存在著「欲言無予和」的孤獨蒼茫之感。《飲酒二十首》其十三云：「有客常同止，趣舍邈異境。一士常獨醉，一夫終年醒。醒醉還相笑，發言各不領。」[214]詩中「醒醉還相笑，發言各不領」之具體情境，若是用來形容此處淵明與田父共歡此飲之場景，應該也相當貼切。畢竟，像淵明從弟敬遠這種可以「爾知我意」、「實彼眾議」的知己不存之後，缺乏共鳴，欲言無予和的淵明，不管是獨飲還是共飲，

─────────────────

213　晉‧陶潛著，龔斌校箋：《陶淵明集校箋》，卷3，頁263。

214　晉‧陶潛著，龔斌校箋：《陶淵明集校箋》，卷3，頁273。

想必都難以消解心中那份無人可以理解的孤寂感。

　　關於淵明之少言問題，除上所述之外，還有三點可說：其一，身為「農者」之淵明，[215]與鄰里農父「時復墟曲中，披草共來往」之際，談的多是「相見無雜言，但道桑麻長」的田家話語。[216]其二，身為「文人」的淵明，在「春秋多佳日，登高賦新詩」之餘，其與村居文士的交往是：「鄰曲時時來，抗言談在昔」、[217]「過門更相呼，有酒斟酌之」、「相思則披衣，言笑無厭時」；[218]其三，身為「儒士」的淵明，在「有客賞我趣，每每顧林園」之時，亦能與之「談諧無俗調，所說聖人篇」，彼此討論、講述聖賢書籍之微言大意。[219]由此可見，淵明實亦有多言、喜言與善言的時候，對此，吳國富云：

　　　　考察淵明一向性格，也可見「閑靜少言」另有用意。〈答龐參軍〉敘「乃陳好言，乃著新詩。」〈乞食〉講「談諧終日夕，觴至輒傾杯。」《移居》有「相思則披衣，言笑無厭時」之語。〈與殷晉安別〉有「信

215　淵明〈有會而作序〉自云：「頗為老農。」。可見，淵明對於自身農者的身分，應有相當充分之自覺。引文參見晉·陶潛著，龔斌校箋：《陶淵明集校箋》，卷3，頁307。
216　晉·陶潛著，龔斌校箋：《陶淵明集校箋》，《歸園田居五首》其二，卷2，頁86。
217　晉·陶潛著，龔斌校箋：《陶淵明集校箋》，《移居二首》其一，卷2，頁129。
218　晉·陶潛著，龔斌校箋：《陶淵明集校箋》，《移居二首》其二，卷2，頁132-133。
219　晉·陶潛著，龔斌校箋：《陶淵明集校箋》，〈答龐參軍〉，卷2，頁116。

　　宿酬清話，益復知為親」之句。都足見他健談，甚至
能談上一天或談個通宵。因此一反常態強調沉默是有
用意的。⋯⋯劉宋王朝要他說污辱禮義的話，他又怎
能不沉默？[220]

　　吳氏認為淵明其實相當具有健談的能力，因此，淵明「一
反常態強調沉默是有用意的」。不過，筆者以為，淵明具備
健談能力應屬實情，但是這並不足以代表淵明的健談，就一
定是屬於他性格的常態。吳氏或許是因為太過於強調淵明的
沉默，乃是有著特別針對劉宋王朝的深意，故不得不拉高淵
明的健談性格。其實，從吳氏所引的淵明健談詩例來看，似
乎也只能證明：淵明和談得來的鄰居、朋友，甚至是熱情接
待他的善心人士，彼此皆可相談甚歡，因此淵明確實具有健
談的能力，但是，僅是如此，仍然不能得出淵明亦具備健談
性格的結論。因為，前者是屬於「能力有無」的範疇，後者
則為「意願強弱」的問題，兩者之間的問題意識並不相同。

　　綜上所述可知，五柳先生的少言，或許符合身為隱者之
淵明的性格；但對於身為農者、文人、儒士的淵明而言，當
他遇到適當時機與正確對象之際，其實亦頗多言所當言之
論。據此，則淵明兼具各種身份認同於一身的人物形象，恐
較僅是單純隱者的五柳先生複雜許多。

---

220 吳國富：〈「五柳先生」及「無弦琴」的守窮守默 ── 從揚雄看陶淵明
　　的「慎宋」〉，頁 53。

3、貧富交戰的「動態歷程」與前修古賢的「道勝慰懷」。

　　在讀書部分，五柳先生呈顯的是「好讀書，不求甚解，每有會意，欣然忘食」這種純任自然天真的讀書樂趣。但是，現實生活中的淵明讀書則頗不相同，淵明所讀何書？《飲酒二十首》其十六：「少年罕人事，游好在六經。」〈辛丑歲七月赴假還江陵夜行塗口〉：「詩書敦宿好，林園無世情。」[221]淵明既然自少即「游好在六經」、「詩書敦宿好」，可見，儒家經書必是他向來喜讀之書。另外，顏〈誄〉序文述及淵明「心好異書」，[222]淵明《讀山海經十三首》其一云：

> 孟夏草木長，繞屋樹扶疏。
> 眾鳥欣有託，吾亦愛吾廬。
> 既耕亦已種，時還讀我書。
> 窮巷隔深轍，頗迴故人車。
> 歡然酌春酒，摘我園中蔬。
> 微雨從東來，好風與之俱。
> 汎覽周王傳，流觀山海圖。
> 俯仰終宇宙，不樂復何如？[223]

　　《山海經》多述神怪之事，因此，顏延之所謂淵明「心

221　分見晉・陶潛著，龔斌校箋：《陶淵明集校箋》，卷3，頁279；卷3，頁195。
222　梁・蕭統編，唐・李善注：《文選》，卷57，頁2471。
223　晉・陶潛著，龔斌校箋：《陶淵明集校箋》，卷4，頁388-389。

好異書」的內容，理應也包括《山海經》在內，故淵明於「汎
覽周王傳，流觀山海圖」之際，自然興發出「俯仰終宇宙，
不樂復何如」的讀書之趣，自也在情理之中。淵明既喜經書
之正，又好異書之奇，[224]且讀之有味，故每有會意，便可如
同五柳先生般欣然忘食。然而，淵明之現實生活，尚有許多
人事困頓、悲情感慨必須處理，故其讀書，尤其是讀史書之
際，雖仍可充分享受好讀書，不求甚解，每有會意，欣然忘
食之樂趣，但更多時候，他所展現的卻是一種以書中人物自
勉、自勵的情懷，如《詠貧士七首》其二云：

> 淒厲歲云暮，擁褐曝前軒。
> 南圃無遺秀，枯條盈北園。
> 傾壺絕餘瀝，闚竈不見煙。
> 詩書塞座外，日昃不遑研。
> 閑居非陳阨，竊有慍見言。
> 何以慰吾懷，賴古多此賢。[225]

　　在淒厲歲暮之際，淵明擁褐前軒，面對傾壺絕瀝、竈不
見煙的生活窘境，只能「詩書塞座外」、「日昃不遑研」。

---

224 淵明本身既喜「經書之正」，又好「異書之奇」，此外，亦樂於與人分
　　享，其〈答龐參軍〉云：「談諧無俗調，所說聖人篇。」又《移居二首》
　　其一云：「奇文共欣賞，疑義相與析。」可見，淵明平時談論不喜俗調，
　　而是較為偏愛「聖人篇章」與「奇文欣賞」。此又可證只要議題適當，
　　淵明亦喜多言。引文分見晉・陶潛著，龔斌校箋：《陶淵明集校箋》，
　　卷2，頁116；卷2，頁129。
225 晉・陶潛著，龔斌校箋：《陶淵明集校箋》，卷4，頁363-364。

此時的淵明，表露的並不再是每有會意，即可欣然忘食的讀書樂趣，反而是深具悲情意味這種「何以慰吾懷，賴古多此賢」的自我勉勵。其《詠貧士七首》其五云：

> 袁安困積雪，邈然不可干。
> 阮公見錢入，即日棄其官。
> 芻藁有常溫，採莒足朝餐。
> 豈不實辛苦，所懼非飢寒。
> 貧富常交戰，道勝無戚顏。
> 至德冠邦閭，清節映西關。[226]

此詩既是對於袁安、阮公兩位貧士的歌頌，亦為淵明自詠。引詩「豈不實辛苦，所懼非飢寒。貧富常交戰，道勝無戚顏」四句，說的正是過著「芻藁有常溫，採莒足朝餐」之窮困生活的貧士，在其心中，貧富總是經常交戰，儘管最後的結果是「道勝無戚顏」，但箇中的辛苦茲味，貧士自是冷暖點滴在心頭，此或可視作淵明對於自身艱難處境的夫子自道。趙白生述及文章中的「動態發展」與「靜態描寫」時云：

> 內在自我的發展軌迹只有作者本人清楚，但靜態的描寫無法包容流動的發展過程。[227]

以趙氏所述為例，「貧富常交戰，道勝無戚顏」兩句，

---

226 晉・陶潛著，龔斌校箋：《陶淵明集校箋》，卷4，頁371。
227 趙白生：〈「我與我周旋」——自傳事實的內涵〉，頁116。

即屬淵明「內在自我的發展軌跡」，裡面既有正反論述對象
（貧富），亦有動態發展歷程（常交戰），以及最後的結果
（道勝）與感受（無戚顏）。至於五柳先生的人物形象，似
乎僅有「靜態描寫」而缺乏「流動的發展過程」，是故，其
具體形象始終如一，既無矛盾衝突，也無發展變化。如此，
則身處「豈不實辛苦」之生活窘境，幾經「貧富常交戰」之
心情轉折，才終能「道勝無戚顏」的淵明，又何嘗類似於總
是一味任真自然的五柳先生？

　　另外，淵明《詠貧士七首》其七云：

> 昔在黃子廉，彈冠佐名州。
> 一朝辭吏歸，清貧略難儔。
> 年饑感仁妻，泣涕向我流。
> 丈夫雖有志，固為兒女憂。
> 惠孫一晤歎，腆贈竟莫酬。
> 誰云固窮難，邈哉此前修。[228]

　　詩中主角黃子廉的生平事跡，較之淵明實頗為相似，兩
人皆曾有過「彈冠佐名州」般的出仕經驗，而且一朝辭吏歸
隱之後，也都過著「清貧略難儔」的辛苦日子。劉桂鑫、戴
偉華論述隱士生活時云：

> 隱士放棄仕進，經常面臨經濟的拮据，在個人操守與

228　晉・陶潛著，龔斌校箋：《陶淵明集校箋》，卷4，頁375。

履行為人夫、為人父的責任之間，總會出現兩難困
境。他們內心應當也是充滿矛盾，但在文學作品裡，
總會把貧窮作為自己清高品節的證據加以重點表
現，而對妻兒的感受絕口不提。[229]

依據劉、戴二人所述，隱士總是喜歡將「貧窮」作為自
己「清高品節」的證據來加以重點表現，但卻「對妻兒的感
受絕口不提」。兩人所說「絕口不提」四字，或許太過於絕
對，但中國隱士在建構自我「固窮」形象之際，確實較為缺
乏自己妻兒對於清貧生活之實際感受的呈顯。淵明此首作品
則不同，詩中提到的「年饑感仁妻，泣涕向我流」兩句，相
當生動地描繪出隱者之妻對於丈夫的哭窮形象；至於「丈夫
雖有志，固為兒女憂」兩句，記載的則是隱者之妻以「兒女」
之名，對於丈夫決定所展開的商榷與質疑。此詩頗為具體的
將黃子廉這位隱士「面臨經濟的拮据，在個人操守與履行為
人夫、為人父的責任之間，總會出現兩難」的困境如實地展
示出來。其實，不僅黃子廉必須面對此種生活困境與內心矛
盾，淵明也是如此，歷代的清貧隱士亦皆如此。引詩最後兩
句「誰云固窮難，邈哉此前修」，正是淵明將黃子廉之處窮
表現視為典範而加以自勉、自勵的寬慰之語。此或可從反面
證明，淵明之妻，亦曾如同黃子廉之妻，對於丈夫的隱居不
仕，提出過懷疑、批判。如此，則獨來獨往、我行我素的五
柳先生，與必須慎重考慮個人志向、操守與履行家庭人夫、

229 劉桂鑫、戴偉華：〈論自我命名在古代自傳文學中的功能〉，《社會科
　　學研究》（2013 年 2 月），頁 177。

人父責任，兩者究竟孰先孰後、孰重孰輕的淵明，形象落差似亦頗大。

4、生命消逝的「死亡焦慮」與珍惜時光的「自我勉勵」。

前文提過，在面對死亡的部分，五柳先生與高歌〈歸去來兮辭〉的淵明，固然已經充分展現「忘懷得失，以此自終」、「聊乘化以歸盡，樂夫天命復奚疑」的曠達。然而，淵明果真如此樂觀？其〈連雨獨飲〉云：「運生會歸盡，終古謂之然。」〈五月旦作和戴主簿〉云：「既來孰不去，人理固有終。」《雜詩十二首》其三云：「日月有環周，我去不再陽。」《雜詩十二首》其七云：「家為逆旅舍，我如當去客。去去欲何之，南山有舊宅。」[230]運生歸盡之自然，人理有終之常理，我去不陽之事實，我如去客之比喻，反映的是隨著時間的推進，萬物生命終會逐漸邁向死亡，此為天地自然之大化流行。對此，淵明亦有著清醒而客觀的認識。

然而，對於生死問題有著理性、客觀的理解，並不意味在感性層面與主觀情緒上亦能波瀾不興、淡然以對。淵明〈和胡西曹示顧賊曹〉云：

> 流目視西園，燁燁榮紫葵。
> 於今甚可愛，奈何當復衰。[231]

---

230 分見晉・陶潛著，龔斌校箋：《陶淵明集校箋》，卷2，頁125；卷2，頁120；卷4，頁340；卷4，頁349。
231 晉・陶潛著，龔斌校箋：《陶淵明集校箋》，卷2，頁173。

另外，淵明《擬古九首》其七則云：

> 皎皎雲間月，灼灼葉中華。
> 豈無一時好，不久當如何。[232]

對於物之衰亡，淵明尚有「奈何當復衰」、「不久當如何」的深沉慨歎，面對自身逐步走向死亡之歷程，淵明更加不能無感，其《雜詩十二首》其六云：

> 昔聞長老言，掩耳每不喜。
> 奈何五十年，忽已親此事。
> 求我盛年歡，一毫無復意。
> 去去轉欲遠，此生豈再值。[233]

人生百年，正好可以五十為界，年過五十，之前的盛年歡樂已經「去去轉欲遠」，餘下的僅剩「一毫無復意」、「此生豈再值」的生命消逝感慨。淵明〈遊斜川序〉云：「悲日月之遂往，悼吾年之不留。」[234]如果說此處還僅是敘說「日月遂往」、「吾年不留」的「悲」、「悼」之感；那麼，〈遊斜川〉所述「開歲倏五十，吾生行歸休」兩句，[235]則是觸目

---

232 晉·陶潛著，龔斌校箋：《陶淵明集校箋》，卷4，頁329。
233 晉·陶潛著，龔斌校箋：《陶淵明集校箋》，卷4，頁346。
234 晉·陶潛著，龔斌校箋：《陶淵明集校箋》，卷2，頁95。
235 晉·陶潛著，龔斌校箋：《陶淵明集校箋》，卷2，頁95。

驚心地提醒這樣一件殘酷的事實：當人們的眼光還在悲悼過往歡樂時光的一去不復返之際，「吾生行歸休」的死亡陰影已經悄悄來到人們面前。此時，人們必須正視的，就不只是過往回憶的感傷情懷，而是更為嚴肅的死亡焦慮問題。淵明《雜詩十二首》其七云：

> 日月不肯遲，四時相催迫。
> 寒風拂枯條，落葉掩長陌。
> 弱質與運頹，玄鬢早已白。
> 素標插人頭，前途漸就窄。[236]

　　伴隨「日月不肯遲，四時相催迫」的時光流逝，詩人「弱質與運頹，玄鬢早已白」，不僅逐漸衰老，還必須真誠面對「素標插人頭，前途漸就窄」的死亡問題。通常，人們對於時間的焦慮，主要表現在兩件事上，一是對於過往美好時光的眷戀；二為對於來日死亡問題的擔憂。淵明《雜詩十二首》其三云：「眷眷往昔時，憶此斷人腸。」〈己酉歲九月九日〉云：「從古皆有沒，念之中心焦。」[237]前者反映的正是淵明對於過往美好時光的眷戀；後者展露的則為對於來日死亡問題的擔憂。淵明眷戀往昔並因憶此而斷腸，擔憂死亡並因念之而心焦，此為淵明對於生死的主觀感受。是故，面對死亡，淵明固有達觀的一面，但亦有「斷腸」、「心焦」等甚為焦

236　晉·陶潛著，龔斌校箋：《陶淵明集校箋》，卷4，頁349。
237　分見晉·陶潛著，龔斌校箋：《陶淵明集校箋》，卷4，頁340；卷3，頁232。

慮的心情表露。

　　不過，人們對於時間，除了表示焦慮之外，亦可有所作
為，淵明《雜詩十二首》其一云：

> 人生無根蒂，飄如陌上塵。
> 分散逐風轉，此已非常身。
> 落地為兄弟，何必骨肉親。
> 得歡當作樂，斗酒聚比鄰。
> 盛年不重來，一日難再晨。
> 及時當勉勵，歲月不待人。[238]

　　詩中內容可分三層來看，「人生無根蒂，飄如陌上塵」、
「分散逐風轉，此已非常身」四句為第一層，悲吟人生之變
化無常、難以掌握；「落地為兄弟，何必骨肉親」、「得歡
當作樂，斗酒聚比鄰」四句是第二層，強調珍惜親友與及時
作樂兩個重點；「盛年不重來，一日難再晨」、「及時當勉
勵，歲月不待人」則屬第三層，突顯在時間焦慮下理應及時
勉勵的惜時主題。《晉書・陶侃傳》云：

> （陶侃）常語人曰：「大禹聖者，乃惜寸陰，至於眾
> 人，當惜分陰，豈可逸遊荒醉，生無益於時，死無聞
> 於後，是自棄也。」[239]

---

238 晉・陶潛著，龔斌校箋：《陶淵明集校箋》，卷4，頁335。
239 唐・房玄齡等撰：《晉書》，卷66，頁1774。

陶侃是淵明之曾祖，亦是淵明相當尊敬、崇拜之人，前引淵明〈命子〉提到陶侃，稱美為「桓桓長沙，伊勳伊德」、「功遂辭歸，臨寵不忒」，既有偉大功勳，又能明哲保身、功遂辭歸。此處陶侃勉人諸語，尤其是「大禹聖者，乃惜寸陰，至於眾人，當惜分陰」四句，其意正類同於淵明「及時當勉勵，歲月不待人」之論。是故，淵明之惜時觀念，或許是受到陶侃的啟發與影響。另外，淵明《雜詩十二首》其五云：

> 氣力漸衰損，轉覺日不如。
> 壑舟無須臾，引我不得住。
> 前途當幾許，未知止泊處。
> 古人惜寸陰，念此使人懼。[240]

引文前面六句展示的是詩人對於時間與死亡的雙重焦慮，最後「古人惜寸陰，念此使人懼」兩句，其與陶侃勉人話語中的「大禹聖者，乃惜寸陰」顯然有著明確的互文關係，不過，其具體意涵的解釋較為複雜，既可理解為消極面向上的提醒，即自我警戒意，亦可詮釋成積極意義上的奮發，即自我勉勵意。筆者以為，此處淵明既是採用陶侃之典，那麼，依照淵明對於陶侃的崇敬程度，以及文本的前後語境來看，此處或可理解為：淵明以「古人惜寸陰」之論，一方面檢視過去的自己，藉以自警，另一方面亦用來期許未來的自己，藉以自勵。

---

240 晉·陶潛著，龔斌校箋：《陶淵明集校箋》，卷4，頁344。

魯迅曾經提過：

> 陶潛總不能超於塵世，而且，於朝政還是留心，也不
> 能忘掉「死」，這是他詩文中時時提起的。用別一種
> 看法研究起來，恐怕也會成一個和舊說不同的人物
> 罷。[241]

魯迅所說的留心朝政，固屬身具儒者情懷之淵明所應關
注的議題。但是，不能忘掉死，這種對於死亡問題始終念茲
在茲，以及因為時間焦慮而以「及時當勉勵，歲月不待人」
自勉自勵的淵明形象，顯然也不是單純超於塵世，忘懷得失，
以此自終的五柳先生樣貌，所可以完全籠罩的。

四、結　語

綜上所述可知，淵明之〈五柳先生傳〉，既非單純實錄
之史學，亦不是純粹虛構之文學，而是兩者兼而有之，既交
錯在虛實之間，又徘徊於文史之際。就反映淵明隱者之高趣
的部分來看，〈五柳先生傳〉實可視為淵明之實錄史學。然
而，從呈顯淵明全人之形象的視野觀之，〈五柳先生傳〉似
乎又不足以如實承載淵明之整體風貌，川合康三認為：「因
為作者（淵明）以隱逸生活為中心，通常與隱逸相伴的對現
實的批判、反抗，便難見蹤影。傾力於敘說隱逸生活中得以

---

241 魯迅撰，吳中杰導讀：〈魏晉風度及文章與藥及酒之關係〉，頁198。

享受的樂趣，這也可以說是〈五柳先生傳〉的一個特點。」[242]
誠如川合康三所說，〈五柳先生傳〉的一個特點就是：傾力
於敘說隱逸生活中得以享受的樂趣。如此，固然突顯了身為
隱者之淵明的任真形象，但卻也同時遮蔽了隱者淵明以外的
其餘形象，如濟世儒者、力耕農者的淵明形象，乃至於身為
苦悶丈夫、愧疚父親的淵明形象。[243]是故，當五柳先生極力
展示隱逸生活中得以享受的樂趣，而刻意淡化隱逸生活中伴
隨而來的悲慨，對於這種只報喜而不報憂的作品，我們又或
許應該用一種如同川合康三對此傳所下的標題 ── 「希望那
樣的我」，亦即帶有理想人物之形象性質的虛構文學視之。

　　考察陶集詩文即可清楚看出，淵明歸隱之後，對於自己
退隱之「行跡」，固然已經確定，然而，關於退隱之決定是
否正確的問題，淵明的「心跡」，似乎頗有疑慮，對此，王
國瓔即曾明確指出：

　　　　（陶淵明）彷彿對自己選擇的人生道路，一方面傲然
　　　　自得，一方面又還心存疑慮。他高蹈獨善，安貧樂道，

---

242 日‧川合康三著，蔡毅譯：《希望那樣的「我」── 〈五柳先生傳〉型
　　自傳》，頁 66。
243 濟世儒者、力耕農者之淵明形象已如上述，至於苦悶丈夫、愧疚父親之
　　淵明形象，陶集之中亦有可證者，如淵明〈與子儼等疏〉云：「吾年過
　　五十，少而窮苦，每以家弊，東西遊走。性剛才拙，與物多忤，自量為
　　己，必貽俗患。僶俛辭世，使汝等幼而飢寒。余嘗感孺仲賢妻之言，敗
　　絮自擁，何慚兒子。此既一事矣。但恨鄰靡二仲，室無萊婦，抱茲苦心，
　　良獨內愧。」其中，「室無萊婦」之恨，即為淵明身為苦悶丈夫之無奈
　　情緒的抒發；「僶俛辭世，使汝等幼而飢寒」之憾，則屬淵明身為愧疚
　　父親之沉痛心情的表白。引文參見晉‧陶潛著，龔斌校箋：《陶淵明集
　　校箋》，卷 7，頁 509。

而且曠達逍遙，任真自得，卻仍然負荷著一些人間俗
世的苦惱與煩憂。乃至時常自我探索人生的意義，解
釋自己的行為，澄清自己的立場，彷彿意圖撫平自我
行跡和心跡之間的落差。[244]

　　相較於前引川合康三所強調的對於外在現實的批判、反
抗；王氏此處則是從意圖撫平自我行跡和心跡之間的落差這
種內在反思著眼。然而，不管是對於外在現實的批判，還是
關於內在自我的反思，號稱為淵明自況實錄的〈五柳先生
傳〉，似乎皆無法有效反映。筆者以為，之所以有這樣的結
果，或許是因為〈五柳先生傳〉原先的書寫動機，並不在於
表述實情，而是在於體現理想。因為正如王氏所說，淵明對
於自己的歸隱抉擇一方面傲然自得，一方面又還心存疑慮，
於是，淵明一方面為了撫平自我行跡和心跡之間的落差，另
一方面也為了消解人間俗世的苦惱與煩憂，故試圖藉由一種
如同川合康三所說「希望那樣的我」的文章書寫，來建構自
己的理想人物典型。從此意義言之，〈五柳先生傳〉實兼具
文學之虛構性與理想性。然而，儘管如此，〈五柳先生傳〉
之人物形象的塑造，亦不可能完全無中生有，憑空產生，於
是，淵明在書寫的過程中，很可能大幅參考自己隱逸生活中
得以享受的樂趣，並以此作為書寫原型，進而建構出高蹈獨
善，安貧樂道，而且曠達逍遙，任真自得的五柳先生形象。
據此，〈五柳先生傳〉又兼有史學之自況性與實錄性。

---

244 王國瓔：〈陶淵明詩中「篇篇有我」──論陶詩的自傳意味〉，頁317。

　　另外，可以稍作補充的是，對於〈五柳先生傳〉以「五柳」為號所欲彰顯之內在意蘊，目前學者之間的觀點頗為紛歧，大致可以略述如下。

　　其一，強調「五柳」之號乃是基於「希慕古人」所致，如方介疏證云：

> 《淮南子・說林篇》：「柳下惠見飴曰：可以養老。」高誘注：「柳下惠，魯大夫展無駭之子，名獲，字禽，家有大柳樹，惠德，因號柳下惠。」陶公以五柳為號，或係希慕柳下惠為人所致。[245]

　　方氏認為「陶公以五柳為號，或係希慕柳下惠為人所致」，對此，李劍鋒亦有類似的看法：

> 陶淵明亦居於柳下，作〈五柳先生傳〉傲視門閥，以品德自高，遙承了柳下惠「樹柳行惠德」的行為和精神，又增加隱逸自娛的志趣。[246]

　　可見，方氏與李氏皆是以柳下惠「惠德」之典故，來連結「五柳」為號之事。

　　其二，關注「五柳」之號乃是基於「官柳故事」而起，如矢嶋美都子云：

245 方介：〈陶淵明五柳先生傳疏證〉，頁 532。
246 李劍鋒：〈〈五柳先生傳〉淵源新論〉，《九江學院學報》2009 年第 5 期，頁 2。

由此追溯到陶淵明寫〈五柳先生傳〉時，考慮一下他
的情況、心情。那時，他尚未成名，說起來陶侃以晉
朝名將負有盛名，而且陶侃的官柳故事廣為傳頌，知
名度甚高。因此陶淵明決意隱居時，剛剛附帶著隱居
形象的潘岳〈閑居賦〉的「柳」和在貴族社會相應地
有名氣的陶侃的「官柳」故事重合為一。再說陶淵明
巧借陶侃的名氣，取號為五柳先生。把以上所說的事
綜合起來，可以說，「五柳先生」這一稱號，是不是
反映了陶淵明身為三流貴族但是滿懷著對陶門榮光
的自豪，挑戰門閥社會的態度。當然我們無法準確地
把握陶淵明的真意。但是，陶家的榮光可以說由於「五
柳先生」這一稱號流傳到後時代。[247]

矢嶋美都子認為淵明因為「陶侃的官柳故事廣為傳頌，
知名度甚高」，於是「巧借陶侃的名氣，取號為五柳先生」。
陶侃「官柳故事」典出《晉書·陶侃傳》：

> 侃性纖密好問，頗類趙廣漢。嘗課諸營種柳，都尉夏
> 施盜官柳植之於己門。侃後見，駐車問曰：「此是武
> 昌西門前柳，何因盜來此種？」施惶怖謝罪。[248]

《晉書·陶侃傳》記載「侃性聰敏，勤於吏職，恭而近
禮，愛好人倫。」[249]其「官柳故事」之所以讓人津津樂道，

---

247 矢嶋美都子：〈關於中國古詩中「柳樹」形象的演變和陶淵明號為「五
　　柳先生」的來由〉，《九江師專學報》2001年增刊，頁48。
248 唐·房玄齡等撰：《晉書》，卷66，頁1778。
249 唐·房玄齡等撰：《晉書》，卷66，頁1773。

顯然是因為這則軼事，可以充分體現出他那種「勤於吏職」、「纖密好問」之個人性格。

其三，突顯「五柳」之號乃是基於「珍樹意象」而來，如薛順雄認為：（從魏晉時期的「柳賦」）我們可以發現到「柳」樹之所以會在當時被認為是一種「珍樹」，乃是由於「柳」樹是被認為具備有以下的七點特色……。[250]筆者以為，上述三種說法雖然各自精彩，不過，僅就人物形象的對應視野觀之，或許以柳下惠之典故，來連結「五柳」為號之事較為貼切。顏〈誄〉正文云：

> 仁焉而終，智焉而斃。黔婁既沒，展禽亦逝。其在先生，同塵往世。旌此靖節，加彼康惠。嗚呼哀哉！[251]

顏〈誄〉此處對於淵明靖節先生諡號的由來，即以「黔婁」與「展禽」兩個典故說明之。其中，「黔婁」部分的說明已如前文所述；至於「展禽」，即為柳下惠。由於顏〈誄〉之書寫內容，頗有向〈五柳先生傳〉取材致意的意味，[252]是故，顏〈誄〉所述之「展禽」典故，或許即是暗示「五柳」稱號與柳下惠具有某種程度的互文連結。當然，上述說法皆屬臆測，但在目前缺乏堅實證據的情況下，或許暫時採用此論，也算是相對之下較為合理的選擇。

---

250 薛順雄：〈論陶潛「五柳」的象徵意義〉，《東海中文學報》第 8 期（1988 年 7 月），頁 92。
251 梁‧蕭統編，唐‧李善注：《文選》，卷 57，頁 2475。
252 對此問題，可以參看本書第三章中「結語」部分的說明。

第三章　靖節徵士

── 「他者視域」下的隱者典範

一、前　言

　　顏延之的〈陶徵士誄并序〉（以下簡稱顏〈誄〉），最早收錄於蕭統《文選》，[1] 它不僅是古代誄文中文情並茂的名篇，更重要的是，它是目前除了陶集外，研究陶淵明生平事跡，以及人物形象最早，也最可信的資料。袁行霈曾將淵明之研究資料分成四級：第一級為陶集作品；第二級為淵明友人所留資料；第三級為後人所撰淵明傳記；第四級為後人評陶資料。[2] 其中，陶集作品為淵明夫子自道之直接資料，有現存諸種陶集版本可供參考。傳記資料與評陶資料則為後人追述、詮解之間接資料。傳記資料主要如袁氏所說，計有五篇：《宋書·陶潛傳》、《晉書·陶潛傳》與《南史·陶潛傳》（以下簡稱〈宋傳〉、〈晉傳〉與〈南傳〉）三篇屬於正史

1　梁·蕭統編，唐·李善注：《文選》（上海：上海古籍出版社，1997），卷 57，頁 2469-2475。
2　袁行霈：〈陶淵明年譜匯考〉，《陶淵明研究》（北京：北京大學出版社，1998），頁 247。

文獻，蕭統〈陶淵明傳〉（以下簡稱蕭〈傳〉）與佚名《蓮社高賢傳》兩篇則為私人撰述。[3]至於後人之評陶資料甚多，可惜頗為零散，目前蒐集較為完整的有《陶淵明資料彙編》、《陶淵明研究資料新編》兩書可以參閱。[4]另外，淵明友人所留資料，目前僅存顏〈誄〉一篇，而其屬性，則是介於主觀與客觀、直接與間接之間，且蘊含以下三點特殊性與重要性。

其一，與陶集作品相較，陶集儘管直接，但卻不免帶有淵明主觀之自我建構的色彩；友人資料則不同，它雖然不如陶集直接，但卻可從較為客觀之時人評價上，對於陶集作一參照與補充。

其二，和史傳、評陶資料相較，史傳資料屬於公領域著作，論述效力理應較私領域的友人資料客觀許多；評陶資料雖多為私領域作品，但其與淵明並無親身接觸，距離較遠，相形之下亦應比身為淵明友人的書寫資料客觀。不過，史傳、評陶資料皆屬後世之追述作品，因此，儘管較為客觀，但畢竟仍屬間接遙想之作，若就體會的切身程度而論，似乎仍不及淵明友人的直接觀察來的深刻。

其三，第一級的淵明現存作品雖然不多，但仍具一定數量；第三級的淵明傳記資料，就算扣除頗有疑義的佚名《蓮社高賢傳》，也仍存有四篇；至於第四級的後人評陶、詠陶之作，數量亦復不少；只有屬於第二級的淵明友人資料，目

3　袁行霈：〈陶淵明年譜匯考〉，頁 247。
4　前者參見北京大學北京師範大學中文系、北京大學中文系文學史教研室編：《陶淵明資料彙編》（北京：中華書局，2004），上冊、下冊；後者參閱鍾優民：《陶淵明研究資料新編》（長春：吉林教育出版社，2000）。

前僅存顏〈誄〉一篇，因此，其文獻資料的珍貴性實毋庸置疑。換言之，不管是從客觀之時人評價，還是親自體會的切身程度，甚至是數量僅存一篇的稀有性來看，顏〈誄〉在陶學接受史上，確實具有關鍵的地位。

　　如上所述，顏〈誄〉的級數甚高，且僅只一篇，此固屬於先天研究上的缺憾。不過，更令人覺得可惜的是，以目前前賢的研究成果觀之，對於顏〈誄〉的相關討論，相形之下數量似乎頗為稀少，且其論述內容，多是著重於文本的考證、校注，古典注疏如《文選》之顏〈誄〉李善注、[5]六臣注；[6]近人校注如高步瀛《南北朝文舉要·陶徵士誄并序》、[7]李佳《顏延之詩文選注·陶徵士誄并序》、[8]蔡文錦《關於陶淵明的第一篇文章 ── 顏延之〈陶徵士誄并序〉箋注》等。[9]至於單篇論文部分，則或是關注於文獻價值的闡述，[10]或是著眼於創

5　梁·蕭統編，唐·李善注：《文選》，卷 57，頁 2469-2475。

6　梁·蕭統撰，唐·李善、呂延濟、劉良、張銑、李周翰、呂向註：《增補六臣註文選》（臺北：華正書局，2005），頁 1058 上-1061 下。

7　高步瀛選注，孫通海點校：《南北朝文舉要》（北京：中華書局，2005），頁 22-37。

8　李佳校注：《顏延之詩文選注》（合肥：黃山書社，2012），頁 179-196。書中有關〈陶徵士誄并序〉的部分，應是以作者的碩士論文為基礎修改而成，其文參見李佳：《〈顏延之集〉校注及其研究·陶徵士誄并序》（成都，四川大學文學與新聞學院碩士論文，2003），頁 117-132。

9　蔡文錦：《關於陶淵明的第一篇文章 ── 顏延之〈陶徵士誄并序〉箋注》，《揚州職業大學學報》第 9 卷第 1 期（2005 年 3 月），頁 1-5。

10　如黨萬生、張志新即利用〈陶徵士誄并序〉之文獻資料，分別針對淵明的「名字」、「享年」、「顏陶關係」與「延之對於淵明之詩文評價」等四大問題逐一辨析。參見黨萬生、張志新：《顏延之〈陶徵士誄并序〉在陶淵明研究中的重要文獻價值》，《河西學院學報》第 23 卷第 6 期（2007 年），頁 22-25。

作動機的詮解，[11]或是聚焦於政治品節的探究。[12]其中，文本
考證屬於文本閱讀的基礎研究；文獻價值涉及文本內容的地
位評價；創作動機發掘作者的書寫意圖。不過，前賢所論固
然頗多精彩，但若專就陶淵明接受史中有關淵明人物形象的
建構視角觀之，上述的研究面向，似乎較不相應，僅有鄧小
軍的文章，裡面有部分內容，對於顏〈誄〉中所描述的淵明
形象，有著較為深入的論析。[13]另外，莫礪鋒《顏延之〈陶
徵士誄並序〉在陶淵明接受史上的地位》，[14]以及吳光濱《陶
淵明的初期形象 ── 從〈陶徵士誄〉論陶淵明》兩文，[15]亦
皆涉及淵明人物形象之分析，故可與鄧小軍之文相互參看。[16]

　　至於本文的書寫意圖在於：嘗試從顏〈誄〉的文本論述
中，理出其對於淵明人物形象之建構內涵。顏〈誄〉作為陶
淵明接受史的開篇之作，就文體形式而言，主要是由前面的
序文與後面的正文（誄文）兩個部分組成；而從主題內容來

---

11 日・松岡榮志著，梁克隆譯：《關於顏延之的〈陶徵士誄〉》，《中華
　　女子學院山東分院學報》2006 年第 4 期，頁 79-84。
12 鄧小軍：《陶淵明政治品節的見證 ── 顏延之〈陶徵士誄并序〉箋證》，
　　《北京大學學報（哲學社會科學版）》第 42 卷第 5 期（2005 年 9 月），
　　頁 87-99。
13 鄧小軍：《陶淵明政治品節的見證 ── 顏延之〈陶徵士誄并序〉箋證》，
　　頁 96。
14 莫礪鋒：《顏延之〈陶徵士誄並序〉在陶淵明接受史上的地位》，《學
　　術月刊》第 44 卷 1 月號（2012 年 1 月），頁 109-117。
15 吳光濱：《陶淵明的初期形象 ── 從〈陶徵士誄〉論陶淵明》，《德明
　　學報》第十七期（2001 年 6 月），頁 113-125。
16 至於專書部分，可參考的資料就比較多，如李劍鋒《元前陶淵明接受史》
　　中的相關章節，就頗值得參看。參見李劍鋒：〈宋齊時期的陶淵明〉，
　　《元前陶淵明接受史》（濟南：齊魯書社，2002），頁 40-59。不過，專
　　書部分通常會受限於論述主題的差異，因此，相關資料有時較為零散，
　　故此處就不一一羅列。

看，文章則可細分為以下兩個部分：其一，隱者「典範譜系」
之建構；其二，淵明「經典形象」之塑造。其中，在隱者「典
範譜系」之建構部分，又可依據其隱者譜系建構的內在理路，
再分為三點：以「隱者情性」論述「隱逸動機」、從「隱者
典範」界定「隱逸類型」與就「隱者真偽」評斷「隱逸結果」。
至於淵明「經典形象」之塑造的部分，亦可根據顏〈誄〉對
於淵明形象的塑造內涵，再分為兩種型態：「南岳幽者」
——「自然適性」之「道隱」型態，以及「有晉徵士」——「道
德教化」之「儒隱」型態。以下，則分別針對上述內容逐一
說明之。

二、隱者「典範譜系」之建構

顏〈誄〉首先從隱者之情性與志向著眼，意圖建構隱者
典範之譜系。然而，欲論隱者典範之譜系，則必先申明何謂
隱者？何謂隱者之典範？對於何謂隱者之內涵界定，不僅現
代學者之間的觀點頗不相同，即以六朝論者的視角言之，亦
頗多歧異。舉例言之，隱者顧名思義，固屬隱居不仕之士人，
然而，古代士人身處仕隱之間的現實狀態，具體狀況卻是複
雜許多。終生隱居不仕之士人，理當屬於隱者，此點固無疑
義，但是，許多徘徊於仕隱之間的士人，如「先隱後仕」者，
或是「先仕後隱」者，則又應該如何看待？嵇康《聖賢高士
傳贊》與皇甫謐《高士傳》是現存六朝兩大高士傳記，就書
籍類型而言，它們其實可視為中古時期的兩本隱士類傳。然
而，兩書儘管選擇主題相似，但取捨標準卻頗多歧異，如嵇

康《聖賢高士傳贊・伯成子高》云：「伯成子高，不知何許
人也。唐、虞時為諸侯，至禹，復去而耕。」[17]從引文可知，
伯成子高顯然屬於「先仕後隱」之高士，其人既可列名書中，
可見嵇康心中之隱者標準，並不排斥先仕後隱之人。至於皇
甫謐《高士傳》則有所不同，其〈高士傳序〉云：「謐采古
今八代之士，身不屈於王公，名不耗於終始，自堯至魏，凡
九十餘人。雖執節若夷齊，去就若兩龔，皆不錄也。皇甫謐
撰。」[18]皇甫謐高士的選擇原則既是「身不屈於王公，名不
耗於終始」，如此，不論是「先隱後仕」，還是「先仕後隱」
之士人，似乎就不能符合其隱者之界定，故其云：「雖執節
若夷齊，去就若兩龔，皆不錄也。」可見其取捨態度之堅決。
因此，被嵇康《聖賢高士傳贊》所選錄的高士伯成子高，到
了皇甫謐的《高士傳》，則不免因選錄標準的差異而成為遺珠。

　　然而，皇甫謐的判別原則畢竟是嚴格了些，故不為六朝
多數隱者列傳的作者所採用。以顏〈誄〉作者顏延之為例，
他採用的就是較為寬鬆的區分標準。顏〈誄序〉云：「若乃
巢、高之抗行，夷、皓之峻節，故已父老堯、禹，錙銖周、
漢，而緜世浸遠，光靈不屬，至使菁華隱沒，芳流歇絕，不
其惜乎！」[19]文中「巢高抗行」之「高」，即為伯成子高；
「夷皓峻節」之「夷」，則為伯夷、叔齊之簡稱。前文提過，
伯成子高先仕後隱，故不為皇甫謐《高士傳》所錄，伯夷、

---

17 魏・嵇康著，戴明揚校注：《嵇康集校注・聖賢高士傳贊》（北京：中
　　華書局，2014），頁 650。
18 晉・皇甫謐撰：《高士傳》（臺北：臺灣中華書局，1966），頁 1。
19 梁・蕭統編，唐・李善注：《文選》，卷 57，頁 2470。

叔齊出身於權貴之家，亦不屬於終生皆隱之士，因此還特別被前引〈高士傳序〉所標舉出來，列為不錄之士。但顏〈誄〉就不同，被皇甫謐所排除在外的伯成子高與伯夷、叔齊，在顏〈誄序〉中不僅被視為隱者，甚至還被視為是其隱者譜系中的典範人物（說詳下文）。當然，也正因為顏延之有著這樣的評判尺度，顏〈誄〉中的主角陶淵明才能成為其所意圖塑造的隱者典範，否則，以淵明多次出仕之人生經驗，實在無法符合皇甫謐所認可的，必須終生不仕方能稱為高士的隱逸標準。

不過，較為寬鬆的選取標準，並不意味判別原則的隨意，筆者以為，顏〈誄〉雖不排斥「先仕後隱」之士，但對於「先隱後仕」，尤其是仕而不再隱的士人，實頗多批評，此點可從顏〈誄序〉清楚看出：

> 夫璿玉致美，不為池隍之寶；桂椒信芳，而非園林之實。豈其深而好遠哉？蓋云殊性而已。故無足而至者，物之藉也；隨踵而立者，人之薄也。若乃巢、由之抗行，夷、皓之峻節，故已父老堯、舜，鋼銖周、漢，而縣世浸遠，光靈不屬，至使菁華隱沒，芳流歇絕，不其惜乎！雖今之作者，人自為量，而首路同塵，輟塗殊軌者多矣。豈所以昭末景、汎餘波![20]

引文可分為三個部分：其一，從「夫璿玉致美，不為池

---

20 梁·蕭統編，唐·李善注：《文選》，卷 57，頁 2469-2470。

隍之寶」至「隨踵而立者，人之薄也」為第一部分，此段重
點在於 —— 以「隱者情性」論述「隱逸動機」；其二，從「若
乃巢高之抗行」至「芳流歇絕，不其惜乎」為第二部分，此
段要旨在於 —— 從「隱者典範」界定「隱逸類型」；其三，
從「雖今之作者，人自為量」至「豈所以昭末景、汎餘波」
為第三部分，此段核心在於 —— 就「隱者真偽」評斷「隱逸
結果」。以下分別說明之。

（一）以「隱者情性」論述「隱逸動機」

顏〈誄〉序文「第一部分」云：「夫璿玉致美，不為池
隍之寶；桂椒信芳，而非園林之實。豈其深而好遠哉？蓋云
殊性而已。故無足而至者，物之藉也；隨踵而立者，人之薄
也。」引文以璿玉致美、桂椒信芳而不為池隍之寶、園林之
實為喻，說明璿玉、桂椒並非故示深而好遠之態，乃是與物
殊性所致。此亦正如隱者之高潔修為，也非勉強所致，乃屬
自身情性之自然展示而已。對於這種從隱者之自然情性來論
述隱逸動機，六朝尤其是南朝之後，實多已有之，如《後漢
書‧逸民列傳序》云：

> 《易》稱「遯之時義大矣哉」。又曰：「不事王侯，
> 高尚其事。」是以堯稱則天，不屈潁陽之高；武盡美
> 矣，終全孤竹之絜。自茲以降，風流彌繁，長往之軌
> 未殊，而感致之數匪一。或隱居以求其志，或回避以
> 全其道，或靜己以鎮其躁，或去危以圖其安，或垢俗
> 以動其概，或疵物以激其清。然觀其甘心畎畝之中，

憔悴江海之上，豈必親魚鳥樂林草哉，亦云性分所至
而已。故蒙恥之賓，屢黜不去其國；蹈海之節，千乘
莫移其情。適使矯易去就，則不能相為矣。[21]

　　引文所述雖是東漢史事，然而，《後漢書》的作者范曄
是劉宋時人，故其解釋東漢逸民之隱逸動機，亦不免會受到
當時隱逸觀點的影響。引文「性分所至」四字，正與顏〈誄〉
「殊性而已」之解說相通，[22]此正如實反映出南朝從隱者之
內在情性來論述隱逸動機的時代思潮。不過，不管是范曄所
說的性分所至，還是顏延之所述的殊性而已，其中皆已充分
展示出關於隱逸動機的自覺問題。范曄先是引經據典，從《易》
所提「遯之時義大矣哉」、「不事王侯，高尚其事」兩個典
故開始展開論述，「遯之時義大矣哉」，語出《周易·遯》
彖曰：「遯，亨，遯而亨也。剛當位而應，與時行也。小利
貞，浸而長也。遯之時義大矣哉！」[23]孔穎達詮解云：「小
人方用，君子日消，君子當此之時，若不隱遯避世，即受其
害，須遯而後得通，故曰『遯，亨。』」[24]可見此處「遯之
時義」的判斷基礎在於「小人方用，君子日消」，亦即儒家
所謂的天下無道之時。《論語·泰伯第八》云：

---

21 宋·范曄撰，唐·李賢等注：《後漢書》（北京：中華書局，1973），
　　卷83，頁2755。
22 顏延之（384-456）與范曄（398-445）生年頗有重疊，因此，兩人的隱
　　逸觀點有著相通之處，實屬情理之常。
23 魏·王弼、韓康伯注，唐·孔穎達等正義：《周易正義》（《十三經注
　　疏》本，臺北：藝文印書館，1985），頁85上。
24 魏·王弼、韓康伯注，唐·孔穎達等正義：《周易正義》，頁84下-85上。

子曰:「篤信好學,守死善道。危邦不入,亂邦不居。天下有道則見,無道則隱。邦有道,貧且賤焉,恥也;邦無道,富且貴焉,恥也。」[25]

劉寶楠詮解「天下有道則見,無道則隱」兩句云:

《孟子‧盡心》云:「天下有道,以道殉身;天下無道,以身殉道;未聞以道殉乎人者也。」趙岐注:「天下有道,得行王政,道從身施功實也;天下無道,道不得行,以身從道,守道而隱,不聞以正道從俗人也。」即此「有道則見,無道則隱」之義。[26]

可見儒家認為當天下無道,道不得行之時,士人理應以身從道,守道而隱,而不能以正道從俗人,此正符合《易》所提「遯之時義大矣哉」之旨趣。

至於「不事王侯,高尚其事」典出《周易‧蠱》之「上九」,其象曰:「不事王侯,志可則也。」[27]兩個典故合而觀之,前者反映的是「天下無道」的「遯之時義」,屬於外在、客觀環境的限定;後者展現的則為「志可則也」的「高尚其事」,屬於內在、主觀情志的抉擇。此種思想淵源或可

---

25 魏‧何晏等注,宋‧邢昺疏:《論語注疏》(《十三經注疏》本,臺北:藝文印書館,1985),頁72上。
26 清‧劉寶楠撰,高流水點校:《論語正義》(北京:中華書局,1998),卷9,頁303。
27 魏‧王弼、韓康伯注,唐‧孔穎達等正義:《周易正義》,頁58下。

溯自道家的莊子，《莊子・繕性第十六》云：

> 隱，故不自隱。古之所謂隱士者，非伏其身而弗見也，
> 非閉其言而不出也，非藏其知而不發也，時命大謬
> 也。當時命而大行乎天下，則反一無迹；不當時命而
> 大窮乎天下，則深根寧極而待，此存身之道也。[28]

此處文字與上引儒家觀點頗有對話關係，時命大謬之
時，類似於天下無道之際；當時命而大行乎天下之際，又相
當於天下有道則見之時。只是，相似的處境，儒道兩家卻有
著不同的思考。當時命大謬，不當時命而大窮乎天下之際，
道家講究深根寧極而待，然其所待，並非儒家等待天下有道，
即可「得行王政，道從身施功實」的待時之隱。道家認為，
即使能遇當時命而大行乎天下之時，亦應反一無迹，而非有
道則見。林雲銘釋「反一無迹」云：「反一無迹，反於至一
而不見有為之迹也。」[29]至於何謂「至一」？《莊子・繕性
第十六》云：

> 古之人，在混芒之中，與一世而得澹漠焉。當是時也，
> 陰陽和靜，鬼神不擾，四時得節，萬物不傷，羣生不
> 夭，人雖有知，无所用之，此之謂至一。當是時也，
> 莫之為而常自然。[30]

---

28 清・郭慶藩撰，王孝魚點校：《莊子集釋》（北京：中華書局，1997），
　卷6，頁555。

29 清・林雲銘撰，張京華點校：《莊子因・繕性第十六》（上海：華東師
　範大學出版社，2011），頁167。

30 清・郭慶藩撰，王孝魚點校：《莊子集釋》，卷6，頁550-551。

可見「反於至一」，即是反於「人雖有知，无所用之」、「莫之為而常自然」之境，此處正如林雲銘所釋，乃是智慧深藏而不見有為之迹，此正與儒家講究行王政、施功實的有道則見思維大異其趣。

辨析儒道兩家對於隱逸的基本觀點之後，再來看六朝的隱逸思想，即可發現其承襲於儒道兩家之處。當然，六朝強調內在情志之抉擇的隱逸自覺，其思想淵源主要還是來自道家的《莊子》。前引〈逸民列傳序〉云「是以堯稱則天，不屈穎陽之高；武盡美矣，終全孤竹之絜。自茲以降，風流彌繁，長往之軌未殊，而感致之數匪一」。如果說伯夷、叔齊的「孤竹之絜」，屬於「天下無道，道不得行，以身從道，守道而隱，不聞以正道從俗人也」的「儒隱」，那麼，許由（亦可包括巢父）的「穎陽之高」，則可歸類為「當時命而大行乎天下，則反一無迹」的「道隱」。伯夷、叔齊之悲劇，雖屬自發之行為，但畢竟是導因於天下無道這種外在境遇的制約，此正如王國瓔所云：

> 在強調君子以道自任的儒家思想體系裏，「隱」原來是針對知識階層「仕」的問題而產生的。知識分子從政治社會的參與中引身而退，是一種不得已的選擇，也是一種對當政者不滿的間接抗議和批判。[31]

---

31 王國瓔：〈隱逸與山水〉，《中國山水詩研究》（臺北：聯經出版事業公司，1996），頁102。

　　是故，伯夷、叔齊的引身而退，乃是一種不得已的選擇，其雖有對當政者不滿的抗議和批判意涵，但其隱逸的抉擇本身，卻較為缺乏積極的主觀能動性。至於許由，雖然身處唐堯盛世，卻寧可選擇內在情性的自由，此處正透露出，隱逸不見得只能是儒家觀點制約下，消極的不遇行為，而可以是更積極，且充分具有主觀能動性的自我抉擇。吳璧雍認為：「經過道家冷凝明淨的洗禮，『隱』似乎更強調珍視自我的意念。」[32]「珍視自我」四字，正可說是道隱的核心價值之所在。而也正因如此，故不論是范曄強調逸民的性分所至，還是顏延之突顯的殊性而已，皆屬珍視自我思維下的一種觀照與反思。

　　司馬遷的《史記》雖無隱者專傳，然其〈伯夷列傳〉，仍可視為廣義界定下的隱者列傳：

> 夫學者載籍極博，猶考信於六藝。《詩》、《書》雖缺，然虞夏之文可知也。堯將遜位，讓於虞舜，舜禹之閒，岳牧咸薦，乃試之於位，典職數十年，功用既興，然後授政。示天下重器，王者大統，傳天下若斯之難也。而說者曰堯讓天下於許由，許由不受，恥之逃隱。及夏之時，有卞隨、務光者。此何以稱焉？太史公曰：「余登箕山，其上蓋有許由冢云。孔子序列古之仁聖賢人，如吳太伯、伯夷之倫詳矣。余以所聞

---

32 吳璧雍：〈人與社會 —— 文人生命的二重奏：仕與隱〉，蔡英俊主編：《抒情的境界》（臺北：聯經出版事業公司，1990），頁 165。

由、光義至高，其文辭不少概見，何哉？」[33]

　　司馬遷因為「考信六藝」的宗儒緣故，因此對於堯讓天下於許由之事頗為懷疑，故其雖登箕山，亦親見其上蓋有許由冢，但撰寫《史記》之際，仍不採信許由故事，僅載錄伯夷、叔齊之事。是故，司馬遷述及隱逸譜系，僅及伯夷、叔齊之儒隱型人物，而不見巢父、許由之道隱型典範。因此，我們可以這樣說，《史記》所建構之隱者譜系，乃是屬於儒家視野下的文本。〈逸民列傳序〉則不同，其云「堯稱則天，不屈潁陽之高；武盡美矣，終全孤竹之絜。自茲以降，風流彌繁，長往之軌未殊，而感致之數匪一。」正是儒隱與道隱並稱雙舉之格局。顏〈誄〉序文云「若乃巢、高之抗行，夷、皓之峻節，故已父老堯、禹，錙銖周、漢，而緜世浸遠，光靈不屬，至使菁華隱沒，芳流歇絕，不其惜乎！」亦是儒道並稱之論述型態。就此點而言，〈逸民列傳序〉與顏〈誄〉序文，實可視為互文之關係，兩者皆重視道隱之隱者典範，並充分展示出道隱以「隱者情性」論述「隱逸動機」的自覺意識。

（二）從「隱者典範」界定「隱逸類型」

　　顏〈誄〉序文「第二部分」云：「若乃巢、高之抗行，夷、皓之峻節，故已父老堯、禹，錙銖周、漢，而緜世浸遠，光靈不屬，至使菁華隱沒，芳流歇絕，不其惜乎！」在正式展開討論之前，先略為說明此段文字的版本異文：「巢高抗

---

33 漢・司馬遷撰，宋・裴駰集解，唐・司馬貞索隱，唐・張守節正義：《史記》（北京：中華書局，1982），頁 2121。

行」，諸本如李善注《文選》所錄顏〈誄〉，多作「巢高抗行」，藉以對照後文的「父老堯禹」，其文云：「若乃巢、高之抗行，夷、皓之峻節，故已父老堯、禹，錙銖周、漢。」[34]李佳校注「若乃巢、高之抗行」句云：「高，李箋（元·李公煥《箋注陶淵明集》）、《百三家集》作『由』。」[35]但其引用文本仍然依據李善注《文選》作「高」。至於《文選》所錄顏〈誄〉「故已父老堯禹」之「禹」，李佳引李賢注云：「若為巢父、許由，則以堯、舜為父老之人也。」[36]換言之，若是採用「巢高抗行」，則與「父老堯禹」相對為文；引用「巢由抗行」，則應與「父老堯舜」相對為文。兩種版本，以隱逸主題之傳統而言，並無太大差異，僅是引用例證的不同，但若想從舉證內涵，來論析隱逸觀點之歧見，則兩種版本之間的取捨，就頗值得深入辨析。鄧小軍認為：

> 顏〈誄〉：「若乃巢、由之抗行，夷、皓之峻節，故已父老堯、禹，錙銖周、漢。」此四句位於〈誄序〉篇首，是對陶淵明政治節操之總贊語。

> 巢、由、夷、皓的共同特點，是隱居不仕。其不同點為，巢、由之隱居不仕，只是由於本性高潔、澹泊名利，並沒有易代的背景，也沒有遺民氣節、篾視新政權的意義；夷、皓尤其伯夷、叔齊，則具有易代的背

---

34 梁·蕭統編，唐·李善注：《文選》，卷57，頁2470。
35 李佳校注：《顏延之詩文選注》，頁182。
36 李佳：《〈顏延之集〉校注及其研究》，頁119。

景和遺民氣節、篾視新政權的意義。[37]

　　鄧氏此文被莫礪鋒認為：「對顏延之誄文中隱含的表彰陶淵明忠於晉室而反對劉裕篡弒的政治品節的微言大義予以揭示，引證廣博，分析深透。」[38]鄧氏引文點出兩個關鍵問題：其一，鄧氏認為「巢由抗行」與「夷皓峻節」是顏延之對於淵明政治節操的總贊語。其二，鄧氏判別「巢由抗行」與「夷皓峻節」分屬兩種不同的隱逸類型：前者（巢由）只是由於本性高潔，並沒有易代背景，也沒有遺民氣節；後者（夷皓）尤其是伯夷、叔齊，則具有易代背景和遺民氣節。鄧氏此文確如莫氏所論，乃是對於淵明政治品節之微言大義的深刻揭示。然而，鄧氏的論述內容固然精彩，但論證前提似乎頗值商榷，理由如下：

　　首先，如前所述，就顏〈誄〉之引用版本而言，《文選》諸本多作「巢高抗行」而非「巢由抗行」。鄧氏引文，似乎並未特別註明文本出處，若是以其文末「參考文獻」所列，則其引用版本應是唐朝李善《文選注》與《六臣注文選》，而這兩種版本皆作「巢高抗行」，[39]故不知鄧氏「巢由抗行」所引版本何據？

　　其次，鄧文將「巢由抗行」與「父老堯禹」相對為文，

---

37 鄧小軍：《陶淵明政治品節的見證 —— 顏延之〈陶徵士誄并序〉箋證》，頁 94、95。

38 莫礪鋒：《顏延之〈陶徵士誄並序〉在陶淵明接受史上的地位》，頁 111。

39 前者見梁·蕭統編，唐·李善注：《文選》，卷 57，頁 2470；後者見梁·蕭統撰，唐·李善、呂延濟、劉良、張銑、李周翰、呂向註：《增補六臣註文選》，頁 1058 上。

前文亦提過，若是採用「巢高抗行」，則與「父老堯禹」相對為文；引用「巢由抗行」，則應與「父老堯舜」相對為文。是故，鄧氏所引，前後似乎頗有扞格不通之處。

再者，即使退一步講，鄧文採用的乃是元朝李公煥《箋注陶淵明集》所錄版本，然而，以版本效力而言，時間在前的唐朝李善《文選注》與《六臣注文選》，亦理應優於朝代在後的元朝李公煥《箋注陶淵明集》。

最後，暫且撇開版本問題不談，僅以文本之意義脈絡觀之，顏〈誄〉不管是序文還是誄文，其筆墨重點似乎不在於淵明政治品節之微言大義的展示，而在於淵明隱逸人格之典範影響的闡釋（說詳後文）。是故，筆者以為，鄧氏之詮解固然「引證廣博，分析深透」，但似仍有值得進一步推敲的空間。

如上所論，若照《文選》之版本依據，將鄧文「巢由抗行」之說改回「巢高抗行」，那麼，鄧文中相當重要的兩點論述，即「巢由抗行」與「夷皓峻節」是顏延之對於淵明政治節操的總贊語，以及「巢由抗行」與「夷皓峻節」分屬兩種不同隱逸類型的觀點，便會遭受挑戰。依據鄧氏之見，巢父、許由之隱居不仕，只是由於本性高潔，並沒有易代背景與遺民氣節，更沒有篾視新政權的意義。但是，將「巢由」之「許由」，換成「巢高」之「伯成子高」之後，那麼，詮釋意義將大為不同。因為伯成子高不僅有著易代背景，更帶有篾視新政權的意義，嵇康《聖賢高士傳贊·伯成子高》云：

> 伯成子高，不知何許人也。唐、虞時為諸侯，至禹，復去而耕。禹往趨而問曰：「昔堯治天下，吾子立為

諸侯。堯授舜，舜授予，吾子去而耕，敢問其故何耶？」
子高曰：「昔堯治天下，至公無私，不賞而民勸，不
罰而民畏，今子賞而不勸，罰而不畏，德自此衰，刑
自此作。夫子盍行，無留吾事！」侃侃然遂復耕而不
顧。[40]

伯成子高不僅歷經唐堯、虞舜、夏禹三代，有著兩次的
易代背景，更重要的是，唐堯禪讓虞舜之際，伯成子高依舊
在位，並無否定新政權之意；但當虞舜禪讓夏禹之時，伯成
子高卻棄官歸耕，等到夏禹往趨問之，伯成子高則回以「德
衰刑作」諸語，由此觀之，伯成子高之歸隱，乃是基於他在
「政治現實」上，雖然肯定夏禹政權的「合法性」；但在「政
治理想」上，卻並不認同夏禹政權的「合理性」，故不得不
辭官歸隱。伯成子高於此，不僅是以具體行動來否定新政權，
更從思想內涵的高度來篾視新政權。如此，則鄧氏將「巢由
抗行」與「夷皓峻節」兩相對舉之詮釋架構，一旦面臨理應
改回的原始版本──「巢高抗行」與「夷皓峻節」對舉之文
本，便將陷於較難自圓其說的困境。

筆者以為，顏〈誄〉序文所提的「巢高抗行」與「夷皓
峻節」，其所企圖反映的，並非是對淵明「政治節操」的總
贊語，[41]而是對於淵明「隱者典範」的總贊語；其亦非是對

---

40 魏・嵇康著，戴明揚校注：《嵇康集校注・聖賢高士傳贊》，頁650。
41 筆者以為，「巢高抗行」與「夷皓峻節」之歷史典故，儘管亦涉及到「政
　　治節操」之內涵，但在此處顏〈誄〉序文的語境脈絡中，其主要旨趣乃
　　是在隱者「典範譜系」之建構，而非「政治節操」之總贊語。

於兩種不同隱逸類型的判別，而是對於四種隱逸型態的譜系建構。皇甫謐《高士傳・巢父》云：

> 巢父者，堯時隱人也。山居，不營世利。年老，以樹為巢而寢其上，故時人號曰巢父。堯之讓許由也，由以告巢父，巢父曰：「汝何不隱汝形，藏汝光。若非吾友也，擊其膺而下之。」由悵然不自得，乃過清冷之水，洗其耳、拭其目，曰：「向聞貪言，負吾之友矣。」遂去，終身不相見。[42]

巢父隱形、藏光，[43]山居而不營世利，確如鄧氏所言，乃屬本性高潔、澹泊名利之隱者，故其隱逸型態，可歸類為自性之隱。伯成子高如上所述，並非自性之隱，其隱乃是針對政治理想的失落而起，就表面言之，其似乎與「夷皓峻節」中的伯夷、叔齊有著相通之處，《史記・伯夷列傳》云：

> 伯夷、叔齊，孤竹君之二子也。父欲立叔齊，及父卒，叔齊讓伯夷。伯夷曰：「父命也。」遂逃去。叔齊亦不肯立而逃之。國人立其中子。於是伯夷、叔齊聞西伯昌善養老，盍往歸焉。及至，西伯卒，武王載木主，號為文王，東伐紂。伯夷、叔齊扣馬而諫曰：「父死

---

42 晉・皇甫謐撰：《高士傳》，卷上，頁 2-3。
43 從巢父批評許由「汝何不隱汝形，藏汝光，若非吾友也」的言論，以及許由聽後自慚曰：「負吾之友矣。」於是「遂去，終身不相見」的結果來看，巢父本身正是因為能夠做到「隱己形，藏己光」，故會以此來責備許由。

不葬，爰及干戈，可謂孝乎？以臣弑君，可謂仁乎？」
左右欲兵之。太公曰：「此義人也。」扶而去之。武
王已平殷亂，天下宗周，而伯夷、叔齊恥之，義不食
周粟，隱於首陽山，采薇而食之。及餓且死，作歌。
其辭曰：「登彼西山兮，采其薇矣。以暴易暴兮，不
知其非矣。神農、虞、夏忽焉沒兮，我安適歸矣？于
嗟徂兮，命之衰矣！」遂餓死於首陽山。[44]

　　伯成子高與伯夷、叔齊之隱，顯然皆與當時的政治局勢
有關，此為其所同；然而，細究其實，則會發現兩者所代表
的內涵意義卻是頗有歧異。伯成子高所反對的夏禹政權，其
在政治意義上，一方面代表著舊時美好而理想的禪讓政治之
結束，另一方面卻也意味著新型而講究實力原則的世襲時代
之開始。因此，它雖有著如同伯成子高所批評的「德自此衰，
刑自此作」的衰敗跡象，但其政權的取得，卻仍是藉由禪讓
而來，因此完全具有充分的合法性。但伯夷、叔齊的處境則
迥然不同，武王滅商紂固是如同〈采薇歌〉所指責的「以暴
易暴兮，不知其非矣」，然而，更早之前的商湯取代夏桀，
又何嘗不是如此？司馬貞釋「神農、虞、夏忽焉沒兮，我安
適歸矣」云：「言羲、農、虞、夏敦樸禪讓之道，超忽久矣，
終沒矣。今逢此君臣爭奪，故我安適歸矣。」[45]從羲、農、

---

44 漢・司馬遷撰，宋・裴駰集解，唐・司馬貞索隱，唐・張守節正義：《史
記》，頁 2123。

45 漢・司馬遷撰，宋・裴駰集解，唐・司馬貞索隱，唐・張守節正義：《史
記》，頁 2124。

虞、夏的敦樸禪讓之道，淪為君臣爭奪的以暴易暴，代表的
正是理想政治的每況愈下。至於商山四皓，情況又有所不同，
皇甫謐《高士傳‧四皓》云：

> 四皓者，皆河內軹人也，或在汲。一曰東園公，二曰
> 角里先生，三曰綺里季，四曰夏黃公，皆修道潔己，
> 非義不動。秦始皇時，見秦政虐，乃退入藍田山，而
> 作歌曰：「莫莫高山，深谷逶迤。曄曄紫芝，可以療
> 飢。唐虞世遠，吾將何歸？駟馬高蓋，其憂甚大。富
> 貴之畏人，不如貧賤之肆志。」乃共入商雒，隱地肺
> 山，以待天下定。及秦敗，漢高聞而徵之，不至，深
> 自匿終南山，不能屈己。[46]

　　秦漢之際，正如同商周之際，一樣是以暴易暴，但四皓
與伯夷、叔齊，隱逸動機卻是頗不相同。伯夷、叔齊被太公
稱為義人，本身義不食周粟，故其隱逸乃是出於極端潔身自
愛下的政治潔癖；四皓固亦為修道潔己，非義不動之士，但
其退隱，乃是出自見秦政虐，此處頗有前引儒家「危邦不入，
亂邦不居」、「天下有道則見，無道則隱」之意味，及其作
〈紫芝歌〉曰：「駟馬高蓋，其憂甚大。富貴之畏人，不如
貧賤之肆志」，則又帶有道家冷靜觀照、全生保性之智慧。
　　因此，顏〈誄〉序文所提的「巢高抗行」與「夷皓峻節」，
其所意圖反映的四種隱逸型態，依照朝代盛衰之時間序列而

46　晉‧皇甫謐撰：《高士傳》，卷中，頁 7-8。

論，可以概括如下：

隱逸人物	隱逸時期	隱逸型態
巢父（包括許由）	唐堯（君臣相禪、君民相讓的禪讓盛世）	強調隱形藏光的「自性之隱」
伯成子高	唐堯至夏禹（盛衰之際 —— 由君臣相禪的禪讓盛世轉向父子相繼的世襲衰世）	對於德衰刑作的「見幾之隱」[47]
伯夷（包括叔齊）	商周之際（君臣爭奪，以暴易暴之部落世襲亂世）	堅持義不食周粟，以致餓死首陽山的「潔性之隱」
四皓	秦漢之際（君臣爭奪，以暴易暴之極權世襲亂世）	見秦政虐，乃退隱以待天下定的「審時之隱」

　　以上四種隱逸型態，雖有隱逸動機、表現形式與具體內涵之區別，不過，其相通點在於：皆屬值得後人推崇之隱逸典範。是故，顏〈誄〉序文以「巢高抗行」與「夷皓峻節」稱許之。「抗行」、「峻節」，分指「高尚的行為」與「高尚的節操」，[48]前者指涉隱者之外在表現，後者則著重於內在修養，蔡文錦箋注云：「抗行峻節，互文見義，高尚的節行。」[49]其注甚確。此處「巢高抗行」與「夷皓峻節」實為互文見義，意指：巢、高、夷、皓四者，既具內在之高尚節操，又備外在之高尚行為，故皆為後人所景仰之隱者典型。

---

47 《周易・繫辭下》云：「子曰：『知幾其神乎？君子上交不諂，下交不瀆，其知幾乎？幾者，動之微，吉之先見者也。君子見幾而作，不俟終日。』」伯成子高觀察敏銳，行動果決，甚為符合「君子見幾而作，不俟終日」之理，故稱其為「見幾之隱」。引文參見魏・王弼、韓康伯注，唐・孔穎達等正義：《周易正義》，頁 171 上。

48 李佳校注：《顏延之詩文選注・陶徵士誄并序》，註 6，頁 182。

49 蔡文錦：《關於陶淵明的第一篇文章 —— 顏延之〈陶徵士誄并序〉箋注》，頁 2。

（三）就「隱者真偽」評斷「隱逸結果」

　　顏〈誄〉序文「第三部分」云：「雖今之作者，人自為量，而首路同塵，輟塗殊軌者多矣。豈所以昭末景、汎餘波！」有關引文「首路同塵，輟塗殊軌」兩句，梁章鉅《文選旁證》云：「《六臣》本『首』作『道』，誤也。『首路』，與下『輟塗』對。」[50]梁說甚確，「首路」與「輟塗」相對，正是意欲突顯假隱士先隱（首路同塵）後仕（輟塗殊軌）之虛偽，換作「道路同塵，輟塗殊軌」，則作者「始同末異」之批判意圖則不免會失卻力道。

　　此段上承「緜世浸遠，光靈不屬」、「菁華隱沒，芳流歇絕」諸語，對於巢、高、夷、皓之抗行與峻節，顏延之認為，上述四種隱逸典範，如同璿玉之美、桂椒之芳，乃是人類行為之菁華芳流。然而，遺憾的是，隨著緜世浸遠，隱者的光靈不屬，至使菁華隱沒、芳流歇絕，殊為可惜。儘管「今之作者，人自為量」，不過「首路同塵，輟塗殊軌者多矣」。此處顏〈誄〉顯然是以是否能夠善始善終作為評判標準，來考察這些意欲昭末景、汎餘波的隱者，究竟是真隱還是假隱？高步瀛評此段案語云：「始同後異，蓋謂當時隱居而不終者。」[51]強調隱居不終，當然是為了對照隱居而終，那麼，顏延之批判的對象為何？莫礪鋒認為：

---

50 清·梁章鉅撰，穆克宏點校：《文選旁證》（福州：福建人民出版社，2000），卷 45，頁 1244。
51 高步瀛選注，孫通海點校：《南北朝文舉要》，頁 24。

所謂的「潯陽三隱」中劉遺民早卒，周續之出山，堅
持隱居不仕的便只剩下陶淵明一人了。後來沈約在
《宋書》中批評周續之「不尚節峻」，並非虛言。顏
延之所以要在〈陶徵士誄〉中鄭重道出「首路同塵，
輟途殊軌者多矣」，其用意甚深。[52]

　　莫氏之論固然有其合理性，不過，筆者以為，此處顏延
之指涉的對象，與其說是特別針對少數幾位，可以依據史實
對號入座的具體個案，倒不如說是作者對於六朝「首路同塵，
輟塗殊軌」的假隱現象，有著深刻的感慨，故形之為文，一
方面寄遇批判之意，另一方面也突顯下文淵明之真隱的可
貴，以為對照。我們試以兩則《世說新語·棲逸》篇的內容
為例，藉以說明當時隱士的實況：

　　其一：南陽翟道淵與汝南周子南少相友，共隱于尋
陽。庾太尉說周以當世之務，周遂仕，翟秉志彌固。
其後周詣翟，翟不與語。

　　其二：康僧淵在豫章，去郭數十里，立精舍。旁連嶺，
帶長川，芳林列於軒庭，清流激於堂宇。乃閒居研講，
希心理味，庾公諸人多往看之。觀其運用吐納，風流
轉佳。加以處之怡然，亦有以自得，聲名乃興。後不
堪，遂出。[53]

---

52 莫礪鋒：《顏延之〈陶徵士誄并序〉在陶淵明接受史上的地位》，頁110。
53 分見余嘉錫撰，周祖謨、余淑宜整理：《世說新語箋疏》（臺北：華正
　　書局，2003），頁658、660。

　　第一則就是相當標準的「首路同塵，輟塗殊軌」例證，翟道淵與周子南共隱，然而朝中貴人庾太尉一旦介入，說以當世之務，周子南遂棄隱就仕，翟道淵則不同，其秉志彌固。此處翟道淵與周子南雖然首路同塵，但是周子南卻輟塗殊軌，中途棄翟道淵而去，這也就難怪其後當周詣翟之際，翟道淵會不與語了。

　　第二則是典型的名士風流假象，康僧淵的精舍旁連嶺、帶長川，芳林列於軒庭、清流激於堂宇，平日閒居研講，希心理味，當庾公諸人往看之際，觀其運用吐納，風流轉佳，加以處之怡然，有以自得，於是聲名乃興。此時的康僧淵，住雅舍、傍美景、味玄理、伴良朋，一派名士風流樣貌，既享世俗之榮寵，又兼隱者之高名。然而，由於其心中缺乏真正的隱逸情懷，因此，儘管裝模作樣一陣，最後仍然不能免於不堪、遂出的下場。此亦屬於首路同塵，輟塗殊軌之例證，只不過此則更發人深省的是，以康僧淵如此優越之隱逸條件，理應足以使其優遊一世，終生不出，但他最後卻還是「不堪而出」。若以此來對照淵明清苦且貧病交迫的隱逸生活，似乎更可突顯淵明人物形象的難能可貴，關於此點，將於後文再作討論。

　　綜上所述可知，顏〈誄〉首先以「隱者情性」來論述「隱逸動機」，其雖然有沿襲司馬遷《史記》以降，從外在政治來考察隱逸動機的儒隱式觀點，但似乎更加強調以「內在情性」來論述隱逸動機的道隱式自覺，故特別標舉出「殊性」二字；其次，在從「隱者典範」界定「隱逸類型」部分，顏

〈誄〉以巢、高、夷、皓四種隱者典範的類型，作為隱逸譜系的源頭，他們既具內在之高尚節操，又備外在之高尚行為，故皆為後人所推崇之隱者典型，而也正因為他們所樹立的隱者風範，才奠定、開拓並豐富了中國隱逸之傳統。最後，顏〈誄〉特別針對「隱者真偽」來評斷「隱逸結果」，顏延之顯然認為隱者典範譜系之建構，除了隱逸動機的釐清、隱逸典範的確立之外，隱者真偽的判分，亦是隱者譜系建構過程中不可分割的重要部分，否則，源頭雖清、典範雖立，但其流不純，真偽混雜，亦難以上承隱逸傳統之末景餘波。

三、淵明「經典形象」之塑造

　　高步瀛評前段所述顏〈誄〉引文云：「以上言古人高隱之風鮮有繼者，以反振下文。」[54]其「反振下文」之評，意指顏〈誄〉下段隨即反振淵明上承古人高隱之風的事跡。高氏此論確實相當精準地掌握住顏〈誄〉的為文用心，顏〈誄〉序文在完成隱者「典範譜系」之建構後，接著即云：

> 有晉徵士尋陽陶淵明，南岳之幽居者也。弱不好弄，長實素心。學非稱師，文取指達。在眾不失其寡，處言愈見其默。少而貧病，居無僕妾。井臼弗任，藜菽不給。母老子幼，就養勤匱。遠惟田生致親之議，追悟毛子捧檄之懷。初辭州府三命，後為彭澤令。道不

---

54 高步瀛選注，孫通海點校：《南北朝文舉要》，頁 23。

偶物，棄官從好。遂乃解體世紛，結志區外，定迹深
棲，於是乎遠。灌畦鬻蔬，為供魚菽之祭；織絇緯蕭，
以充糧粒之費。心好異書，性樂酒德。簡棄煩促，就
成省曠。殆所謂國爵屏貴，家人忘貧者與？[55]

　　高步瀛評此段云：「以上敘其生平大節。」[56]指的正是
淵明之生平大節，其說甚確。然而，淵明之生平大節的具體
內涵為何？莫礪鋒認為：「顏誄對陶淵明的身份有雙重定位，
一是『有晉徵士』，二是『南岳之幽居者』。」[57]其實，引
文「有晉徵士尋陽陶淵明，南岳之幽居者也」兩句，不僅是
對於淵明身份的雙重定位，更可視為全文之總綱。「南岳幽
者」表明淵明之隱者身分，固不待言，其尤可注意者，乃「有
晉徵士」四字，其間頗有突顯淵明政治立場與品節之微意存
焉，此點學者多已言之，如吳光濱云：「陶淵明卒於宋文帝
元嘉四年，距宋武帝劉裕稱帝已有八年之久。顏延之卻稱他
為有晉徵士，不言宋之徵士，似乎有意突顯其政治立場。」[58]
鄧小軍亦認為：「『有晉徵士陶淵明』之稱謂：表達了淵明
為晉遺民，不認可劉宋的事實。」[59]如果說「南岳幽居」展
現了淵明「隱者抗行」之逸民風姿的話，那麼，「有晉徵士」
則是強調了淵明「遺民峻節」的政治品格。不過，前賢之論

55　梁・蕭統編，唐・李善注：《文選》，卷 57，頁 2470-2471。
56　高步瀛選注，孫通海點校：《南北朝文舉要》，頁 25。
57　莫礪鋒：《顏延之〈陶徵士誄并序〉在陶淵明接受史上的地位》，頁 114。
58　吳光濱：《陶淵明的初期形象 —— 從〈陶徵士誄〉論陶淵明》，頁 117。
59　鄧小軍：《陶淵明政治品節的見證 —— 顏延之〈陶徵士誄并序〉箋證》，
　　頁 91。

雖不為無見，但筆者以為，「有晉徵士」的實質內涵應該豐富的多，其固有如鄧氏所強調的「遺民峻節」之政治品格的微意存焉，但這僅是問題的一個方面，因為它雖然回應了「有晉」二字，但無形中卻窄化了「徵士」的內在意蘊，使得原本應能提供諸種多元詮釋的「徵士」內涵，弱化成專指「政治品節」之單一面向。

關於顏〈誄〉中的淵明人物形象之細部劃分，吳光濱判分為五種具體形象：

1、盧山之隱逸者。
2、儒家道德理想之維護者。
3、道家真樸生活之實踐者。
4、視死如歸之勇者。
5、素心真誠之摯友。[60]

不過，吳氏所分似乎過細，且其中頗有可以相互合併者。一般來說，還是以儒、道兩種彼此結合之形象來作論述居為主流，如李劍鋒就認為：

> 如果說「遠」、「簡」、「曠」（顏〈誄〉中對於淵明的品評）主要體現了陶淵明「任自然」的道玄精神風貌，那麼「獨善其身」則主要體現了陶淵明的儒家道德人格。[61]

---

60 吳光濱：《陶淵明的初期形象 —— 從〈陶徵士誄〉論陶淵明》，頁 116-124。
61 李劍鋒：〈顏延之與靖節徵士〉，《元前陶淵明接受史》，頁 47。

劉中文亦評曰：

> 顏延之稱陶淵明為「靖節先生」，謂陶淵明「高蹈獨
> 善」。高蹈是說遺世隱居，是出於道家情懷。獨善是
> 稱其堅持志節，是儒家的操守。顏〈誄〉圍繞陶淵明
> 「高蹈獨善」這一根本定位，對陶淵明的人格、思想、
> 心態進行簡要而深刻的闡發與讚美。[62]

其實，兩位學者儘管在細部論述上不盡相同，但大體而言，不管是李氏以道家精神風貌與儒家道德人格來區分，還是劉氏從道家情懷與儒家操守來考察，皆已明確指出顏〈誄〉中的淵明形象，實有儒道兼容並蓄之特質。筆者以為，顏〈誄〉中的淵明形象，確如前賢所論，兼具儒道之雙重意蘊。大略言之，「南岳幽者」的隱者形象，較為接近強調自然適性的道隱；「有晉徵士」的德性意蘊，則較為偏向突顯道德教化的儒隱。以下，分別就這兩個部分說明之。

(一)「南岳幽者」——「自然適性」之「道隱」

上引顏〈誄〉序文稱許淵明「弱不好弄，長實素心」，顏〈誄〉正文第三段則云：

> 亦既超曠，無適非心。汲流舊巘，葺宇家林。晨煙暮

---

62 劉中文：〈唐前的陶淵明接受〉，《唐代陶淵明接受研究》（北京：中國社會科學出版社，2006），頁25-26。

藹，春煦秋陰。陳書輟卷，置酒絃琴。居備勤儉，躬
兼貧病。人否其憂，子然其命。隱約就閑，遷延辭聘。
非直也明，是惟道性。[63]

　　筆者以為，此處「非直也明，是惟道性」之「道性」，
以及上引「弱不好弄，長實素心」之「素心」，既是淵明南
岳幽人之隱者情懷的如實描述，亦為顏延之對於淵明自然適
性之道隱性格的貼心體會。道性與素心，強調的正是淵明之
歸隱，自有其內在心性之淵源，而非僅是外在時運之頓挫的
士不遇。[64]淵明《歸園田居五首》其一云：

　　少無適俗韻，性本愛邱山。
　　誤落塵網中，一去三十年。
　　羈鳥戀舊林，池魚思故淵。
　　開荒南畝際，守拙歸園田。
　　方宅十餘畝，草屋八九間。
　　榆柳蔭後簷，桃李羅堂前。
　　曖曖遠人村，依依墟里煙。
　　狗吠深巷中，雞鳴桑樹顛。
　　戶庭無塵雜，虛室有餘閑。
　　久在樊籠裏，復得返自然。[65]

63　梁·蕭統編，唐·李善注：《文選》，卷57，頁2473。
64　筆者此處並非否定淵明亦有嚮往儒家大濟蒼生之志向，只是強調，淵明
　　之隱，不純然是客觀的外在環境之制約，其亦有主觀之內在心性的判斷。
65　晉·陶潛著，龔斌校箋：《陶淵明集校箋》（臺北：里仁書局，2007），
　　卷2，頁82。

　　龔斌《陶淵明集校箋》中「性本愛邱山」之「邱山」，諸本多作「丘山」，如王叔岷《陶淵明詩箋證稿》、[66]楊勇《陶淵明集校箋》均作「丘山」，[67]以下引文將依王、楊二書改為「丘山」，不另說明。此外，淵明《移居二首》其一云：

> 昔欲居南村，非為卜其宅。
> 聞多素心人，樂與數晨夕。
> 懷此頗有年，今日從茲役。
> 弊廬何必廣，取足蔽牀席。
> 鄰曲時時來，抗言談在昔。
> 奇文共欣賞，疑義相與析。[68]

　　前者（《歸園田居五首》其一）強調淵明復返自然的歸隱，乃是基於少無適俗韻，性本愛丘山之道性的興發；後者（《移居二首》其一）則是突顯了淵明對於素心的重視，其自稱欲居南村之主因，緣於其地多有樂與數晨夕的素心之人，彼此抗言相談，既可奇文共賞，又能疑義相析。

　　古直箋註「聞多素心人，樂與數晨夕」兩句之案語云：「顏延之〈陶靖節誄〉云『長實素心』，本於此。」[69]古氏

66 晉・陶潛著，王叔岷箋證：《陶淵明詩箋證稿》（臺北：藝文印書館，1999），卷 2，頁 100。
67 晉・陶潛著，楊勇校箋：《陶淵明集校箋》（臺北：正文書局，1999），卷 2，頁 56。
68 晉・陶潛著，龔斌校箋：《陶淵明集校箋》，卷 2，頁 129。
69 晉・陶潛著，古直箋註：《陶靖節詩箋 —— 附年譜》（臺北：廣文書局，1999），卷 2，頁 54。

的觀察確實細膩，顏延之為淵明作誄，其「長實素心」之評，實本乎淵明「聞多素心人，樂與數晨夕」兩句。只不過陶集之素心人，指的是淵明極欲親近之人，顏〈誄〉卻將其巧妙轉化為淵明自身性格之描繪。兩者雖有論述對象的差別，但所欲彰顯之旨趣仍然相通。由此可見，淵明不僅自己長實素心，也喜與素心之士交往，此正是所謂的同聲相應、同氣相求。

　　有了如此道性、此種素心，顏〈誄〉筆下的淵明，自然不欲再奔競官場，於是轉而回歸「衡門之下，有琴有書。載彈載詠，爰得我娛。豈無他好，樂是幽居。朝為灌園，夕偃蓬廬」、「或有數斗酒，閒飲自歡然。我實幽居士，無復東西緣」之幽居生活。[70]而從引文「我實幽居士」、「豈無他好，樂是幽居」諸語看來，淵明不僅以幽居士自稱，甚至還頗為自豪。若再結合前引「朝為灌園，夕偃蓬廬」，以及他在《歸園田居五首》其三所說，自己平時過著「種豆南山下，草盛豆苗稀。晨興理荒穢，帶月荷鋤歸」的辛苦勞動生活，[71]那麼，淵明歸隱之後的日常生活型態，已可略見端倪：在平日的辛苦勞動之餘，以「琴」、「書」、「酒」自娛，過著「勤靡餘勞，心有常閒」的幽居人生。[72]

　　必須特別說明的是，李善注「南岳之幽居者」云：「《禮記》曰：『儒有幽居而不淫。』」[73]如此，則南岳幽居似指

70　分見晉・陶潛著，龔斌校箋：《陶淵明集校箋》，〈答龐參軍〉四言詩，卷1，頁32；〈答龐參軍〉五言詩，卷2，頁116。

71　晉・陶潛著，龔斌校箋：《陶淵明集校箋》，卷2，頁88。

72　「勤靡餘勞，心有常閒」語出淵明〈自祭文〉，參見晉・陶潛著，龔斌校箋：《陶淵明集校箋》，卷7，頁532。

73　梁・蕭統編，唐・李善注：《文選》，卷57，頁2470。

儒隱而非道隱。不過，筆者以為，李善雖然注了出處，但卻
不盡然符合顏〈誄〉與陶集使用幽居的本意。李善注的典故
源自《禮記‧儒行》：

> 儒有博學而不窮，篤行而不倦，幽居而不淫，上通而
> 不困，禮之以和為貴，忠信之美，優游之法，舉賢而
> 容眾，毀方而瓦合：其寬裕有如此者。[74]

　　此處雖是講述儒者寬裕之美行，然而，不能忽略的是，
就儒隱的理想標準視之，「幽居而不淫」的隱居，只是儒者
的暫時狀況；惟有「上通而不困」的入仕，才屬最後的真正
目的。《禮記正義》疏云：「幽居而不淫者，幽居，謂未仕
獨處也」、「上通而不困者，謂身得通達於君，有道德被用
也」，[75]可見，幽居本身並非目的，它僅是儒者未仕之前的
獨處狀態，一旦身得通達於君、有道德被用，儒者隨即展現
其「上通而不困」的濟世理想。是故，《禮記‧儒行》特別
強調：

> 哀公命席。孔子侍，曰：「儒有席上之珍以待聘，夙
> 夜強學以待問，懷忠信以待舉，力行以待取：其自立
> 有如此者。」[76]

---

74 漢‧鄭玄注，唐‧孔穎達等正義：《禮記正義》（《十三經注疏》本，
　　臺北：藝文印書館，1985），卷59，頁977下。
75 引文均見漢‧鄭玄注，唐‧孔穎達等正義：《禮記正義》，卷59，頁977下。
76 漢‧鄭玄注，唐‧孔穎達等正義：《禮記正義》，卷59，頁974上-974下。

　　從「待聘」、「待問」、「待舉」、「待取」諸語來看，所謂儒者的自立，乃是為了有朝一日能夠為君所用，故其幽居，本身乃是一種等待的過程，故屬「待時之隱」。但是顏〈誄〉與陶集所謂的幽居，其意義並不同於《禮記・儒行》，前文就隱者真偽評斷隱逸結果部分，已經說明過，顏〈誄〉對於「首路同塵，輟塗殊軌」這種先隱後仕的假隱，[77]相當不以為然，故特別標舉出淵明能夠堅持隱志，上承隱逸傳統之真諦，故其所論之幽居，本身就是目的，顯然並無「待時之隱」的意涵。陶集的用法亦然，前文提及的「豈無他好，樂是幽居」、「我實幽居士，無復東西緣」，前者突顯自己樂在幽居之適性生活，後者強調本身已以幽居士自我定位，此後並無再東遊西宦的出仕之情。可見，顏〈誄〉評淵明為「南岳之幽居者」，乃是在充分理解淵明情志的基礎上，藉用淵明陶集之自稱所作的公允論斷。[78]

　　至於「南岳幽人」之「道隱」的具體形象為何，李劍鋒評顏〈誄〉中淵明之道家精神風貌云：

　　　　（「遠」、「簡」、「曠」）三者都是指超塵拔俗，

---

[77] 當然，儒隱與假隱並不相同，筆者此處僅是強調：顏〈誄〉並非在「儒隱」的定義下使用幽居概念，而是在「道隱」的語境下展現幽居意涵。是故，真隱、假隱之判分，就顯得格外重要。

[78] 淵明《讀史述九・魯二儒》云：「《易》大隨時，迷變則愚。介介若人，特為貞夫。德不百年，汙我詩書。逝然不顧，被褐幽居。」此處的幽居，雖然較為偏向儒隱，但其為淵明評論「魯二儒」之隱，並非淵明對於自我隱逸型態之表白。引文參見晉・陶潛著，龔斌校箋：《陶淵明集校箋》，卷6，頁499。

與現實功利保持一定距離。但如果說「遠」偏重於對理想境界的努力與追求，「簡」偏重於當下生活的作風與方式，那麼「曠」則偏重於對心胸的描述，指心胸的開闊無礙。[79]

李氏對於淵明之道家精神風貌的三項概括(「遠」、「簡」、「曠」)，評點文字皆從上引顏〈誄〉文本而來：「遠」字出自「遂乃解體世紛，結志區外，定迹深棲，於是乎遠」，「簡」與「曠」兩字則主要源於「簡棄煩促，就成省曠」。李氏之評，確實相當精準地掌握了淵明屬於道家精神風貌的人物形象。不過，筆者以為，若以振葉尋根、觀瀾索源之視角來考察，「遠」、「簡」、「曠」之形象特質，應僅屬於樹葉、波瀾之外在展現，而非本根、源頭之內在核心。前文提過，道性與素心才是淵明道隱精神風貌之底蘊，以此外推，方才展現如「遠」、「簡」、「曠」之諸種形象特徵。大略言之，顏〈誄〉對於淵明道隱形象之建構，可以簡要歸納如下：

首先，以道性、素心為其內在底蘊，此為淵明道隱精神之核心。其中，道性為「少無適俗韻，性本愛丘山」之自然之性；素心為「自我抱茲獨，僶俛四十年。形骸久已化，心在復何言」之本真之心。[80]「形骸久已化，心在復何言」兩句，龔斌校箋云：

---

79 李劍鋒：〈顏延之與靖節徵士〉，頁 47。
80 典出淵明〈連雨獨飲〉，參見晉·陶潛著，龔斌校箋：《陶淵明集校箋》，卷 2，頁 125。

> 《莊子‧齊物論》：「其形化，其心與之然，可不謂
> 大哀乎？」《莊子‧知北遊》：「古之人，外化而內
> 不化。」成玄英疏：「古人純樸，合道者多，故能外
> 形隨物，內心凝靜。」盧諶〈時興〉詩：「形變隨時
> 化。」心在，指任真之志不變。按，「形骸」二句本
> 於《莊子》義，言外形雖隨時而化，內心卻凝靜不化。
> 方宗誠《陶詩真詮》謂「形骸」二句「得克己復禮，
> 欲淨理存之意，與老莊之學不同。」其說非。[81]

　　確如龔斌校箋所云，「形骸」兩句，用的乃是道家「外
化而內不化」的概念，而非方宗誠所說的儒家義理。因此，
詩中淵明自謂「獨抱四十年」之「心」，指的即為純樸任真
之本心、素心。

　　其次，前引顏〈誄〉云：「道不偶物，棄官從好。遂乃
解體世紛，結志區外，定迹深棲，於是乎遠。」道不偶物即
道性不合於世，棄官從好即追隨素心之喜好而棄官歸隱。換
言之，循此道性、順此素心，方有所謂「解體世紛，結志區
外」、「定迹深棲，於是乎遠」之「遠」的精神風貌。[82]顏
〈誄〉以「遠」評價淵明，實深得陶集旨趣，《飲酒二十首》
其五云：

　　結廬在人境，而無車馬喧。

81　晉‧陶潛著，龔斌校箋：《陶淵明集校箋》，卷 2，頁 128。
82　上引顏〈誄〉云淵明「亦既超曠，無適非心」，此亦頗有淵明依順素心，
　　而臻超遠曠達之境的意味。其與前文所述，正可相互參看。

問君何能爾？心遠地自偏。

採菊東籬下，悠然見南山。

山氣日夕佳，飛鳥相與還。

此中有真意，欲辨已忘言。[83]

此為陶集論「遠」之經典詮釋，何以結廬人境，而無車馬之喧？顯然是因為有著心遠之修養境界的緣故，而也正因心遠，故能「解體世紛，結志區外」，遂能成就淵明「定迹深棲，於是乎遠」的人格典型。

再者，善體心遠修養境界之人，通常追求的是一種清通簡要的處世方式，因此不會執著於世間的煩瑣雜事，此為顏〈誄〉所云「簡棄煩促」之「簡」。

最後，顏〈誄〉云「簡棄煩促，就成省曠」，順此文意，「簡棄煩促」是因，「就成省曠」是果，意謂捨棄人生諸種不必要的煩瑣情事之後，留下來的，即為自然簡約之生命本質，而依此自然本真而行，不論其最後的成敗得失為何，皆可坦然以應、豁達以對。

據上所述，可以概括結論如下：淵明順著道性、素心之內在自然心性，展現於外身，即為「解體世紛，結志區外」、「定迹深棲，於是乎遠」之「遠」的精神風貌，以及「簡棄煩促，就成省曠」之清通簡要的處世態度、自然豁達的應世情懷。

除此之外，上引顏〈誄〉對於淵明道隱性格的描述，還

---

83 晉・陶潛著，龔斌校箋：《陶淵明集校箋》，卷3，頁253。

有兩點可以補充,第一點是「在眾不失其寡,處言愈見其默」,
其顯示出淵明沉默寡言之人物形象。然而,對於隱者而言,
沉默寡言或許僅是屬於此種類型人物之共相,尚不能算是特
別突出的形象特徵。因此,顏〈誄〉對於淵明特殊形象的書
寫,主要在於第二點,亦即「心好異書,性樂酒德」之描繪。
關於「心好異書」,可以《讀山海經十三首》其一為例說明:

> 孟夏草木長,繞屋樹扶疏。
> 眾鳥欣有託,吾亦愛吾廬。
> 既耕亦已種,時還讀我書。
> 窮巷隔深轍,頗迴故人車。
> 歡然酌春酒,摘我園中蔬。
> 微雨從東來,好風與之俱。
> 汎覽周王傳,流觀山海圖。
> 俯仰終宇宙,不樂復何如?[84]

　　儒者喜讀經書,淵明雖有道隱情調,亦具儒隱精神,故
其《飲酒二十首》其十六云「少年罕人事,游好在六經」、
〈答龐參軍〉云:「談諧無俗調,所說聖人篇」,[85]兩詩應
可充分證明,淵明確實頗具儒者特質。然而,淵明亦有如《移
居二首》其一所描述的「奇文共欣賞,疑義相與析」之喜奇

---

84 晉‧陶潛著,龔斌校箋:《陶淵明集校箋》,卷4,頁388-389。
85 分見晉‧陶潛著,龔斌校箋:《陶淵明集校箋》,卷3,頁279;卷2,
　　頁116。

好異的思想，[86]此點從《讀山海經十三首》組詩即可略見端倪。引文敘說淵明在「汎覽周王傳，流觀山海圖」之餘，充分體會「俯仰終宇宙，不樂復何如」之欣趣，此或可作為淵明心好異書之例證，可見顏〈誄〉所述，實為不誣。不過，顏〈誄〉的論述中，較重要也更值得重視的，應該還是「性樂酒德」四字，此為淵明人物形象之中，甚具特殊性與辨別性的核心特徵之一。對此，陶集中頗多詩文可以印證，〈連雨獨飲〉云：

> 運生會歸盡，終古謂之然。
> 世間有松喬，於今定何間？
> 故老贈余酒，乃言飲得仙。
> 試酌百情遠，重觴忽忘天。
> 天豈去此哉，任真無所先。
> 雲鶴有奇翼，八表須臾還。
> 自我抱茲獨，僶俛四十年。
> 形骸久已化，心在復何言。[87]

　　引文有關飲酒之重點，在於「試酌百情遠，重觴忽忘天。天豈去此哉，任真無所先」四句。丁仲祜釋「試酌百情遠，重觴忽忘天」兩句云：「初酌時百情交集，重觴後天機渾忘矣。」[88]然而，此處「試酌百情遠」之「遠」，似應理解為

---

86 晉・陶潛著，龔斌校箋：《陶淵明集校箋》，卷2，頁129。
87 晉・陶潛著，龔斌校箋：《陶淵明集校箋》，卷2，頁125。
88 晉・陶潛著，丁仲祜箋注：《陶淵明詩箋注》（臺北：藝文印書館，1989），卷2，頁67。

「超然遠引」之意，而非如同丁氏所解的「交集」。對此，王叔岷已經有所辨正：

> 「百情遠」，謂百情超遠，《世說新語・任誕篇》：「王光祿云：酒，正使人人自遠。」是也。丁氏釋「百情遠」為「百情交集」，大謬！[89]

《世說新語》記載王光祿云：「酒，正使人人自遠。」[90]王氏將「酒使人遠」之論，與淵明此詩相互發明，實為卓見，因為兩者的呈顯境界確有相通。古直解釋「試酌百情遠，重觴忽忘天」兩句，特別引用《莊子・天地篇》云：「忘乎物，忘乎天，其名為忘己。」[91]古氏如此評注，或許是認為淵明於此詩所展現的飲酒型態，已經不同於以往魏晉任誕狂士的痛飲，而是意欲藉由酒之引導，遙契道家「忘己」之修養功夫。不過，可惜的是古氏雖然點出問題，但並未針對其中細節進行考察，對此，龔斌箋注云：

> 上句言忘物，下句言忘己。魏晉人喜酒，認為酒能引人入勝地。淵明對酒中趣更有獨到領悟，將之歸結到「忘天」。重觴之際，百情頓遠，俗慮皆消，天即是人，人即是天，物我皆忘也。[92]

89　晉・陶潛著，王叔岷箋證：《陶淵明詩箋證稿》，卷2，頁156。
90　余嘉錫撰，周祖謨、余淑宜整理：《世說新語箋疏・任誕》，頁749。
91　晉・陶潛著，古直箋註：《陶靖節詩箋 —— 附年譜》，卷2，頁52。
92　晉・陶潛著，龔斌校箋：《陶淵明集校箋》，卷2，頁127。

　　龔斌似是認為：「試酌百情遠」呈顯「忘物」之歷程，
「重觴忽忘天」展現「忘己」之修養。[93]不過，筆者以為，
「試酌百情遠」應是呈顯「忘己」（忘卻己身之諸種俗慮）
之歷程，意即初飲之際，自身俗慮經由酒之疏導，逐漸超然
遠引而去；「重觴忽忘天」則是展現「忘物」（泯滅物我之
諸種隔閡）之修養，意即續飲之後，不僅自身俗慮已經徹底
超然遠去（百情遠），甚至連天地萬物與自身我執之判分，
亦在飲酒興味盎然的某個瞬間，也已泯滅於無形（忽忘天）。
如此，則可臻至龔斌箋注所謂「重觴之際，百情頓遠，俗慮
皆消（忘己），天即是人，人即是天（忘物），物我皆忘」
的最高境界。

　　可見，淵明所謂的性樂酒德，其之所樂，不單純僅是身
體對於物質的欲求享樂而已，而是一種帶有工夫意味存乎其
中的修養歷程：先由外在身體的愉悅流轉至內在情性的興
發，再由內在情性的興發昇華到自然境界的體悟。當然，對
於自然境界的體悟，最終仍須返回己身的自我觀照，故引詩
於「試酌百情遠，重觴忽忘天」之後，緊接著提到「天豈去
此哉，任真無所先」，龔斌箋注云：

　　　言無有先於任真者。任真，即冥合自然。古注：「《莊

---

93 龔斌之所以如此解釋，或許是因為他認為：此處的「忘物」指的是「忘
　　掉己身對於天地萬物之諸種俗慮的牽絆」；「忘己」指的則為「忘掉己
　　身對於天地萬物之諸種我執的隔閡」。如此，則與筆者所述意涵相去不
　　遠。不過，筆者以為，龔斌此種詮解方式，不僅稍嫌迂曲，而且在「主
　　詞」的判定上，亦容易引起紛爭。

子‧齊物》篇郭（象）注：『任自然而忘是非者，其體中獨任天真而已。』」又王胡之〈答謝安〉詩：「長短任真，乃合其至。」按，《老子》二十五章：「人法地，地法天，天法道，道法自然。」在道家學說中，莫大於「法自然」。「任真無所先」，正契合道家學說的核心。[94]

引文提到古直箋註引《莊子‧齊物論》郭象注云：「任自然而忘是非者，其體中獨任天真而已。」[95]古氏此釋甚為精當，前引「試酌百情遠，重觴忽忘天」兩句，即是「任自然而忘是非」之展現，此處「天豈去此哉，任真無所先」兩句，則為「體中獨任天真」之呈顯。引詩先有任自然、忘是非之自然體悟，再返照獨任天真之內在自我，至此，淵明飲酒之真趣，已然清晰可辨：即以契合道家學說核心的冥合自然之任真，作為其飲酒的終極目標。淵明另有《飲酒二十首》其十四，亦可與前詩相互印證：

故人賞我趣，挈壺相與至。
班荊坐松下，數斟已復醉。
父老雜亂言，觴酌失行次。
不覺知有我，安知物為貴。
悠悠迷所留，酒中有深味。[96]

---

94 晉‧陶潛著，龔斌校箋：《陶淵明集校箋》，卷2，頁127-128。
95 晉‧陶潛著，古直箋註：《陶靖節詩箋 —— 附年譜》，卷2，頁53。
96 晉‧陶潛著，龔斌校箋：《陶淵明集校箋》，卷3，頁275。

　　詩中提到「班荊坐松下，數斟已復醉」，然而此醉並非擾亂心智之爛醉，而是一種陶冶性靈之沉醉。是故，淵明醉中領略到的，不僅是身體感官的愉悅刺激，還有「不覺知有我，安知物為貴」、「悠悠迷所留，酒中有深味」這種屬於心靈情性的境界體會。溫汝能評此詩云：「世人惟知有我，故不能忘物，物我之見存，則動多拘忌矣。淵明忘我更勝於〈齊物〉，其殆酒中之聖者歟！」[97]溫氏「物我之見存，則動多拘忌」之說，即從反面論述不能忘物、忘我之弊。反之，若能忘物、忘我，就能如上文所說，既任自然又忘是非，且體中獨任天真，如此，則物我之見不存，可動無拘忌矣。

　　綜上所述可知，淵明性樂酒德之飲酒內涵，乃是為了返回道性之本、素心之真，故有著對於「遠」之境界的追求。然而，正如前文所分析的，心遠之人，處世必清簡通脫，應世亦能豁達大度，是故，對於「遠」之修養境界的探求，又必然會涉及到「簡」之處世方式與「曠」之應世態度。上引龔斌評「任真無所先」說「正契合道家學說的核心」，溫汝能評《飲酒二十首》其十四云：「淵明忘我更勝於〈齊物〉，其殆酒中之聖者歟！」淵明的忘我之境，是否真的更勝於莊子〈齊物〉，我們姑且不論，但是，不管是龔氏之說，還是溫氏之評，卻都不約而同地指出，淵明飲酒與道家思想之間，確實存在義理上的脈絡聯繫，而此點，或許正是淵明之隱逸，之所以會含蘊自然適性之道隱面向的原因之一。對此，顏〈誄〉

97　晉‧陶潛著，清‧溫汝能彙評：《陶詩彙評》（臺北：新文豐出版公司，1980），卷3，頁81。

的概括，確實相當精準。

（二）「有晉徵士」──「道德教化」之「儒隱」

　　關於淵明自然適性之道隱型態的說明，已如上述。接下來，我們要討論的是淵明隱逸內涵的另一種樣貌，即道德教化之儒隱型態的部分。儒隱與道隱，就隱逸的外在形跡言之，固然有著相似之處，但是從隱逸的內在情志來看，兩者確又大異其趣。正史上首先為隱者設立專傳的應是《後漢書‧逸民列傳》，[98]〈逸民列傳序〉論及隱逸逸譜系的兩大源頭云：「是以堯稱則天，不屈潁陽之高；武盡美矣，終全孤竹之絜。自茲以降，風流彌繁，長往之軌未殊，而感致之數匪一。……荀卿有言曰：『志意脩則驕富貴，道義重則輕王公』也。」[99]文中「潁陽之高」指的是許由、巢父等道家型隱士；「孤竹之絜」指的則為伯夷、叔齊等儒家型隱士。前文「隱者典範譜系之建構」部分，筆者已經說明，顏〈誄〉關於「巢高抗行」與「夷皓峻節」之判分標準，亦屬儒隱、道隱雙重典範並稱的論述模式，其與〈逸民列傳序〉類似，或許這也如實反映出部分六朝時人的看法。

　　但是，同樣是隱者典範譜系的建構，兩漢史家與六朝史

98　此處是就「名實相符」的視角言之，若是不論傳名，僅以記載內容來看，《史記‧伯夷列傳》所述「武王已平殷亂，天下宗周，而伯夷、叔齊恥之，義不食周粟，隱於首陽山，采薇而食之」之事，實已具備隱逸列傳的內涵，只是它不以「隱逸」、「逸民」命篇罷了。引文參見漢‧司馬遷撰，宋‧裴駰集解，唐‧司馬貞索隱，唐‧張守節正義：《史記》，頁2123。

99　宋‧范曄撰，唐‧李賢等注：《後漢書》，卷83，頁2755。

家就頗有不同，《史記·伯夷列傳》云：

> 夫學者載籍極博，猶考信於六藝。《詩》、《書》雖
> 缺，然虞夏之文可知也。堯將遜位，讓於虞舜，舜禹
> 之間，岳牧咸薦，乃試之於位，典職數十年，功用既
> 興，然後授政。示天下重器，王者大統，傳天下若斯
> 之難也。而說者曰堯讓天下於許由，許由不受，恥之
> 逃隱。及夏之時，有卞隨、務光者。此何以稱焉？太
> 史公曰：「余登箕山，其上蓋有許由冢云。孔子序列
> 古之仁聖賢人，如吳太伯、伯夷之倫詳矣。余以所聞
> 由、光義至高，其文辭不少概見，何哉？」[100]

　　《史記》為歷代正史之首，卻無隱逸專傳。不過，如前
所述，若我們略其形而考其實，〈伯夷列傳〉其實亦可視為
《史記》的隱者列傳。因為它雖無隱者列傳之名，但顯然是
具有隱逸傳記之實。從上引文可以明確看出，《史記》對於
道隱型的隱逸人物如許由、卞隨、務光等人，似乎從「考信
六藝」的標準出發，頗存質疑之意。是故，《史記》對於隱
者典範譜系的建構，乃是捨棄許由等道隱式的人物，而專採
伯夷等儒隱型的史實。至於《漢書》，亦無隱逸專傳，然其
〈王貢兩龔鮑傳〉的序論部分，仍可視作其對隱逸專題的導
論：

---

100 漢·司馬遷撰，宋·裴駰集解，唐·司馬貞索隱，唐·張守節正義：《史記》，頁 2121。

昔武王伐紂，遷九鼎於雒邑，伯夷、叔齊薄之，餓死
于首陽，不食其祿，周猶稱盛德焉。然孔子賢此二人，
以為「不降其志，不辱其身」也。而《孟子》亦云：
「聞伯夷之風者，貪夫廉，懦夫有立志」；「奮乎百
世之上，百世之下莫不興起，非賢人而能若是乎！」

漢興有園公、綺里季、夏黃公、角里先生，此四人者，
當秦之世，避而入商雒深山，以待天下之定也。自高
祖聞而召之，不至。其後呂后用留侯計，使皇太子卑
辭束帛致禮，安車迎而致之。四人既至，從太子見，
高祖客而敬焉，太子得以為重，遂用自安。語在〈留
侯傳〉。

自園公、綺里季、夏黃公、角里先生、鄭子真、嚴君
平皆未嘗仕，然其風聲足以激貪屬俗，近古之逸民
也。若王吉、貢禹、兩龔之屬，皆以禮讓進退云。[101]

　　類似於《史記》的論述模式，《漢書》討論隱者典範譜
系的淵源，亦淡化時代更早的道隱型人物許由等人，而從儒
隱型的典範人物伯夷、叔齊開始講起，然後則下接商山四皓、
鄭子真、嚴君平，並稱其為「近古逸民」。《史記》評伯夷、
叔齊引用孔子言論云：「伯夷、叔齊，不念舊惡，怨是用希」、

101　三段引文分見漢・班固撰，唐・顏師古注：《漢書》（北京：中華書局，
　　2007），卷72，頁3055、3056與3058。

「求仁得仁，又何怨乎？」[102]《漢書》亦然，其引孔子「不降其志，不辱其身」，以及《孟子》「貪夫廉，懦夫有立志」、「奮乎百世之上，百世之下莫不興起，非賢人而能若是乎」之評述言論，兩書的立論觀點或許有異，前者關注在伯夷、叔齊「求仁得仁」、「怨邪非邪」的問題；後者則聚焦於伯夷、叔齊本身的人格特質，以及其品德對於後人的興發感動力量。但是，兩書的相同之處是，皆重視隱者本身所展現的品格風範，以及其對於道德教化的影響。是故，我們可以這樣判分：道隱型態的隱逸，較為強調個人自由情性之抒發；儒隱型態的隱逸，則更為重視群體道德感化之薰陶。

　　顏〈誄〉對於淵明儒隱性格的描繪，亦頗多符合儒家道德風教之處，概而論之，計有下列四點：1.「有晉徵士」的政治意涵；2.「孝惟義養」的入仕抉擇；3.「親戚友朋」的人倫交往；4.「固窮生活」的典範樹立。

1.「有晉徵士」的政治意涵

　　顏〈誄〉中有關淵明政治意涵的描述，主要是「有晉徵士」與「道必懷邦」兩句。[103]對此，鄧小軍於《陶淵明政治品節的見證 —— 顏延之〈陶徵士誄并序〉箋證》一文，有相當詳實的考釋：

---

102 漢‧司馬遷撰，宋‧裴駰集解，唐‧司馬貞索隱，唐‧張守節正義：《史記》，頁 2122。

103 「道必懷邦」句，參見梁‧蕭統編，唐‧李善注：《文選》，卷 57，頁 2473。

傳統稱徵士為某朝徵士，取決於兩種情況：第一，徵士生存年代是在某一朝代之內，曾被朝廷徵辟，即逕稱為某朝徵士。第二，徵士生存年代跨舊新兩個朝代，在舊新兩個朝代皆曾被徵辟，則稱某朝徵士實際是取決於其對某朝之認可。如徵士對舊新兩個朝代皆表認可，則冠以新朝之名稱之。例如陶淵明、周續之皆經歷晉宋兩個朝代，皆在晉宋兩個朝代被徵辟，陶淵明認可晉，不認可宋，周續之則對晉宋兩個朝代皆認可之，故顏〈誄〉稱陶淵明為「晉徵士」，唐陸德明《經典釋文》、成伯璵《毛詩指說》稱周續之為「宋徵士」。

蕭統〈陶淵明傳〉載「元嘉四年，將復徵命，會卒。」與許嵩《建康實錄》載元嘉四年十一月散騎常侍陸子真薦隱者陶潛，時間、事實相合，當是指同一件事。朱熹《資治通鑑綱目》載元嘉四年冬十一月「晉徵士陶潛卒」，當是參證《建康實錄》與蕭統〈陶淵明傳〉所作出的綜合判斷。[104]

　　筆者以為，鄧氏所論固然精審，然而，有兩個前提卻必須先行辨明：其一，淵明自己是否認同劉宋，與顏延之認為淵明是否認可劉宋，應是兩個不同的命題；其二，同理，淵明自己是否認同東晉，與顏延之認為淵明是否認可東晉，亦

應是兩個不同的議題。雖然，這些問題的答案或許一致，但也不應排除彼此有所出入的可能。是故，就問題意識而言，上述前提之間的分野，應該區別清楚。

「徵士」一詞，其義或可從《文選・齊竟陵文宣王行狀》提及「徵士劉虯」的注釋中得到說明，呂延濟注云：「徵士，謂德高徵而不就，皆曰徵士。」[105]是故，徵士的兩大要件：一是「德高」，意即道德高尚；二為「徵而不就」，即必須堅持不仕，拒絕朝廷的徵召。其中「徵而不就」其義甚明，具體指涉內涵亦相當單一；但「德高」的實質意蘊，顯然就可以相當多元，基本上只要能符合道德可宗、風範可則之諸種高尚品行，皆可以德高稱之。是故，政治品節之嚴峻，固為表現「德高」之一環，但僅是其中之一，而非唯一。

顏〈誄〉序文云：「有詔徵為著作郎，稱疾不到。春秋若干，元嘉四年月日，卒于尋陽縣之某里。」[106]此處由於顏〈誄〉的記載簡略，故不容易判斷所謂的「有詔徵為著作郎」之事，徵召淵明者究竟是東晉末年的政府？還是劉宋初年的權要？筆者以為，兩種均有可能，亦皆於史有據。換言之，此處有晉徵士依照語境背景的不同，至少可以有三種詮解方式。

其一，將其語境脈絡置於劉宋初年的時代背景，此時再反觀有晉徵士的稱號，自然容易得出劉宋取代東晉之後，淵明於是展現出遺民峻節之政治品格的詮釋。至於這樣的詮釋方式，其文本依據可從蕭統〈陶淵明傳〉找到線索：「自以

105 梁・蕭統撰，唐・李善、呂延濟、劉良、張銑、李周翰、呂向註：《增補六臣註文選》，卷60，頁1112。
106 梁・蕭統編，唐・李善注：《文選》，卷57，頁2472。

曾祖晉世宰輔，恥復屈身後代，自宋高祖王業漸隆，不復肯
仕。元嘉四年，將復徵命，會卒，時年六十三。」[107]元嘉為
劉宋文帝的年號，從引文可知，淵明因曾祖為晉世宰輔，故
恥復屈身於劉宋，因此自從宋高祖王業漸隆之後，便不復肯
仕。此處的淵明形象，確實頗具遺民峻節之政治品格的意味。
後來，到了劉宋文帝元嘉年間，朝廷想要徵召淵明為官，但
不巧的是，淵明此時「會卒」，所以事情沒有結果。此次的
事件，從表面看來雖然有朝廷徵召之實而無淵明拒絕之事，
似乎並不符合所謂徵士必須「徵」而「不就」的完整程序。
但細究引文意涵，即可以清楚知道，淵明既然「自宋高祖王
業漸隆，不復肯仕」，那麼，假設淵明受到徵召之際依舊未
卒，想必也不會接受朝廷的徵召，再度出仕。如果以上的說
明，符合淵明對於晉、宋兩個政權之不同態度的話，那麼，
我們或可將有晉徵士解讀為：淵明是一位既不認可劉宋朝
廷，亦不接受其徵召的東晉遺民，是故，有晉徵士的「有晉」，
代表的正是淵明對於東晉政權之合法性的認同感與歸屬感。

　　其二，我們亦不應忽略，若我們將語境脈絡置於東晉末
年的時代背景，此時再考察有晉徵士的名稱，那麼，有晉徵
士亦可僅指：淵明於東晉末年德名甚高，因此東晉政府欲徵
為官，然而淵明終不就職之事。如此，則有晉徵士便單純只
涉及到，淵明於東晉末年身為徵士的隱逸事實，而可以完全
無關乎劉宋代晉之後，淵明是否存在遺民心態的諸種問題。
對於第二種詮解方式的合理性，亦有史實資料可供佐證，沈

---

107 梁・蕭統著，俞紹初校注：《昭明太子集校注》（鄭州：中州古籍出版
　　社，2001），頁193。

約《宋書・隱逸傳・陶潛傳》云：「義熙末，徵著作佐郎，不就。」[108]義熙是東晉安帝的年號，時為東晉末年，《宋書・陶潛傳》乃距離淵明時代最近之正史資料，故其所述可信度甚高。從引文記載來看，東晉義熙末年既然朝廷曾經徵召淵明為「著作佐郎」，而淵明又「不就」，那麼，僅據此事而稱淵明為有晉徵士，亦無不可。

其三，當然，對於上述兩種記載的選擇並非只能二者選一，假若上述兩種傳記的論述內容皆屬事實，亦即《宋書・陶潛傳》所云「義熙末，徵著作佐郎，不就」，以及蕭統〈陶淵明傳〉所說「元嘉四年，將復徵命，會卒」的內容皆為實錄，那麼，對於有晉徵士之「有晉」的解釋，將會更形複雜。前引鄧小軍的論述，顯然就是採用《宋書・陶潛傳》與蕭統〈陶淵明傳〉兩傳記載皆為真實這一前提，據此，則鄧氏認為：淵明自東晉末年不復徵命之後，直至劉宋初年，又再次拒絕了朝廷的徵聘。於是，鄧氏基於前面引文「徵士生存年代跨舊新兩個朝代，在舊新兩個朝代皆曾被徵辟，則稱某朝徵士實際是取決於其對某朝之認可」所說的理由，最後判定淵明有晉徵士之稱號，顯然是來自其對於東晉政權的認可。

不過，正如前文所述：淵明自己是否認同劉宋或東晉，與顏延之認為淵明是否認可劉宋或東晉，應是兩個不同的命題。筆者以為，顏延之稱許淵明為「有晉徵士」，實情應如鄧氏所說，乃是因為顏延之認為「陶淵明認可晉，不認可宋」。但是，淵明對於劉宋的不認同，或許較無疑義，但淵明對於

---

108 梁・沈約撰：《宋書》（北京：中華書局，1996），卷93，頁2288。

東晉的態度，恐怕就頗費思量。因為淵明在高賦〈歸去來兮
辭〉之後，[109]隨即依循己身之自然情性，從此歸隱不出。此
後，對於朝廷的徵聘，不論是改朝前的東晉，還是換代後的
劉宋，淵明皆無意復命。對此，我們若將其解釋成：淵明之
所以拒絕朝廷徵聘，完全是基於個人情志的自我抉擇，而無
關乎改朝前或換代後的政治認同。如此揣測，似乎亦有可通
之處。那麼，究竟應該如何判定淵明自身的政治態度問題？
對此，齊益壽曾以「政治立場」與「政治理想」兩種範疇區
別之：

> 我以為湯漢拈出「忠憤」兩字實在可以作為陶淵明的
> 政治立場的最好說明，這比《宋書》說「自以曾祖晉
> 室宰輔，恥復屈身後代」或劉良說「恥事二姓」都要
> 中肯得多。因為《宋書》與劉良都不免用類似烈女不
> 事二夫這種狹碍的道德觀念去標榜陶淵明，未若湯漢
> 的「忠憤」兩字能把陶淵明當亡國之際所激起的心理
> 反應恰如其分地表達出來。

> 陶淵明的政治理想是要避開一切有君臣關係存在的
> 世界，遁向沒有君（臣）關係的存在的世界（最低限
> 度也要生存於無懷氏、葛天氏、伏羲、神農、黃帝、
> 堯、舜等為君的世界），〈桃花源記〉便是這個理想
> 的最好表明。[110]

---

109 全文可參見晉·陶潛著，龔斌校箋：《陶淵明集校箋》，卷5，頁453-454。
110 分見齊益壽：〈陶淵明的政治理想〉，《陶淵明的政治立場與政治理想》
　　（臺北：國立臺灣大學文學院「文史叢刊」，1968），頁78、86。

　　筆者以為，齊氏此種分析架構，對於淵明之政治傾向的釐清，確實相當有幫助。不過，在具體內涵的分析部分，筆者卻有些不一樣的看法。

　　首先，就「政治立場」的部分而言，如果說「恥復屈身後代」與「恥事二姓」兩種說法，都存在著「用類似烈女不事二夫這種狹碍的道德觀念去標榜陶淵明」的嫌疑，那麼，湯漢所說的忠憤兩字，尤其是「忠」字，似乎也頗容易令人聯想到烈女不事二夫這種狹碍的道德觀念；至於「憤」字，在某種程度上，似亦可與「恥復屈身後代」與「恥事二姓」兩種說法作一連結，比方說淵明因為憤宋，故「恥復屈身宋代」或「恥事劉姓」。

　　其實，就政權取得之合法性而言，宋之奪晉，正如晉之篡魏的翻版。若說宋之奪晉缺乏合理性，那麼，晉之篡魏亦理應作如是觀。然而，這只是問題的一個方面，從政權取得的既成事實，亦即政治現實來看，淵明生為東晉時人，這是自己無法選擇的歷史事實。儘管晉朝得國不正，但那畢竟是在淵明出生以前，故淵明對於自己身為晉人的事實，應該是認可的，這樣的思路，亦有歷史前例可循，《史記·伯夷列傳》記載伯夷、叔齊扣馬而諫武王時說：「父死不葬，爰及干戈，可謂孝乎？以臣弒君，可謂仁乎？」[111]然而，當伯夷、叔齊質問武王「以臣弒君，可謂仁乎」之際，其實武王對於商紂所做之事，又何嘗不是當初商湯曾對夏桀所做過的？

---

111 漢·司馬遷撰，宋·裴駰集解，唐·司馬貞索隱，唐·張守節正義：《史記》，頁 2123。

　　是故，以理類推，就淵明之「政治立場」而言，應是反對任何篡弒之舉；然而，從「政治現實」來看，對於已成歷史的過往篡弒，淵明恐怕和伯夷、叔齊一樣，都是採取一種雖不滿意，但只好屈就既定結果的務實態度。但是，對於舊政權可以容忍過往的既定事實，並不代表對待新政權亦適用於同樣的標準。因此，當劉宋篡東晉之際，身處其中的淵明，心中實不能無感，故說其「悲憤」，容或有之，但評其「忠憤」，恐怕還需要更多的論據加以佐證。

　　其次，從「政治理想」的部分來看，不管是無懷氏、葛天氏、伏羲、神農、黃帝、堯、舜等為君的世界，還是〈桃花源記〉的世界，理應都是淵明所高度認可的理想世界，此點應無疑義。但是，兩者相較之下，是否真的〈桃花源記〉所代表的「無君世界」，會更高於無懷氏、葛天氏等所象徵的「聖君時代」，這點，恐怕仍有進一步考量、斟酌的空間。或者，我們亦可逆向反推：淵明乃是因為「聖君時代」的一去不復返，故在眷戀惆悵之餘，興發出與其生在「亂世暴政」之下，還不如自行往尋一塊「無君亂政」之淨土。筆者此種推測，亦可從陶集之中找到若干內證。

　　其一，淵明在〈五柳先生傳〉之贊曰中自比為「不戚戚於貧賤，不汲汲於富貴」之高士，並以「酣觴賦詩，以樂其志」之「無懷氏之民歟」、「葛天氏之民歟」自許。[112]楊勇校箋「無懷氏之民歟」、「葛天氏之民歟」兩句云：

112　晉・陶潛著，龔斌校箋：《陶淵明集校箋》，卷6，頁485。

無懷氏、葛天氏，皆古帝也。或云：無懷氏之時，其民甘食而樂居，懷土而重生，雞犬之音相聞，民至老死不相往來。葛天氏或云為有巢氏，或云在伏羲之前。其治世不言而信，不化而行。[113]

其實，不管是引文中其民「甘食而樂居」、「懷土而重生」的無懷氏，還是其治世「不言而信」、「不化而行」的葛天氏，顯然皆展示出一種道家盛世的美好姿態，故深為淵明所嚮往。

其二，淵明一生念茲在茲即為真情、真性、真心、真意之真的追求，故其〈辛丑歲七月赴假還江陵夜行塗口〉特別強調：「養真衡茅下，庶以善自名。」[114]至於「含真」之上古盛世，淵明《飲酒二十首》其二十云：「羲農去我久，舉世少復真。」[115]此為反向論述羲農時期，亦即伏羲氏、神農氏的治理時代，顯然是以「真」為其治理特質。只是遺憾的是，此一美好品質已經隨著伏羲氏、神農氏的時代結束，而一去不復返。另外，淵明〈感士不遇賦〉云：「哀哉！士之不遇，已不在炎帝帝魁之世。」[116]龔斌校箋云：

《文選》張衡〈東京賦〉：「仰不睹炎帝帝魁之美。」薛綜注：「炎帝，神農後也。帝魁，神農名，並古之

---

113 晉・陶潛著，楊勇校箋：《陶淵明集校箋》，卷6，頁288。
114 晉・陶潛著，龔斌校箋：《陶淵明集校箋》，卷3，頁195。
115 晉・陶潛著，龔斌校箋：《陶淵明集校箋》，卷3，頁288。
116 晉・陶潛著，龔斌校箋：《陶淵明集校箋》，卷5，頁426。

　　君號也。」[117]

　　「炎帝」為神農之後,「帝魁」即為神農之名。引文所
欲展示的是,淵明對於神農盛世的衷心嚮往,以及深感自己
士之不遇的失落。

　　其三,淵明〈感士不遇賦〉云:「望軒唐而永歎,甘貧
賤以辭榮。」[118]龔斌校箋云:「軒,軒轅氏,即黃帝。唐,
陶唐氏,即帝堯。」[119]此亦為淵明對於黃帝、帝堯盛世一去
不返的感嘆,故在失望之餘,寧可甘於貧賤,辭榮歸去。另
外,淵明〈贈羊長史〉云:「愚生三季後,慨然念黃虞。」[120]
詩中的「黃虞」,分指黃帝與虞舜,淵明此詩所表述的,對
於上古盛世之懷念基調,仍然如同上文所論,故不再贅述。

　　據此,我們或許可以這樣認為:淵明對於傳說帝王所處
的上古盛世,不管是道家型態的無懷氏、葛天氏,還是介於
道家型態與儒家型態之間的伏羲、神農與黃帝,或是儒家型
態的堯、舜,皆為淵明所衷心認可與嚮往。只是,遺憾的是,
這些美好的時代已經隨著歷史消逝而一去不返。

　　至於〈桃花源記〉所代表的無君世界,其之所以產生的
緣由,淵明〈桃花源記〉說得相當清楚:

　　晉太元中,武陵人捕魚為業。……自云先世避秦時

---

117 晉·陶潛著,龔斌校箋:《陶淵明集校箋》,卷 5,註 33,頁 433。
118 晉·陶潛著,龔斌校箋:《陶淵明集校箋》,卷 5,頁 426。
119 晉·陶潛著,龔斌校箋:《陶淵明集校箋》,卷 5,註 24,頁 432。
120 晉·陶潛著,龔斌校箋:《陶淵明集校箋》,卷 2,頁 161。

亂，率妻子邑人，來此絕境，不復出焉，遂與外人隔
絕。問今是何世，乃不知有漢，無論魏晉。……南陽
劉子驥，高尚士也，聞之，欣然規往，未果，尋病終。
後遂無問津者。[121]

　　從引文可知，桃花源人是因為「先世避秦時亂」，故率
妻子邑人，來此絕境（桃花源），從此不復出焉，於是「遂
與外人隔絕」。另外，〈桃花源詩〉亦云：

嬴氏亂天紀，賢者避其世。
黃綺之商山，伊人亦云逝。
往迹浸復湮，來徑遂蕪廢。
相命肆農耕，日入從所憩。
桑竹垂餘蔭，菽稷隨時藝。
春蠶收長絲，秋熟靡王稅。[122]

　　詩中所記避世理由，亦與〈桃花源記〉相同，矛頭皆是
指向「暴秦」、「狂秦」。[123]因為「嬴氏亂天紀」，是故「賢
者避其世」，所以現今桃花源人之先祖，才會率眾至此。其

---

121 晉·陶潛著，龔斌校箋：《陶淵明集校箋》，卷6，頁465-466。
122 晉·陶潛著，龔斌校箋：《陶淵明集校箋》，卷6，頁466。
123 淵明對於秦朝的觀感甚差，可能與秦朝的焚書事件有關，淵明《飲酒二
　　十首》其二十云：「洙泗輟微響，漂流逮狂秦。詩書復何罪，一朝成灰
　　塵。」詩書無罪而遭狂秦焚毀，這對於喜愛詩書的淵明來說，實乃不可
　　忍受之事。是故，其於〈桃花源記〉中，特別以秦朝作為負面表述的對
　　象，似乎也屬情理之中的有感而發。引文參見晉·陶潛著，龔斌校箋：
　　《陶淵明集校箋》，卷3，頁288。

後又因時間久遠，於是前往桃花源之路「往迹浸復湮，來徑遂蕪廢」，以致讓桃花源變成一個獨立於世外的小天地。裡面的人以農耕為生，過著簡樸、單純的「相命肆農耕，日入從所憩」、「桑竹垂餘蔭，菽稷隨時藝」生活。對外，他們既不知有漢，無論魏晉，完全無視於外界的歷史興衰；對內，則「春蠶收長絲，秋熟靡王稅」，不僅自食其力，亦無政府組織之苛刻賦稅的干擾。由此可見，淵明〈桃花源記〉所代表的無君世界，代表的乃是一種對於暴政的抗議精神。故其無君世界，與其說展現的是一種關於理想世界的積極建構，倒不如看成是一種對於現實世界的消極抵制。

綜上所述可知，不管是無懷氏、葛天氏的聖君世界，還是〈桃花源記〉的無君世界，確實皆屬淵明高度認可的理想世界，此為兩者之所同。至於兩者的差異在於，無懷氏、葛天氏所象徵的聖君時代，屬於淵明正面認可的理想世界，此點固無疑義。但是，〈桃花源記〉所代表的無君世界，似乎更為接近是淵明在亂世暴政之中，不得不在心靈思想上自行尋覓的一塊無君淨土，而其建構內涵雖也呈顯出理想世界的完美型態，但在淵明心中，或許它真正代表的意義是：上古理想的聖君時代消逝不返之後，身處亂世中的知識份子，不得不退而求其次的另一種理想政治型態之選擇。

最後，淵明的政治態度問題既以如上所述，那麼顏延之又是如何評定淵明的政治傾向？筆者以為，前引鄧氏文章對於顏〈誄〉稱淵明為「有晉徵士」，其中所代表的政治意涵考察，其結論應是可信。因為顏〈誄〉中不僅提到有晉徵士的稱號，還特別點出淵明「道必懷邦」的胸懷，道必懷邦意

味著淵明對於政治局勢的關注，雖然關注不等於介入，但是，一位對於政治始終保持關注的隱者，至少可以說明一件事：其雖歸隱，但對於世局的風雲變化，並不能無感。不過，比較可惜的是，顏〈誄〉對於淵明之政治態度，以及對於時局的關注內涵，缺乏更進一步的具體描述，這或許是因為顏〈誄〉的筆墨重點在於淵明隱者形象的建構，故行文中不免要淡化其政治色彩。不過，儘管如此，有晉徵士的稱號，以及道必懷邦的品評，也已經為後世讀者初步理出淵明的政治關懷面向。

總之，淵明自身的「政治立場」與「政治理想」，其基本內涵已如前文所述。僅單就其政治立場而論，淵明雖然不見得完全認同東晉政權的合理性，但至少承認它已成既定事實的合法性。至於劉宋體制，淵明恐怕不管是在政權取得的合理性，還是帝位繼承的合法性，都懷有強烈的質疑、批判，甚至否定的意味。而顏延之對於淵明之政治立場的理解，亦應與淵明的實際態度相去不遠，仍是持站在否定劉宋，但相對肯定東晉的基本立場。對此，鄧小軍認為：「『有晉徵士陶淵明』之稱謂：表達了淵明為晉遺民，不認可劉宋的事實。」[124]鄧氏此文對於淵明之政治品節著墨甚深，然而，鄧氏所論雖有其理，但他對於「有晉徵士」四字，似乎太過強調「有晉」兩字所呈顯的易代節操與政治取捨，而較為忽略「徵士」一詞所應具備的隱者風範與道德品行。是故，筆者以為，顏〈誄〉稱呼淵明為有晉徵士，其主要指涉的實質內涵，應是泛指淵明德高而不仕的隱者形象，而非僅是專指政治內涵中

---

124 鄧小軍：《陶淵明政治品節的見證 —— 顏延之〈陶徵士誄并序〉箋證》，頁91。

偏向狹義界定的遺民峻節。換言之，有晉徵士的品評重點在
於淵明之隱者德行的表述，而非僅是其遺民風範的展現。當
然，兩者的形象並不衝突，因為前者屬於大範疇，可以充分
包含後者的存在。關於此點，亦可於後文討論「孝惟義養」
的入仕抉擇、「親戚友朋」的人倫交往與「固窮生活」
的典範樹立之時，得到印證。

2.「孝惟義養」的入仕抉擇

　　出仕或歸隱，是中國古代士人的重要抉擇。雖然就儒家
而言，出仕應為必然，歸隱乃屬不得已之退而求其次的選擇。
然而，就道家來看，出仕卻是對於自身性情的妨害，《莊子・
讓王》云：

> 舜以天下讓善卷，善卷曰：「余立於宇宙之中，冬日
> 衣皮毛，夏日衣葛絺；春耕種，形足以勞動；秋收斂，
> 身足以休食；日出而作，日入而息，逍遙於天地之間
> 而心意自得。吾何以天下為哉！悲夫，子之不知余
> 也！」遂不受。於是去而入深山，莫知其處。[125]

　　舜欲以天下讓善卷，然而，其卻不知善卷所真正重視的，
並非是儒家以天下為的責任與榮譽，而是一種逍遙天地之間
的適性人生。故其寧可依順四時，春耕種、秋收斂，來讓自
己形足勞動、身足休食，冬日冷則衣皮毛、夏日熱則衣葛絺，

125　清・郭慶藩撰，王孝魚點校：《莊子集釋》，卷9，頁966。

過著日出而作、日入而息的心意自得日子。但是，這樣得處世態度，顯然不為儒家所認同，《論語・微子》云：

> 子路從而後，遇丈人，以杖荷蓧。子路問曰：「子見夫子乎？」丈人曰：「四體不勤，五穀不分。孰為夫子？」植其杖而芸。子路拱而立。止子路宿，殺雞為黍而食之，見其二子焉。明日，子路行以告。子曰：「隱者也。」使子路反見之。至，則行矣。子路曰：「不仕無義。長幼之節，不可廢也；君臣之義，如之何其廢之？欲絜其身，而亂大倫。君子之仕也，行其義也。道之不行，已知之矣。」[126]

文中的荷蓧丈人，類似善卷，亦屬於道隱型人物，孔子師徒雖稱其為隱者，但卻不免責以大義，子路不仕無義之論，即可充分展示儒家追求入世教化之旨趣。他們強調君子之仕，乃行義之舉，因為長幼之節、君臣之義等諸種道德意涵，皆不可廢。是故，荷蓧丈人之歸隱，雖然自潔其身，保持了自我的本性，但在儒家看來，卻不免亂世大倫，缺乏著入世的承擔。

其實，持平而論，不管出仕或歸隱，皆屬性分所至之事，本身並無優劣可言，端看自身的抉擇為何？不過，對於六朝某些接受道家思想薰染較深，積極崇尚隱逸的士人來說，卻頗多以隱為高，以仕為低之論。[127]《世說新語・文學第四》

---

126 魏・何晏等注，宋・邢昺疏：《論語注疏》，頁 166 上。
127 對此問題，還可參看王瑤：〈論希企隱逸之風〉，《中古文學史論》（北京：北京大學出版社，1998），頁 188-210。

云：「謝萬作〈八賢論〉，與孫興公往反，小有利鈍。謝後
出以示顧君齊，顧曰：『我亦作，知卿當無所名。』」[128]至
於〈八賢論〉的內容，劉孝標注云：

> 《中興書》曰：「萬善屬文，能談論。」萬《集》載
> 其敘四隱四顯，為八賢之論，謂漁父、屈原、季主、
> 賈誼、楚老、龔勝、孫登、嵇康也。其旨以處者為優，
> 出者為劣。孫綽難之，以為體玄識遠者，出處同歸。
> 文多不載。[129]

從引文可知，謝萬〈八賢論〉將漁父、屈原、季主、賈
誼、楚老、龔勝、孫登、嵇康八人分為「四隱」、「四顯」，
但其論述旨趣，卻是以「處者為優」、「出者為劣」。雖然
孫綽難以「體玄識遠者，出處同歸」之說，但相較之下，謝
萬的觀點，在當時恐怕還是主流。《世說新語・排調》記載
兩則關於謝安出處問題的評價，就頗能說明這個問題：

> 謝公在東山，朝命屢降而不動。後出為桓宣武司馬，
> 將發新亭，朝士咸出瞻送。高靈時為中丞，亦往相祖。
> 先時，多少飲酒，因倚如醉，戲曰：「卿屢違朝旨，
> 高臥東山，諸人每相與言：『安石不肯出，將如蒼生
> 何？』今亦蒼生將如卿何？」謝笑而不答。

---

128 余嘉錫撰，周祖謨、余淑宜整理：《世說新語箋疏》，頁270。
129 余嘉錫撰，周祖謨、余淑宜整理：《世說新語箋疏》，頁270。

> 謝公始有東山之志，後嚴命屢臻，勢不獲已，始就桓
> 公司馬。于時人有餉桓公藥草，中有「遠志」。公取
> 以問謝：「此藥又名『小草』，何一物而有二稱？」
> 謝未及答。時郝隆在坐，應聲答曰：「此甚易解：處
> 則為遠志，出則為小草。」謝甚有愧色。桓公目謝而
> 笑曰：「郝參軍此過乃不惡，亦極有會。」[130]

謝安高臥東山之際，履違朝旨，不肯出仕，世人每相與言：「安石不肯出，將如蒼生何？」謝安憑其隱名，當世評價甚高，不過，等到謝安出為桓宣武司馬之際，卻不免遭人譏諷「今亦蒼生將如卿何」？引文中的謝安「笑而不答」，故我們無由知其實際感受，但余嘉錫箋疏引程炎震云：「（《晉書》）〈安傳〉云：『安甚有愧色。』」[131]從當時情境考之，《晉書》「甚有愧色」之記載，恐怕更加貼近謝安的真實心理。對此，第二則引文的記載可作印證，其「謝公始有東山之志」云云，與上則記載同，但是，當郝隆以「處則為遠志，出則為小草」妙解「一物二稱」之藥時，其對於謝安出處之際的抉擇，顯然有著相當尖銳的批判，故謝安才會「甚有愧色」。而從桓公目謝而笑曰：「郝參軍此過乃不惡，亦極有會」的回應來看，更可見郝隆對於謝安的嘲弄，並非僅是個人偏見，而應是當時的共識。據此，我們可以合理推測，當時確有某種程度以隱為高、以仕為俗的思想存焉。是故，他們對於士人先隱後仕這種明顯背離隱逸初衷的行為舉動，才

---

130 分見余嘉錫撰，周祖謨、余淑宜整理：《世說新語箋疏》，頁 801；803-804。
131 余嘉錫撰，周祖謨、余淑宜整理：《世說新語箋疏》，頁 801。

會展開無情的輿論批判。[132]

　　明乎此種以隱為高、以仕為俗的時代思想之後，我們即可進一步來討論：顏〈誄〉對於淵明仕隱之際的形象建構。首先，我們先看沈約《宋書・隱逸傳・陶潛傳》中的一則關鍵記載：「潛弱年薄宦，不潔去就之迹。」[133]淵明之隱逸，向來是中國隱逸史上值得大書特書的文化現象，然而，身為第一篇為淵明隱者身份立傳的正史，[134]卻頗有微詞。《宋書》中對於淵明弱年薄宦「不潔去就之迹」的評論，或許因為淵明在後世的崇高地位，而被論者相對淡化或漠視。[135]但是，筆者以為，《宋書》作者沈約的生年上距淵明較近，其所述評之事，或許不盡然令人滿意，但理應多少反映出，淵明在世之際的時人，他們對於淵明早期曾經多次反覆於仕隱之間的某種評價。因此，沈約所論，僅是依照前代史料，據實以錄而已。對此，身為淵明友人，且時代更早於沈約的顏延之，或許已經意識到時人的這種疑慮，且此事對於淵明人格形象之建構，有著極為重要的影響，故其認為有必要於顏〈誄〉中，替淵明作一辨析。顏〈誄〉對於淵明之入仕原因，提出

132　此處對於謝安「先隱後仕」的批評，亦可與前文「就隱者真偽評斷隱逸結果」的部分相互參看。

133　梁・沈約撰：《宋書》，卷93，頁2288。

134　雖然以朝代先後而言，《晉書》在前，《宋書》在後。但是，以撰述時間來看，《宋書》成於南朝，《晉書》則遲至唐朝才正式完成。是故，第一部從隱者視角為淵明立傳的正史，仍推《宋書》，而非《晉書》。

135　筆者此處，並非意味論者對於淵明早期出仕這一歷史事實的淡化或漠視，而是指論者對於淵明早期出仕經歷的評價，並不以「不潔去就之迹」的觀點視之。

一個重要概念——「孝惟義養」。[136]何謂孝惟義養？顏〈誄〉
自己亦有說明：

> 少而貧病，居無僕妾。井臼弗任，藜菽不給。母老子
> 幼，就養勤匱。遠惟田生致親之議，追悟毛子捧檄之
> 懷。初辭州府三命，後為彭澤令。[137]

　　引文提到淵明因為「母老子幼，就養勤匱」，於是想到
可以效法「田生致親」、「毛子捧檄」之前例，故而出仕。
關於「田生致親之議」，李善注引《韓詩外傳》云：

> 齊宣王謂田過曰：「吾聞儒者親喪三年，君之與父孰
> 重？」田過對曰？「殆不如父重。」王忿曰：「則曷
> 為去親而事君？」田對曰：「非君之土地，無以處吾
> 親；非君之祿，無以養吾親；非君之爵，無以尊顯吾
> 親；受之於君，致之於親。凡事君者亦為親也。」宣
> 王悒然無以應之。[138]

　　齊宣王欲以君王之尊，勢壓田過，故問其「曷為去親而
事君」？想不到田過從容答以君之土、君之祿、君之爵，無
非只是藉以完成處吾親、養吾親、尊吾親之目的的手段而已，
故其總結曰：所有受之於君之事，皆是為了致之於親。是故，
凡事君者亦為親也。此一典故，顯然已將士人出仕之旨趣，

---

136 梁・蕭統編，唐・李善注：《文選》，卷57，頁2473。
137 梁・蕭統編，唐・李善注：《文選》，卷57，頁2470-2471。
138 梁・蕭統編，唐・李善注：《文選》，卷57，頁2471。

從自身的追求轉移至孝親的行動。至於「毛子捧檄之懷」，
李善注引范曄《後漢書》曰：

> 廬江毛義，字少卿。家貧，以孝稱。南陽人張奉慕其
> 名，往候之。坐定而府檄適到，以義守令。義捧檄而
> 入，喜動顏色。奉者志尚之士，心賤之，自恨來，固辭
> 而去。及義母死，去官行服。數辟公府，為縣令，
> 進退必以禮。後舉賢良，公車徵，遂不至。張奉歎曰：
> 「賢者固不可測，往日之喜，為親屈也。」[139]

　　毛義家貧而以孝稱，與淵明少而貧病、孝惟義養的處境
相似。當毛義捧檄而入，喜動顏色之際，因慕其名而往候之
的志尚之士張奉，其具體的反應是：心賤之，自恨來，固辭
而去。然而，等到毛義之母死後，毛義接下來的所做所為，
則完全符合賢者應有的高潔作風，此時，張奉終於體悟到，
毛義往昔捧檄而入，喜動顏色的作為，乃是因為孝親而屈，
並非本志如此。其與田過受之於君，皆是為了致之於親相較，
表面上雖有事父、奉母的區別，但為孝出仕的本質並無不同。
　　顏〈誄〉此處特別引用田過、毛義的典故，正是為了替
淵明的出仕辯解，強調淵明之仕，並非隱志不堅，以致「首
路同塵，輟塗殊軌」，而是如同田過、毛義一般，乃是為了
孝親的緣故。高步瀛於此段特別引陳僅《文選意籤》云：「靖
節為養而仕，此出處大節，後人乃無引及之者。」[140]淵明因

---

139 梁・蕭統編，唐・李善注：《文選》，卷57，頁2471。
140 高步瀛選注，孫通海點校：《南北朝文舉要》，頁28。

為「為養而仕」，故不違「出處大節」，此正是顏〈誄〉為文用心之所在。《孔子家語・致思》云：「子路見于孔子曰：『負重涉遠，不擇地而休；家貧親老，不擇祿而仕。』」[141]引文所說「家貧親老，不擇祿而仕」，不正是顏〈誄〉所特意塑造的淵明形象？只不過顏〈誄〉稱其「母老子幼，就養勤匱」，似乎有意在原本家貧親老的孝子形象之外，再加上身為父親的淵明，為了幼子委屈而仕的慈父形象。

3.「親戚友朋」的人倫交往

顏〈誄〉對於淵明與「親戚友朋」之間的交往，亦有所描繪：「睦親之行，至自非敦。然諾之信，重於布言。」[142]「睦親之行，至自非敦」，意指淵明對待同族親戚所表現的至性至誠，出於自然，並非矯揉造作；「然諾之信，重於布言」，則是強調淵明極重信用，就如同漢朝以信守諾言著稱的季布一樣，言出必行，絕無虛語。不過，顏〈誄〉中對此二事，似乎僅有形象的概括，但卻缺少具體的佐證。目前僅能就陶集所述，略為補充，如其〈悲從弟仲德〉所云「銜哀過舊宅，悲淚應心零。借問為誰悲，懷人在九冥」、「翳然乘化去，終天不復形。遲遲將回步，惻惻衿涕盈」諸句，[143]書寫哀傷之情，令人動容。而其〈祭程氏妹文〉與〈祭從弟敬遠文〉，亦寫得深情款款。

---

141 陳士珂輯：《孔子家語疏證》（臺北：臺灣商務印書館，1976），卷2，頁48。
142 梁・蕭統編，唐・李善注：《文選》，卷57，頁2472。
143 晉・陶潛著，龔斌校箋：《陶淵明集校箋》，卷2，頁176。

　　〈祭程氏妹文〉先寫「誰無兄弟，人亦同生，嗟我與爾，特百常情」，說明自己兄妹的感情甚好，然而，不幸的是，先是「慈妣早世，時尚孺嬰，我年二六，爾纔九齡。爰從靡識，撫髫相成」，庶母早逝，兄妹兩人相依長大，接著「昔在江陵，重罹天罰，兄弟索居，乖隔楚越，伊我與爾，百哀是切」，又遇到自己生母逝世，此時兄妹兩人雖然分隔兩地，但曾經共患難、相扶持的情感仍在心中彼此相繫。不過，遺憾的是，自己妹妹雖然有德有操，既「靖恭鮮言，聞善則樂」又「能正能和，惟友惟孝」，完全符合「行止中閨，可象可效」的婦道標準，照理應該如同古語所說「我聞為善，慶自己蹈」，但奈何天不從人願，「彼蒼何偏，而不斯報」，這次換成程氏妹早逝，自己「尋念平昔」，只覺「觸事未遠」，轉眼只剩「書疏猶存，遺孤滿眼」。程氏妹「如何一往，終天不返」之後，留下來的就只有「寂寂高堂，何時復踐？藐藐孤女，曷依曷恃？煢煢遊魂，誰主誰祀」的無窮遺憾罷了，最後，淵明多情地寫到，「死如有知，相見蒿里」，希望死後有知，可以再與程氏妹相見。[144]至於〈祭從弟敬遠文〉，[145]情感基調亦復如是，為免繁瑣，此處不再贅述。

　　關於「睦親之行，至自非敦」的部分，蕭統〈陶淵明傳〉中有一則記載，或許還可稍作補充：

　　　　後為鎮軍、建威參軍，謂親朋曰：「聊欲弦歌，以為

144　此段括號內之引文，皆錄自晉・陶潛著，龔斌校箋：《陶淵明集校箋》，卷7，頁519。

145　晉・陶潛著，龔斌校箋：《陶淵明集校箋》，卷7，頁525-526。

三徑之資，可乎？」執事者聞之，以為彭澤令。不以
家累自隨，送一力給其子，書曰：「汝旦夕之費，自
給為難，今遣此力，助汝薪水之勞。此亦人子也，可
善遇之。」[146]

　　淵明為彭澤令之後，想到兒子「旦夕之費，自給為難」，
所以派遣一名勞力給其子，以助其子的薪水之勞。不過，淵
明於家書中特別強調「此亦人子也，可善遇之。」此雖小事，
但由小見大，淵明於此所展現的仁愛之心，在當時較不講究
人權的時空背景之下，尤其顯得難能可貴。我們可以試想，
倘若淵明對待別人之子，尚能有如此的仁愛之心，那麼，對
待自己親人，會有如同上文所引詩文的至性至誠，自然也在
情理之中。

　　至於「然諾之信，重於布言」的部分，淵明〈感士不遇
賦〉云：

原百行之攸貴，莫為善之可娛。奉上天之成命，師聖
人之遺書。發忠孝於君親，生信義於鄉閭。推誠心而
獲顯，不矯然而祈譽。[147]

　　引文中的淵明特別突顯「善之可娛」，而此善之具體內
涵，乃是儒家「聖人遺書」的標準，既「發忠孝於君親」，
又「生信義於鄉閭」。然而，此種道德之展現，乃因推誠心

---

146 梁·蕭統著，俞紹初校注：《昭明太子集校注》，頁 191-192。
147 晉·陶潛著，龔斌校箋：《陶淵明集校箋》，卷 5，頁 426。

而獲顯，並非矯然祈譽而來。上引顏〈誄〉提到淵明「孝惟
義養，道必懷邦」、「然諾之信，重於布言」與「睦親之行，
至自非敦」。「孝惟義養，道必懷邦」兩句，即是此處所說
的「發忠孝於君親」；「然諾之信，重於布言」兩句，和引
文所述的「生信義於鄉閭」亦頗為合拍；「睦親之行，至自
非敦」，此又與「推誠心而獲顯，不矯然而祈譽」的至誠原
則相通。據此，我們或許可以這樣假設，顏〈誄〉此處所述，
實頗有參考陶集之處，此為顏〈誄〉與陶集之互文關係的文
本證明。

持平而論，顏〈誄〉在「親戚友朋」的人倫交往部分，
寫的最動人，也最值得特別提出討論的，應該還是顏延之自
己與淵明的酒後對話：

> 深心追往，遠情逐化。自爾介居，及我多暇。伊好之
> 洽，接閻鄰舍。宵盤晝憩，非舟非駕。念昔宴私，舉
> 觴相誨。獨正者危，至方則礙。哲人卷舒，布在前載。
> 取鑒不遠，吾規子佩。爾實愀然，中言而發。違眾速
> 尤，迕風先蹶。身才非實，榮聲有歇。叡音永矣，誰
> 箴余闕？嗚呼哀哉！[148]

此段講述「陶顏交情」，關於陶顏兩人的交往情況，李
善注引何法盛《晉中興書》云：「延之為始安郡，道經尋陽，
常飲淵明舍，自晨達昏。及淵明卒，延之為誄，極其思致。」

---

148 梁·蕭統編，唐·李善注：《文選》，卷 57，頁 2474-2475。

[149]另外，沈約《宋書‧隱逸傳‧陶潛傳》則有較為詳實的記載：「先是，顏延之為劉柳後軍功曹，在尋陽，與潛情款。後為始安郡，經過，日日造潛，每往必酣飲致醉。臨去，留二萬錢與潛，潛悉送酒家，稍就取酒。」[150]

　　若依據《晉中興書》的記載，則顏延之與淵明的交往似乎僅有一次。但依照《宋書》所錄，則陶顏兩人的交往至少有兩次：第一次是顏延之為劉柳後軍功曹之時；第二次則為顏延之為始安郡，經過淵明家鄉的時候。如此，則《晉中興書》所記，指的應是兩人第二次交往之事。至於這兩次交往的具體時間，莫礪鋒考證之後認為：

> 綜合各種史料，可知顏延之與陶淵明的第一次交往發生於義熙十一年（415 年）至義熙十二年（416 年），第二次交往則發生於永初三年（422 年）。王弘與陶淵明的交往發生於義熙十四年（418 年）至元熙元年（419 年）間。而檀道濟與陶淵明的交往則發生於元嘉三年（426 年），那時距離陶淵明的卒年僅有一年了。[151]

　　依據目前史料，莫氏的論述應屬實情。由於陶淵明與王弘，以及檀道濟的交往事跡，不在顏〈誄〉的討論範圍，且其交誼問題，亦與此處論題較無關係，故暫且不論。至於陶

---

149 梁‧蕭統編，唐‧李善注：《文選》，卷 57，頁 2469。
150 梁‧沈約撰：《宋書》，卷 93，頁 2288。
151 莫礪鋒：《顏延之〈陶徵士誄並序〉在陶淵明接受史上的地位》，頁 112。

顏兩人飲酒對話的內容與顏〈誄〉之對應關係，鄧小軍則是
認為：

> 繆鉞先生〈顏延之年譜〉以「自爾介居」至「榮聲有
> 歇」連讀，認為「所言當指此兩年（義熙十一至十二
> 年）中情事」，似未注意到其中「念昔宴私」以下應
> 為另起一節。此節所記淵明「哲人卷舒，布在前載」
> 之語，是用《論語》「邦無道，則可卷而懷之」之典，
> 表示現實政治「邦無道」；淵明「獨正者危」，「迕
> 風先蹶，身才非實，榮聲有歇」之語，是指延之政治
> 處境險惡而有性命危險。據《宋書·顏延之傳》及相
> 關文獻，延之在晉時一路順風並無性命之虞，入宋後
> 得罪權要始有性命之虞，顯然，淵明這些話語所指情
> 事皆當是在宋時而非晉時。由此可知，顏〈誄〉自「念
> 昔宴私」至「榮聲有歇」一節文字，當是指宋永初三
> 年之晤談。[152]

　　鄧氏的分析甚為合理，故我們可將陶顏兩人的兩次交
往，依照時間先後，以及其與顏〈誄〉引文的對照關係，略
作表格如下：

---

152 鄧小軍：《陶淵明政治品節的見證 ── 顏延之〈陶徵士誄並序〉箋證》，
　　頁89。

	具體時間	擔任職位	顏〈誄〉敘述文字
陶、顏第一次交往	義熙十一年（415年）至十二年（416年）	顏延之為劉柳後軍功曹	自爾介居，及我多暇。伊好之洽，接閨鄰舍。宵盤晝憩，非舟非駕。
陶、顏第二次交往	永初三年（422年）	顏延之為始安郡，路經淵明家。	念昔宴私，舉觴相誨。獨正者危，至方則礙。哲人卷舒，布在前載。取鑒不遠，吾規子佩。爾實愀然，中言而發。違眾速尤，迕風先蹶。身才非實，榮聲有歇。叡音永矣，誰箴余闕？

　　由於顏〈誄〉對於陶顏兩人的第一次交往，雖有論及交情深厚之事，但卻缺乏實質內容的表述，故此處暫置不論。至於第二次的交往，因為彼此有著深刻的交心對話，故相當值得進一步分析。對於此段文字，究竟說話的主體是誰，論者的意見其實頗為紛歧，[153]為省篇幅，此處不擬一一羅列諸家說法，僅以自己的理解方式，簡要說明如下。

　　首先，顏延之回想往日「念昔宴私」，兩人「舉觴相誨」之事。此時，淵明提醒顏延之：「獨正者危，至方則礙。哲人卷舒，布在前載。取鑒不遠，吾規子佩。」關於「哲人卷舒」，鄧小軍解釋到：

　　　　顏〈誄〉「哲人卷舒」的直接古典是潘岳〈西征賦〉「孔隨時以行藏，蘧與國而舒卷」，其原始古典，則是《論語》「邦有道，則仕，邦無道，則可卷而懷之」。

「哲人卷舒」用《論語》「卷而懷之」之古典的關鍵，
是暗用其上句「邦無道」，以揭示陶淵明認為劉宋政
權「邦無道」之今事。[154]

鄧氏的說明甚為精要，其實，若不拘泥原始典故，《論
語·泰伯第八》亦可參考：

子曰：「篤信好學，守死善道。危邦不入，亂邦不居。
天下有道則見，無道則隱。邦有道，貧且賤焉，恥也；
邦無道，富且貴焉，恥也。」[155]

與此相近的參考資料還有《論語·憲問第十四》云：「憲
問恥。子曰：『邦有道，穀；邦無道，穀，恥也。』」[156]綜
合上引《論語》三則典故，淵明「獨正者危，至方則礙。哲
人卷舒，布在前載。取鑒不遠，吾規子佩」的勸導話語，大
意是說：身處無道亂世，義正行方之君子，不僅自身所堅持
的正道難以實踐，甚至還不免會遭受小人陷害，令自己處於
危殆的境地。是故，此時順著《論語》邦無道，則可「卷而
懷之」之古訓，並效法前賢作法，急流勇退，亦不失為亂世
中的獨善自保之道。最後，淵明衷心希望顏延之能夠聽從他
的規勸，並身體力行隱退之事。

---

154 鄧小軍：《陶淵明政治品節的見證 —— 顏延之〈陶徵士誄并序〉箋證》，
頁96。
155 魏·何晏等注，宋·邢昺疏：《論語注疏》，頁72上。
156 魏·何晏等注，宋·邢昺疏：《論語注疏》，頁123上。

　　其次，「爾實愀然，中言而發」，意指顏延之深感淵明上述言論，確是肺腑之言、衷心之論。

　　再者，針對淵明的勸戒，顏延之經過反思之後，隨即有感而發地回應淵明：「違眾速尤，迕風先蹶。身才非實，榮聲有歇。」「違眾速尤，迕風先蹶」兩句，顯然是呼應前文淵明所提的「獨正者危，至方則礙」，強調君子義正行方、特立獨行，確實容易遭遇禍患；「身才非實，榮聲有歇」則是對於「哲人卷舒，布在前載」的迴響，顏延之認為，就算自負氣高才傲，爭得一時頭角崢嶸的榮名，但最後又如何？因為這一切轉眼之間已為歷史陳跡。還不如像淵明一樣「卷而懷之」，保持自身之高潔情性。雖然顏延之事後，並未真的採納淵明意見，徹底從官場退隱，但從其於淵明卒後，回想前塵往事，寫下的這段記錄看來，淵明對於顏延之的勸導言論，顯然還是在顏延之心中，留下極為深刻的印象。《宋書‧顏延之傳》云：

> 時尚書令傅亮自以文義之美，一時莫及，延之負其才辭，不為之下，亮甚疾焉。盧陵王義真頗好辭義，待接甚厚，徐羨之等疑延之為之同異，意甚不悅。少帝即位，以為正員郎，兼中書，尋徙員外常侍，出為始安太守。領軍將軍謝晦謂延之曰：「昔荀勗忌阮咸，斥為始平郡，今卿又為始安，可謂二始。」黃門郎殷景仁亦謂之曰：「所謂俗惡俊異，世疵文雅。」延之之郡，道經汨潭，為湘州刺史張邵祭屈原文以致其意，曰：「……蘭薰而摧，玉貞則折。物忌堅芳，人

　　諱明潔。」[157]

　　當傅亮自以為文義之美，一時莫及之際，顏延之只要能稍事配合，想必即可長保順遂。然而，負其才辭的顏延之，卻不肯為之下。如此一來，「獨正者危，至方則礙」、「違眾速尤，迕風先蹶」，顏延之落得出為始安太守的下場，自然也在情理之中。前文提過，顏延之出為始安郡時，路經淵明家，兩人展開「獨正者危，至方則礙」、「違眾速尤，迕風先蹶」的對話。同段史書又記載「延之之郡，道經汨潭」，特別為湘州刺史張邵寫了〈祭屈原文〉以致其意，其文曰：「蘭薰而摧，玉貞則折。物忌堅芳，人諱明潔。」其中「物忌堅芳，人諱明潔」與「獨正者危，至方則礙」頗有互文效果：「物堅芳」、「人明潔」易生「忌諱」，不正如「人獨正」、「物至方」易遭「危礙」一樣。「蘭薰而摧，玉貞則折」則與「違眾速尤，迕風先蹶」若合符節：「蘭薰」、「玉貞」之美物易受「摧折」，不正如同「違眾」、「迕風」的特立獨行之士總是「速尤」、「先蹶」。兩篇文章，一是紀念好友，一是憑弔屈原，書寫對象雖然不同，但是反思感懷卻頗為同調，這想必不是單純的巧合而已，而是顏延之結合自身經歷之後所抒發的深刻體悟。

　　最後，顏延之回想當初提醒自己，一心為自己前途著想的淵明，如今已經天人永隔，不免沉痛地發出「叡音永矣，誰箴余闕」的慨嘆。

157　梁・沈約撰：《宋書》，卷73，頁1892。

　　顏〈誄〉序文提及淵明「元嘉四年月日，卒于尋陽縣之某里」之後，親戚友朋的反應是「近識悲悼，遠士傷情」。[158]可見，淵明平時的人倫交往，確實發乎至誠，故其卒後，親戚友朋才會有「近識悲悼」、「遠士傷情」的哀悼情懷產生。至於像顏延之這種「與潛情款」、「每往必酣飲致醉」的知交好友，更是會在「為之作誄，極其思致」的真心懷念之餘，情不自禁地發出「叡音永矣，誰箴余闕」的深沉感嘆。

　　另外，稍可補充的是，像淵明這種具有儒隱性質的隱者，固有親戚友朋之間的人倫交往；但是，某些具備強烈道隱特質的隱者，則較為缺乏此種人倫交往。如《晉書・隱逸傳・孫登傳》云：

> （孫登）無家屬，於郡北山為土窟居之，夏則編草為裳，冬則被髮自覆。[159]

　　引文中的孫登，乃是屬於「無家屬」的獨處狀態。不過，有些道隱式的人物，儘管家屬仍然存在，但其為了某種隱逸理想的追求，亦有刻意疏遠者，如《晉書・隱逸傳・陶淡傳》云：

> 陶淡字處靜，太尉侃之孫也。父夏，以無行被廢。淡幼孤，好導養之術，謂仙道可祈。年十五六，便服食絕穀，不婚娶。家累千金，僮客百數，淡終日端拱，曾不營問。頗好讀《易》，善卜筮。於長沙臨湘山中

158　梁・蕭統編，唐・李善注：《文選》，卷57，頁2472。
159　唐・房玄齡等撰：《晉書》（北京：中華書局，1974），卷94，頁2426。

> 結廬居之，養一白鹿以自偶。親故有候之者，輒移渡
> 澗水，莫得近之。州舉秀才，淡聞，遂轉逃羅縣埤山
> 中，終身不返，莫知所終。[160]

　　陶淡是太尉陶侃之孫，與淵明為同族親屬，因此，我們此處將同為隱逸傳人物的淵明與陶淡對照而觀，更是別具比較意義。陶淡「好導養之術，謂仙道可祈」、「服食絕穀，不婚娶」，顯然是屬於道隱類型的人物。[161]而其先是「於山中結廬居之，養一白鹿以自偶」，後聞「州舉秀才」之事，隨即「轉逃羅縣埤山中」，最後「終身不返，莫知所終」。不過，文中最引人注意的內容是：親故有候之者，輒移渡澗水，莫得近之。由此可見，陶淡不僅不與俗人接近，亦不願與親戚友朋交往。相較於淵明的結廬人境，且重視與親戚友朋之間的人倫交往，陶淡之隱逸型態，顯然與淵明差距頗大，而這也正是儒隱與道隱的重要區別之一。

4.「固窮生活」的典範樹立

　　顏〈誄〉中有兩段文字，相當深入地描繪淵明歸隱之後的家居生活：

> 道不偶物，棄官從好。遂乃解體世紛，結志區外，定

---

160 唐・房玄齡等撰：《晉書》，卷 94，頁 2460。
161 其實，嚴格而論，道隱型態中的人物，其具體形象並非總是一致。他們有的較為偏向道家式的心性修養，有些較為趨近道教型的仙道修煉，有些則是兩者兼而有之。至於此處的陶淡，則是屬於道教類型的仙道修煉之士。

迹深棲，於是乎遠。灌畦鬻蔬，為供魚菽之祭；織絢
緯蕭，以充糧粒之費。

亦既超曠，無適非心。汲流舊巘，葺宇家林。晨煙暮
藹，春煦秋陰。陳書輟卷，置酒絃琴。居備勤儉，躬
兼貧病。[162]

　　「道不偶物，棄官從好」兩句，說的是淵明棄官歸隱之
事；「遂乃解體世紛，結志區外，定迹深棲，於是乎遠」四
句，講的則為歸隱之後，淵明過著適性自然的生活。不過，
這樣的生活型態，仍然必須落實到現實之中。因此，「灌畦
鬻蔬，為供魚菽之祭」、「織絢緯蕭，以充糧粒之費」，就
是淵明為了生活，辛勤付出勞動之現實處境的描述。「灌畦
鬻蔬」句，李善注引〈閑居賦〉云：「灌園鬻蔬，供朝夕之
膳。」[163]「織絢緯蕭」句，李善注引《穀梁傳》云：「甯喜
出奔晉，織絢邯鄲，終身不言衛。」[164]文章典故的運用，有
時是具體事項的實指，有時僅為某種情懷的象徵，或是某種
姿態的展示。以潘岳〈閑居賦〉所謂的「灌園鬻蔬，供朝夕
之膳」為例，與其說這是潘岳即將要過的實際生活，倒不如
說這是他在官場失意之餘的隱逸情懷之展示，或是說這是他
在建構隱居樂園之時所想像的閑居生活。至於「甯喜出奔晉，
織絢邯鄲，終身不言衛」中的「織絢邯鄲」，就真的是甯喜

162 分見梁・蕭統編，唐・李善注：《文選》，卷 57，頁 2471、2473。
163 梁・蕭統編，唐・李善注：《文選》，卷 57，頁 2471。
164 梁・蕭統編，唐・李善注：《文選》，卷 57，頁 2471。

奔晉之後實際生活的具體描繪。

　　至於顏〈誄〉中關於淵明「灌畦鬻蔬」、「織絢緯蕭」的記載，顯然是屬於具體事項的實指，對此，鄧小軍還特別強調：「種菜和賣菜，生產和賣出編織品，此兩方面正是陶淵明田園詩自述所未詳之生產勞動內容。」[165]鄧氏的著眼角度在於：此一論述可補淵明「田園詩」未詳之勞動內容。不過，筆者比較關注的則是：將「解體世紛，結志區外，定迹深棲，於是乎遠」與「灌畦鬻蔬，為供魚菽之祭；織絢緯蕭，以充糧粒之費」兩段文字相互對照，即可發現，前者突顯了淵明身為隱者的高遠情懷；後者強調了淵明身為貧士的辛勤勞動。如此，則此段中的淵明人物形象，就不僅是高遠的出世隱者，亦是辛勞的人間貧士。

　　我們若以仲長統〈樂志論〉中有關隱居生活的描寫，來與顏〈誄〉作一對照，就更能看出兩者之間的對比意涵：

> 使居有良田廣宅，背山臨流，溝池環帀，竹木周布，場圃築前，果園樹後。舟車足以代步涉之艱，使令足以息四體之役。養親有兼珍之膳，妻孥無苦身之勞。良朋萃止，則陳酒肴以娛之；嘉時吉日，則烹羔豚以奉之。躕躇畦苑，遊戲平林，濯清水、追涼風、釣游鯉、弋高鴻。諷於舞雩之下，詠歸高堂之上。安神閨房，思老氏之玄虛；呼吸精和，求至人之仿佛。與達者數子，論道講書，俯仰二儀，錯綜人物。彈〈南風〉

---

165 鄧小軍：《陶淵明政治品節的見證——顏延之〈陶徵士誄并序〉箋證》，頁 97。

之雅操，發清商之妙曲。消搖一世之上，睥睨天地之
閒。不受當時之責，永保性命之期。如是，則可以陵
霄漢，出宇宙之外矣。豈羨夫入帝王之門哉！[166]

　　從引文內容來看，仲長統所書寫的隱居住所，頗有人間
樂園之意味，有良田，住廣宅，四周環境清幽 ── 背山臨流，
溝池環帀，竹木周布，場圃築前，果園樹後。更重要的是，
有「舟車足以代步涉之艱，使令足以息四體之役」、「養親
有兼珍之膳，妻孥無苦身之勞」，無苦身之勞而又可享有兼
珍之膳以養親。不像淵明，辛苦地「灌畦鬻蔬」之後，也僅
能「為供魚菽之祭」而已。李延壽《南史·隱逸傳·陶潛傳》
云：「其妻翟氏，志趣亦同，能安苦節，夫耕於前，妻鋤於
後云。」[167]相形之下，自身及妻孥皆無苦身之勞的仲長統，
與「能安苦節」，且「夫耕於前，妻鋤於後」的淵明，隱居
生活的差異之大，簡直判若雲泥。

　　文中的仲長統在享受各種優遊欣趣之餘，最後，自能「消
搖一世之上，睥睨天地之閒」，當然亦可做到「豈羨夫入帝
王之門哉」。但淵明就不同，顏〈誄〉稱其在「居備勤儉，
躬兼貧病」的艱苦環境下，仍能保持「亦既超曠，無適非心」
的高遠胸襟，在「晨煙暮藹，春煦秋陰」中，一邊過著「汲
流舊巘，葺宇家林」的勞動生活，一邊享受「陳書輟卷，置
酒絃琴」的閒居樂趣。《莊子·讓王》云：「魏牟，萬乘之
公子也，其隱巖穴也，難為於布衣之士；雖未至乎道，可謂

───────────────

166 宋·范曄撰，唐·李賢等注：《後漢書》，卷49，頁1644。
167 唐·李延壽撰：《南史》（北京：中華書局，1975），卷75，頁1859。

有其意矣。」[168]身為萬乘公子的魏牟,其隱巖穴,必須放棄
榮華富貴,故其難度,遠較一般沒有榮華富貴可以放棄的布
衣之士為高,故《莊子》許以「雖未至乎道,可謂有其意矣」。
類似的道理,同樣是隱居,僅有優遊之樂而無苦身之勞的隱
逸生活,相較於在苦身之勞的餘暇下,才能掌握片刻優遊之
樂的隱逸型態,當然較為容易堅持下去。

　　前文論及隱逸之真假問題,曾引《世說新語‧棲逸》的
一則記載:「康僧淵在豫章,去郭數十里,立精舍。旁連嶺,
帶長川,芳林列於軒庭,清流激於堂宇。乃閒居研講,希心
理味,庾公諸人多往看之。觀其運用吐納,風流轉佳。加以
處之怡然,亦有以自得,聲名乃興。後不堪,遂出。」[169]康
僧淵的隱居環境相當良好,其品質與仲長統所建構的隱逸樂
園頗為相似。不過,他最後還是不堪隱居生活的寂寥,放棄
而出。兩相對照,淵明於貧病交加之中還能堅持隱逸,[170]並
且自得其樂,[171]這種清貧而固窮的隱逸型態,[172]就更顯得難

---

168 清‧郭慶藩撰,王孝魚點校:《莊子集釋》,卷 9,頁 980-981。
169 余嘉錫撰,周祖謨、余淑宜整理:《世說新語箋疏》,頁 660。
170 顏〈誄〉述及淵明隱逸生活云:「居備勤儉,躬兼貧病。人否其憂,子
　　然其命。隱約就閑,遷延辭聘。非直也明,是惟道性。」正可證明淵明
　　於貧病交加中仍能堅持隱逸之事。引文參見梁‧蕭統編,唐‧李善注:
　　《文選》,卷 57,頁 2473。
171 顏〈誄〉述及淵明隱逸之樂云:「亦既超曠,無適非心。汲流舊巘,葺
　　宇家林。晨煙暮藹,春煦秋陰。陳書輟卷,置酒絃琴。」正可證明淵明
　　於隱逸生活中仍能自得其樂。引文參見梁‧蕭統編,唐‧李善注:《文
　　選》,卷 57,頁 2473。
172 陶集中的淵明,頗多「固窮」情感之表露,如《飲酒二十首》其十六云:
　　「竟抱固窮節,飢寒飽所更。」〈癸卯歲十二月中作與從弟敬遠〉云:
　　「高操非所攀,謬得固窮節。」〈有會而作〉云:「斯濫豈攸志,固窮
　　夙所歸。」《飲酒二十首》其二云:「不賴固窮節,百世當誰傳。」文

能可貴。

四、結　語

　　本文的撰寫，主要是想要釐清身為淵明好友的顏延之，其心中的淵明人物形象究竟為何的問題。不過，筆者以為，顏〈誄〉中的淵明形象固然重要，但是顏〈誄〉序文的開頭部分，即從「夫璿玉致美，不為池隍之寶」至「豈所以昭末景、汎餘波」一段，其中所蘊含的隱士譜系之建構，亦頗值得我們重視。這是因為淵明本身即為知名隱者，而六朝時的隱逸型態又非單一模式即可解釋。是故，在討論顏〈誄〉如何梳理淵明之隱者風貌之前，確實有必要先行理解顏延之在序文中所欲建構的隱者譜系，其具體內容與代表意蘊究竟為何？如此，方能將淵明之隱者形象，有效地納入至其所建構的隱者譜系當中來考察，並進而替淵明之隱者形象定位。

　　至於顏〈誄〉序文對於隱者譜系的核心概念，主要是一種兼顧儒隱與道隱的融通方式。不過，或許是深受六朝自覺風氣之影響，[173]所以顏〈誄〉在述及「隱逸動機」之時，較

中或以「固窮」自憐（竟抱固窮節）、自謙（謬得固窮節），或以「固窮」自許（固窮夙所歸）、自慰（賴固窮傳名）。引文分見晉・陶潛著，龔斌校箋：《陶淵明集校箋》，卷3，頁279、頁210、頁307、頁247。

173 此處所謂的自覺風氣，指的乃是一種六朝文人對於自我的珍視與自信，如《世說新語・品藻第九》云：「桓公少與殷侯齊名，常有競心。桓問殷：『卿何如我？』殷云：『我與我周旋久，寧作我。』」引文「卿何如我」之問，雖有與人較量輸贏之心，但亦屬自我珍視之情的表露。至於「我與我周旋久，寧作我」的回應，則是擲地有聲地展示出人對於自己存在價值的自覺與自信。引文參見余嘉錫撰，周祖謨、余淑宜整理：《世說新語箋疏》，頁521。

為強調的，還是當時流行的自然情性說，他所謂的「殊性」說，正是看出隱者異於常人之特殊情性，而這種情性，顯然並非矯揉造作而來，而是一種自然情性的展現。此點，不僅深契六朝隱逸理論之核心，亦符合身為隱者的淵明，其隱逸情懷的實質內涵。淵明〈歸去來兮辭序〉云：「質性自然，非矯厲所得。」此論不正與顏延之「豈其深而好遠哉？蓋云殊性而已」之「殊性」相合。〈形影神序〉云：「貴賤賢愚，莫不營營以惜生，斯甚惑焉，故極陳形影之苦，言神辨自然以釋之。」此處的自然，雖然意義較為複雜，但可以確定的是，此一自然，亦包含順從己身之自然情性意蘊。王叔岷評「言神辨自然以釋之」云：「陶公生性，及一生歸宿，皆不離自然二字。」[174]王氏「不離自然」之評，不僅深中淵明胸懷，亦可視為品評淵明人品、文品之定論。另外，淵明《歸園田居五首》其一云：「久在樊籠裏，復得返自然。」詩中的復返自然，既有復返大自然之田園意，亦含復返自身之自然本性意。至於淵明甚為景仰的孟府君，其〈晉故征西大將軍長史孟府君傳〉云：「又問聽妓，絲不如竹，竹不如肉，（孟府君）答之：『漸近自然。』」[175]文中的「漸近自然」，固可指實為人體發聲的漸近自然，但又何嘗不能將此自然引申為漸近人之自然情性的抒發。此例雖非淵明自述之語，但顯然淵明是相當認同此種觀點，故樂於文中津津樂道之。

---

174 王叔岷：《陶淵明詩箋證稿》，卷 2，頁 74。

175 此段陶集引文（〈歸去來兮辭序〉、〈形影神序〉、《歸園田居五首》其一、〈晉故征西大將軍長史孟府君傳〉），分見晉・陶潛著，龔斌校箋：《陶淵明集校箋》，卷 5，頁 453；卷 2，頁 65；卷 2，頁 82；卷 6，頁 476。

　　若將上述四則陶集詩文關於自然情性的言論，與顏〈誄〉以隱者之個人情性，來論述隱逸動機的觀點相互參看，想必更可看出，顏延之之所以將此種論述，置於淵明誄文開頭的深刻用意。

　　至於顏〈誄〉對淵明經典形象之塑造的部分，本文認為，順著前文所述之自然情性的抒發來考察，淵明之隱，理應符合自然適性之道隱型態，此點故無疑義，且陶集詩文中，亦頗多可以印證者。但這只是問題的一個方面，因為，就淵明本人的思想內涵及其處世態度觀之，淵明亦具有儒者氣象的一面，對此，顏〈誄〉不僅有所著墨，還花了不少篇幅講述其事，本文大致理出四點：其一，「有晉徵士」的政治意涵，此為淵明關懷國是之儒者襟懷的表露；其二，「孝惟義養」的入仕抉擇，淵明基於孝親理由而出仕，此點正是儒家孝道思維的彰顯；其三，「親戚友朋」的人倫交往，淵明《飲酒二十首》其五云：「結廬在人境，而無車馬喧。」[176]誠然，淵明是結廬在人境，是故，生活中理應會有鄰里之間的往來、親朋之間的拜訪，因此，此處顯現的則是淵明對於儒家日用倫常的具體實踐。其四，「固窮生活」的典範樹立，淵明之隱，乃是清貧之隱，而生活中的諸多苦難，有時亦必須適度排解，是故，如前所述，淵明常以儒家之固窮理論來加以自勉、自慰，此為淵明對於儒家思想的認同與內化。

　　總之，本文以為，顏〈誄〉中的淵明形象，既有「自然適性」之「道隱」面向，亦含「道德教化」之「儒隱」內涵。

---

176 晉・陶潛著，龔斌校箋：《陶淵明集校箋》，卷3，頁253。

顏〈誄〉序文云：

> 夫實以誄華，名由謚高，苟允德義，貴賤何筭焉？若
> 其寬樂令終之美，好廉克己之操，有合謚典，無怨前
> 志。故詢諸友好，宜謚曰靖節徵士。[177]

　　所謂的誄文，其主要功能或是「道人之志」，如《墨子·
魯問》記載子墨子聞之曰：「誄者，道死人之志也。」[178]或
是「傳人之名」，如《荀子·禮論》云：「故喪禮者，無它
焉，明死生之義，送以哀敬而終周藏也。故葬埋，敬藏其形
也；祭祀，敬事其神也；其銘、誄、繫世，敬傳其名也。」[179]
至於顏〈誄〉中「靖節徵士」的謚號，「寬樂令終之美」與
「好廉克己之操」的品評，則是既道淵明的隱逸之志，又傳
淵明的隱者之名。另外，顏〈誄〉正文云：

> 仁焉而終，智焉而斃。黔婁既沒，展禽亦逝。其在先
> 生，同塵往世。旌此靖節，加彼康惠。嗚呼哀哉！[180]

　　顏〈誄〉此處引用的「黔婁」與「展禽」兩個典故，似
乎頗有向〈五柳先生傳〉致意兼取經的雙重意味。方介疏證

177　梁·蕭統編，唐·李善注：《文選》，卷57，頁2472。
178　清·孫詒讓撰，孫啟治點校：《墨子閒詁》（北京：中華書局，2007），
　　　卷13，頁470。
179　清·王先謙撰，沈嘯寰、王星賢點校：《荀子集解》（北京：中華書局，
　　　1997），卷13，頁371。
180　梁·蕭統編，唐·李善注：《文選》，卷57，頁2475。

〈五柳先生傳〉云：

> 《淮南子‧說林篇》：「柳下惠見飴曰：可以養老。」
> 高誘注：「柳下惠，魯大夫展無駭之子，名獲，字禽，
> 家有大柳樹，惠德，因號柳下惠。」陶公以五柳為號，
> 或係希慕柳下惠為人所致。

> 顏〈誄〉云：「黔婁既沒，展禽亦逝，其在先生，同
> 塵往世。」顏、陶之交甚篤，顏〈誄〉頗取〈五柳先
> 生傳〉傳意，其以展禽比擬陶公，亦可證陶公五柳之
> 號乃遠慕柳下惠為人而取。[181]

筆者以為，方氏的疏證應該可信。至於「黔婁」，〈五柳先生傳〉之贊曰云：

> 黔婁之妻有言：「不戚戚於貧賤，不汲汲於富貴。」
> 極其言茲若人之儔乎？酣觴賦詩，以樂其志。無懷氏
> 之民歟？葛天氏之民歟？[182]

五柳先生之人物形象，既可視為是淵明之自況，而五柳先生此處又以黔婁來自我比擬，如此，則淵明亦有以黔婁自比之意。淵明《詠貧士七首》其四云：「安貧守賤者，自古

---

181 方介：〈陶淵明五柳先生傳疏證〉，《漢學研究》第 5 卷第 2 期（1987
年 12 月），頁 532。
182 晉‧陶潛著，龔斌校箋：《陶淵明集校箋》，卷 6，頁 485。

有黔婁。好爵吾不榮，厚饋吾不酬。」[183]詩中「好爵不榮，厚饋不酬」兩句，即〈五柳先生傳〉中「不戚貧賤，不汲富貴」之意。淵明《飲酒二十首》其十八云：「有時不肯言，豈不在伐國。仁者用其心，何嘗失顯默。」[184]詩中「有時不肯言，豈不在伐國」的「仁者用心」，指的正是「展禽之仁」。是故，顏〈誄〉所說「仁焉而終，智焉而斃。黔婁既沒，展禽亦逝」，以及「旌此靖節，加彼康惠」諸語，其所意圖展現的內在意蘊即是：淵明既具有「展禽」的惠德之仁，又兼含「黔婁」的高士之智。其中，「展禽」的惠德之仁，較為偏向「道德教化」之「儒隱」內涵；「黔婁」的高士之智，較為趨近「自然適性」之「道隱」面向。因此，淵明實可稱之為兼具「寬樂令終之美」與「好廉克己之操」的「靖節徵士」。

183　晉・陶潛著，龔斌校箋：《陶淵明集校箋》，卷4，頁368。
184　晉・陶潛著，龔斌校箋：《陶淵明集校箋》，卷3，頁284。

第四章 「飲者」與「隱者」

—— 〈宋傳〉對於淵明人物形象之重構與影響[1]

一、前　言

　　中國隱者之隱逸行為雖是自古有之，但是真正蔚為大觀，恐怕還是在六朝時期。先秦以前的隱者及其行為，儒道兩家的傳世文獻多有記載，如《莊子・讓王》提及：堯以天下讓許由，許由不受；又讓於子州支父，子州支父則以「幽憂之病，方且治之，未暇治天下」辭之。另外，同篇還記載舜以天下讓善卷，善卷不受；以及舜以天下讓其友石戶之農，石戶之農「夫負妻戴，攜子以入於海，終身不反」等隱者情事。[2]然而，眾所周知，《莊子》一書喜以寓言傳意，故遠在堯、舜時期的許由、子州支父、善卷、石戶之農等隱士，其人其事之真偽實頗難考證。相形之下，《論語》多屬記實之

作，可信度自然高出《莊子》甚多，《論語·微子》亦記載著許多隱者事跡，如楚狂接輿、長沮、桀溺、荷蓧丈人等隱者逸事。[3]不過，嚴格而論，真正從史學意義對隱者立傳，還是始於《後漢書·逸民列傳》，傳中記載了嚴光、逢萌、王霸等諸多隱士的生平事跡。[4]從此，隱者之人物形象，正式納入史書系統的考察視野之中。

儘管歷代正史記載的隱者人數頗為可觀，然而，其中最具代表性，且對中國隱士文化影響最深的典型人物，應屬東晉時期的陶淵明。考察魏晉南北朝正史，專為隱士立傳的就有《晉書·隱逸傳》、《宋書·隱逸傳》、《南齊書·高逸傳》、《梁書·處士傳》、《魏書·逸士傳》、《南史·隱逸傳》、《北史·隱逸傳》等七史。其中，扣除與淵明生平無涉的《南齊書》、《梁書》、《魏書》、《北史》四史，剩下的三部正史（《晉書·隱逸傳》、《宋書·隱逸傳》、《南史·隱逸傳》），皆以淵明入隱逸傳，此亦可充分反映出，身為隱者的淵明，其身份確實得到後世史家的認可。

歷來關於淵明的接受研究，尤其是南朝時期的淵明接受史，主要的關注視野多是 —— 身為隱者之淵明，其高遠風趣之人物形象的考察。[5]而這樣的切入角度，亦相當符合上述六

---

3 魏·何晏等注，宋·邢昺疏：《論語注疏》（《十三經注疏》本，臺北：藝文印書館，1985），頁165上-166上。

4 宋·范曄撰，唐·李賢等注：《後漢書》（北京：中華書局，1973），卷83，頁2759-2763。

5 如蕭望卿就認為：「他（陶淵明）為什麼被當時推重呢？主要的，我想，不是門閥，不是文章，而由於他高遠清雅的風趣。」參見氏著：〈陶淵明歷史的影像〉，《陶淵明批評》（臺北：臺灣開明書店，1966），頁4。

朝正史對於淵明的歷史定位。不過，目前學者考察史傳中的
淵明人物形象，取材範圍除了《宋書・隱逸傳》、《晉書・
隱逸傳》與《南史・隱逸傳》等三部正史外，通常還會再加
上蕭統〈陶淵明傳〉這篇屬於私人著述性質的傳記（上述四
傳，以下分別簡稱為〈宋傳〉、〈晉傳〉、〈南傳〉與蕭〈傳〉）。
如齊益壽〈論史傳中的陶淵明事迹及形象〉、[6]王國瓔〈史傳
中的陶淵明〉，[7]以及田曉菲〈「先生不知何許人也」——「重
構五柳先生：傳記四種」〉、[8]田菱〈隱逸・早期史傳中的陶
淵明隱士形象〉，[9]皆是將上述四篇傳記，作為論述史傳之淵
明人物形象的主要文本。其中，蕭〈傳〉雖非正史，僅為私
著，不過，由於作者的生活年代上距淵明不遠，且其成篇時
間，僅在〈宋傳〉之後四十餘年，早於〈晉傳〉與〈南傳〉
約百餘年，故就文本之傳承與影響層面觀之，蕭〈傳〉可謂
一方面上承〈宋傳〉，另一方面又下啟〈晉傳〉與〈南傳〉，
故其所述內容，實頗具參考價值與學術意義。是故，學者論
及史傳中的淵明形象，通常會將上述四傳一起納入討論的視
野。[10]

---

6 齊益壽：〈論史傳中的陶淵明事迹及形象〉，收錄於葉慶炳等著：《文
   史論文集》（臺北：台灣商務印書館，1985），頁 109-159。
7 王國瓔：〈史傳中的陶淵明〉，《臺大中文學報》第十二期（2000 年 5
   月），頁 193-228。
8 田曉菲：〈「先生不知何許人也」——「重構五柳先生：傳記四種」〉，
   《塵幾錄 —— 陶淵明與手抄本文化研究》（北京：中華書局，2007），
   頁 62-82
9 田菱著，張月譯：〈隱逸・早期史傳中的陶淵明隱士形象〉，《閱讀陶
   淵明》（臺北：聯經出版事業股份有限公司，2014），頁 38-62。
10 另外，還有佚名的《蓮社高賢傳・陶淵明傳》，似亦可歸於史傳資料，
   如袁行霈論及淵明研究之相關資料時云：「陶淵明之資料，依其可信度

〈宋傳〉對於淵明「飲者」與「隱者」之形象塑造的參照原型，主要是從五柳先生的人物形象而來。而且，自從〈宋傳〉以降，包括後來的蕭〈傳〉、〈晉傳〉與〈南傳〉，在傳中皆將〈五柳先生傳〉視為是淵明之自況實錄。[11]然而，就如同本書第二章所論，五柳先生與淵明彼此之間的人物形象確實不盡相同。因為，五柳先生雖然頗為符合身為隱者之淵明的高趣形象，但並不是完全雷同。是故，五柳先生雖是淵明所創造出來的人物典範，但這並不表示，淵明的實際人生，可與五柳先生的理想生活劃上等號。因此，凡是將五柳先生完全等同於淵明的考察觀點，其或多或少都存在著以部分形象代替全體風貌、將理想生活當作現實處境的誤解。[12]

不過，儘管〈宋傳〉是以五柳先生作為形塑淵明人物形象之原型，但是，它僅是將淵明之人物形象，類同於五柳先生，而非等同。筆者此處採用「類同」而非「等同」，主要的理由是：〈宋傳〉形塑淵明人物形象的兩大基石 ——「飲者」與「隱者」，確實頗受〈五柳先生傳〉之啟發。然而，在具體內容的論述部分，〈宋傳〉對於〈五柳先生傳〉卻是既有拓展，亦有深化。深化的部分主要表現在〈宋傳〉對於淵明任真飲者之形象的補充。拓展的部分則主要展示在以下

分為四級：……第三級，後人所撰陶淵明之傳記資料，梁沈約《宋書·陶潛傳》、梁蕭統〈陶淵明傳〉、唐李延壽《南史·陶潛傳》、唐房玄齡等《晉書·陶潛傳》、佚名《蓮社高賢傳》等。」不過，《蓮社高賢傳》因為成書年代頗為可疑，且其所述內容又不盡符合史實，故本文暫不列入討論。引文參見袁行霈：〈陶淵明年譜匯考〉，《陶淵明研究》（北京：北京大學出版社，1998），頁 247。
11 關於此點的相關討論，可參看本書第二章的「前言」部分。
12 對於此點的相關討論，可參看本書第二章的「結語」部分。

三點：其一，淵明於「仕隱之際的抉擇」；其二，〈宋傳〉對於淵明忠晉隱者之形象的定位；其三，淵明身為陶氏家族中的一份子，其所應該扮演的角色與展現的態度。因此，我們或許可以這樣說：〈宋傳〉並非是另一篇有名有姓版本的〈五柳先生傳〉，而是一篇藉由「重構」〈五柳先生傳〉而完成的淵明新傳記。

以下，本文將分別針對〈宋傳〉對於淵明「飲者」形象之重構與影響，以及對於淵明「隱者」形象之重構與影響兩個部分，來展開論述。

二、〈宋傳〉對於淵明「飲者」形象之重構與影響

關於這個部分的討論，筆者擬先分析〈宋傳〉對於淵明飲者形象之「重構」，意即透過〈宋傳〉中諸種飲者意象的結合，理出較為完整的淵明飲者形象。接著，再說明〈宋傳〉對於淵明飲者形象之「影響」，意即〈宋傳〉對於淵明飲者形象的「重構」，對於後世相關史傳如蕭〈傳〉、〈晉傳〉與〈南傳〉的書寫，又產生怎麼樣的影響與示範作用。

（一）〈宋傳〉對於淵明飲者形象之「重構」

《宋書·隱逸傳·陶潛傳》云：「潛少有高趣，嘗著〈五柳先生傳〉以自況」[13]〈宋傳〉既以〈五柳先生傳〉作為淵明自況之文，據此，〈五柳先生傳〉花了許多篇幅述說五柳

---

13 梁·沈約撰：《宋書》（北京：中華書局，1996），卷93，頁2286。

先生與酒之關係，同理，〈宋傳〉亦花了大量筆墨書寫淵明
與酒之聯繫。在沈約之前的顏延之〈陶徵士誄并序〉說淵明
「性樂酒德」；[14]在沈約之後的蕭統〈陶淵明集序〉則說淵
明作品：「篇篇有酒，吾觀其意不在酒，亦寄酒為迹者也。」
[15]雖然「性樂酒德」與「寄酒為迹」，兩者之內涵本質並不
相同，但是，顏延之與蕭統顯然都是認為：淵明與酒，實有
密切之聯繫。是故，沈約替「隱者」淵明作傳，文中卻特別
重視對於「飲者」淵明的刻劃。換言之，〈五柳先生傳〉以
性嗜酒之飲者形象，來展現五柳先生「穎脫不羣，任真自得」
之隱者形象；[16]而沈約依照五柳先生之原型，亦以性樂酒德
之飲者淵明的形象，來替穎脫不羣，任真自得的隱者淵明作
傳。李劍鋒認為：

> 沈約在〈宋傳〉中把飲酒看作陶的獨特愛好，除了引
> 用陶作品中寫酒的文句外，在他自己的敘述文字中接
> 連六次寫到陶和酒的關係。[17]

　　確實如同李氏所注意到的，〈宋傳〉不僅把飲酒看作淵

---

14 梁・蕭統編，唐・李善注：《文選》（上海：上海古籍出版社，1997），
卷 57，頁 2471。
15 梁・蕭統著，俞紹初校注：《昭明太子集校注》（鄭州：中州古籍出版
社，2001），頁 200。
16 此處「穎脫不羣，任真自得」八字，典出蕭統〈陶淵明傳〉，其云：「淵
明少有高趣，博學善屬文，穎脫不羣，任真自得。嘗著〈五柳先生傳〉
以自況」參見梁・蕭統著，俞紹初校注：《昭明太子集校注》，頁 191。
17 李劍鋒：〈陶詩在梁代的初顯 —— 蕭統論文如其人的「大賢」〉，《元
前陶淵明接受史》（濟南：齊魯書社，2002），頁 86。

明的獨特愛好，還特別喜歡述及淵明與酒之關係。不過，依據筆者的統計，〈宋傳〉提及淵明嗜酒之處的記載應有「八條」。[18]

第一條（公田種秫）	公田悉令吏種秫稻，（淵明）妻子固請種秔，乃使二頃五十畝種秫，五十畝種秔。
第二條（王弘共飲）	江州刺史王弘欲識之，不能致也。潛嘗往廬山，弘令潛故人龐通之齎酒具於半道栗里要之，潛有腳疾，使一門生二兒轝籃輿，既至，欣然便共飲酌，俄頃弘至，亦無忤也。
第三條（延之造潛）	先是，顏延之為劉柳後軍功曹，在尋陽，與潛情款。後為始安郡，經過，日日造潛，每往必酣飲致醉。
第四條（延之留錢）	（顏延之）臨去，留二萬錢與潛，潛悉送酒家，稍就取酒。
第五條（重九醉酒）	（淵明）嘗九月九日無酒，出宅邊菊叢中坐久，值弘送酒至，即便就酌，醉而後歸。

---

18 李劍鋒並未詳細說明其所謂「六次」的具體內容所指為何？對此，周靜佳則有較為明確的闡述：「沈約《宋書・隱逸傳・陶潛傳》，引〈五柳先生傳〉以為淵明自況，謂為實錄，並特就『飲酒』一事發揮，計有：『公田種秫』、『王弘共飲』、『延之留錢』、『重九無酒』、『我醉欲眠』、『葛巾漉酒』等六條。」參見周靜佳：〈酣觴賦詩 ── 論陶詩的飲酒主題〉，《成大中文學報》第十一期（2003 年 11 月），頁 83。另外，作者於之後寫成的另一篇文章，亦有類似提法，參見周靜佳：〈陶淵明「飲者」形象的建構 ── 由〈五柳先生傳〉談起〉，《南臺學報》第 38 卷第 2 期（2013 年 6 月），頁 143。不過，筆者以為，〈宋傳〉中的「延之造潛，每往必酣飲致醉」與「延之留錢」，應可視為兩事處理；另外，傳中所提「潛畜素琴一張，每有酒適，輒撫弄以寄其意」之事，亦與飲酒之事相關，理應補入。據此，或許還是以「八次」的分法較妥，如田菱論述此事，即分為「八點」，不過，田氏所錄「八點」中的「第二點」：「郡遣督郵至，縣吏白應束帶見之，潛嘆曰：『我不能為五斗米折腰向鄉里小人。』即日解印綬去職。」此事應與淵明嗜酒之事無關；至於其「第四點」：「先是，顏延之為劉柳後軍功曹，在尋陽，與潛情款。後為始安郡，經過，日日造潛，每往必酣飲致醉。臨去，留二萬錢與潛，潛悉送酒家，稍就取酒。」如前所述，理應可再細分為兩個部分。引文參見田菱著，張月譯：〈隱逸・早期史傳中的陶淵明隱士形象〉，頁 39-41。

第六條（酒適撫琴）	潛不解音聲，而畜素琴一張，無絃，每有酒適，輒撫弄以寄其意。
第七條（我醉欲眠）	貴賤造之者，有酒輒設，潛若先醉，便語客：『我醉欲眠，卿可去。』其真率如此。
第八條（葛巾漉酒）	郡將候潛，值其酒熟，取頭上葛巾漉酒，畢，還復著之。[19]

第一條（公田種秫）：「公田悉令吏種秫稻，（淵明）妻子固請種秔，乃使二頃五十畝種秫，五十畝種秔。」

淵明欲令公田種秫，主要是為了釀酒；而其妻固請種秔，則是為了食用。王國瓔認為：

> 「固請」二字頗堪玩味。夫妻雙方各自堅持己見，甚至一時爭執不下，盡在不言中。……（陶妻）是一個活生生的人物，一個必須照顧現實，考慮生活的妻子，而且是一個在必要時，會與丈夫據理力爭的妻子。[20]

王氏相當敏銳地看出，史傳作者使用「固請」二字的頗堪玩味之處，也確如王氏所論，淵明妻子是一個活生生的人物，一個必須照顧現實，考慮生活的妻子。至於淵明則反之，史傳中的淵明是一位輕飄飄的人物，一位僅須呈顯高趣，展示理想的丈夫。是故，淵明的「令田種秫」僅是為了滿足自己快意酣暢的飲酒欲望，展現的是淵明超脫、瀟灑的飲者形象；至於其妻的「固請種秔」則是顧慮家人填飽肚子的生理

---

19 八處引文參見梁·沈約撰：《宋書》，卷 53，頁 2287-2288。
20 王國瓔：〈陶淵明「室無萊婦」之憾〉，《古今隱逸詩人之宗 —— 陶淵明論析》（臺北：允晨文化，1999），頁 329。

需求，流露的是身為家庭主婦之陶妻的平凡樣貌。

〈五柳先生傳〉說「（五柳先生）性嗜酒，家貧不能常得。」[21]淵明此處亦是如同五柳先生，因為家貧而不能經常得酒，所以一有機會，就不免想要藉著公田之便種秫，以滿足生性嗜酒的願望。淵明此處為了喝酒，而將腦筋動到公家資源，以及因酒而與其妻意見相左的飲者形象，在歷史上亦有前例可循，《世說新語‧任誕》云：「步兵校尉缺，廚中有貯酒數百斛，阮籍乃求為步兵校尉。」[22]阮籍因為數百斛酒而求為步兵校尉，其雖與淵明欲令公田種秫之事不盡相同，但就動用官府資源以滿足己身嗜酒行為的視角言之，兩人實頗有異曲同工之妙。《世說新語‧任誕》還記載著：

> 劉伶病酒，渴甚，從婦求酒。婦捐酒毀器，涕泣諫曰：「君飲太過，非攝生之道，必宜斷之！」伶曰：「甚善。我不能自禁，唯當祝鬼神，自誓斷之耳！便可具酒肉。」婦曰：「敬聞命。」供酒肉於神前，請伶祝誓。伶跪而祝曰：「天生劉伶，以酒為名，一飲一斛，五斗解酲。婦人之言，慎不可聽。」便引酒進肉，隗然已醉矣。[23]

劉伶飲酒太過，已違攝生之道，故其妻力勸其止之。此

---

21 晉‧陶潛著，龔斌校箋：《陶淵明集校箋》（臺北：里仁書局，2007），卷6，頁485。

22 余嘉錫撰，周祖謨、余淑宜整理：《世說新語箋疏》（台北：華正書局，2003），頁730。

23 余嘉錫撰，周祖謨、余淑宜整理：《世說新語箋疏》，頁729-730。

處的劉婦，亦如上文的陶妻，皆以家人的現實生活作為優先
考量。不過，令人遺憾的是，兩位人妻在關注現實處境之餘，
顯然對於其夫何以飲酒之內在情志，缺乏相應的同情理解。江
建俊梳理魏晉「酒德」之實質內涵，認為具有以下六點含義：

> 一、避禍遠害。
> 二、消憂解愁。
> 三、達生豁情。
> 四、隱諷暗規。
> 五、寬樂雅適。
> 六、養生延年。[24]

　　筆者以為，劉伶之飲酒內涵，除了「寬樂雅適」與「養
生延年」兩項之外，其餘四點，似乎皆有符合之處；至於淵
明之飲酒意蘊，較之劉伶，顯然更為全面，江氏所述六點，
皆可於陶集之中找到相應的例證。據此可知，劉、陶兩位人
妻，儘管對於丈夫之身體健康、家庭之現實情況多所留意，
然而，她們兩人對於其夫之內在志趣的舒展，以及心中鬱結
情緒的排解，似乎就較為缺少真正感同身受的關懷。

　　**第二條（王弘共飲）：「江州刺史王弘欲識之，不能致
也。潛嘗往廬山，弘令潛故人龐通之齎酒具於半道栗里要**

---

24 江建俊：〈由劉伶〈酒德頌〉談到魏晉名士之酒德〉，收錄於國立成功
　　大學中文系主編：《魏晉南北朝文學與思想學術研討會論文集》（臺北：
　　文史哲出版社，1991），頁 610-627。

之，潛有腳疾，使一門生二兒舁籃輿，既至，欣然便共飲酌，
俄頃弘至，亦無忤也。」

〈五柳先生傳〉不僅記載五柳先生性嗜酒，家貧不能常
得，還強調其「親舊知其如此，或置酒而招之。」[25]此處的
王弘雖非淵明之親舊，但卻是仰慕淵明高名，意欲與之結為
新交的地方長官。觀其結識淵明的過程：先是令淵明故人龐
通之齎酒具於半道栗里要之；等到淵明到了之後，兩人欣然
便共飲酌；不久，王弘依照規劃適時且自然地出現，而此時
淵明的態度則是 —— 亦無忤也。於是，王弘藉著「酒」作為
媒介，終於順利與淵明有了交集。[26]而此處王弘採用的方法，
正是投淵明之所好，使其親舊「置酒招之」的親近模式，從
這裡我們似乎又看到了〈五柳先生傳〉的某些影子。

現存陶集中有〈於王撫軍座送客〉一詩：

> 秋日淒且厲，百卉具已腓。
> 爰以履霜節，登高餞將歸。
> 寒氣冒山澤，游雲倏無依。
> 洲渚四綿邈，風水互乖違。

---

25 晉・陶潛著，龔斌校箋：《陶淵明集校箋》，卷 6，頁 485。

26 鄧安生認為：「陶淵明為什麼開始不肯見王弘，後來又『無忤』了呢？
因為開始是王弘以江州刺史的身分召見他，所以『不能至』，後來是通
過故人龐通之的關係，以個人身分與他相交，所以『亦無忤』」。筆者
以為，鄧氏所云「以江州刺史身分召見」與「以個人身分相交」之判分
固有其理，但是，不可否認的是，在此段文本的敘述中，「酒」亦扮演
著相當重要的溝通角色。引文參見鄧安生：〈陶淵明歸隱新論〉，《陶
淵明新探》（臺北：文津出版社，1995），頁 128-129。

　　　　瞻夕欣良讌，離言聿云悲。

　　　　晨鳥暮來還，懸車斂餘暉。

　　　　逝止判殊路，旋駕悵遲遲。

　　　　目送回舟遠，情隨萬化遺。[27]

　　對於詩題中的王撫軍，龔斌箋注云：「江州刺史王弘，
時為撫軍將軍。宋武帝永初元年庚申（420）秋，王弘於尋陽
溢口送客，邀淵明在座。淵明即席賦此詩。」[28]假若龔斌的
箋注無誤的話，那麼，此時的淵明與王弘，至少已是略有交
情的朋友關係。否則，王弘送客，不至於會邀淵明在座，而
淵明亦不見得願意受邀。

　　不過，頗值得思考的是，〈宋傳〉僅提王弘欲識淵明，
於是費盡心思以酒交之的故事，但卻沒有述及淵明書寫〈於
王撫軍座送客詩〉之事。對此，齊益壽認為：「由這首詩（〈於
王撫軍座送客詩〉），可知陶淵明是千真萬確接受了王弘之
請，做了座上客，而史傳竟一字不提！」[29]筆者以為，史傳
僅提前者而忽略後者的原因，或許是因為前者可以充分展示
出淵明之「隱者高趣」與「飲者風流」；至於後者，則因其
無法有效地彰顯出淵明任真自得之人物形象，[30]故被史傳作
者所捨棄。

---

27 晉·陶潛著，龔斌校箋：《陶淵明集校箋》，卷 2，頁 151。

28 晉·陶潛著，龔斌校箋：《陶淵明集校箋》，卷 2，頁 153，箋注 1。

29 齊益壽：〈論史傳中的陶淵明事跡及形象〉，頁 114。

30 筆者此處之意，並非意謂〈於王撫軍座送客〉一詩不合淵明自身性情之
　展示，而僅是指〈於王撫軍座送客〉之詩歌內容，較為缺乏史傳作者所
　意圖傳達的「隱者高趣」與「飲者風流」元素。

　　第三條（延之造潛）：「先是，**顏延之為劉柳後軍功曹，在尋陽，與潛情款。後為始安郡，經過，日日造潛，每往必酗飲致醉。**」

　　從〈宋傳〉記載看來，淵明與王弘之間的友誼，應是屬於：上級長官（王弘）對於地方隱者（淵明），因為尊敬、推崇而以禮相待、以酒相交；而淵明則在盛情難卻之下，也不好辜負王弘的美意，故亦願意與其維持一定程度的友好關係。但是，淵明與顏延之的交情，顯然有所不同，它比較是屬於：以情相投、以酒相交的飲者之間，因為互相理解、彼此認同而自然形成的深刻友誼。是故，同樣是以酒相交，王弘對於淵明，乃是站在他者的視野，靜靜地欣賞淵明的隱者之趣、慢慢地觀看淵明的飲者之真。因此，王弘的酒，主要是給淵明一人喝的，它代表著王弘對於淵明傳達善意的溝通媒介。但是顏延之對於淵明，則比較是站在知交的角度，深深地體會淵明的隱者之趣、細細地品味淵明的飲者之真。因此，顏延之的酒，[31]主要是讓兩人一起喝的，它代表著一種彼此之間因為情款，以致日日造訪，且每往必酗飲致醉之真誠情感的交流與互動。關於這點，可從淵明死後，顏延之為淵明所作〈陶徵士誄〉的內容得到印證：

31　從表格第四條「延之留錢」的引文來看，此時的顏延之雖然「日日造潛」，來者是客，但是，兩人「酗飲致醉」的酒錢，恐怕不是生活貧困的淵明所能負擔，而理應是由較為富裕的顏延之所出。

> 深心追往，遠情逐化。自爾介居，及我多暇。伊好之
> 洽，接閻鄰舍。宵盤晝憩，非舟非駕。念昔宴私，舉
> 觴相誨。獨正者危，至方則礙。哲人卷舒，布在前載。
> 取鑒不遠，吾規子佩。爾實愀然，中言而發。違眾速
> 尤，迕風先蹶。身才非實，榮聲有歇。叡音永矣，誰
> 箴余闕？嗚呼哀哉！[32]

李善注引何法盛《晉中興書》云：「延之為始安郡，道經尋陽，常飲淵明舍，自晨達昏。及淵明卒，延之為誄，極其思致。」[33]依據上引〈宋傳〉的記載，顏延之與淵明的交往至少有兩次：第一次是顏延之為劉柳後軍功曹之時；第二次則為顏延之為始安郡，路經淵明家鄉之際。何法盛《晉中興書》所記，指的正是兩人第二次交往之事。至於〈陶徵士誄〉所說的「自爾介居，及我多暇。伊好之洽，接閻鄰舍。宵盤晝憩，非舟非駕」，指的應為顏延之為劉柳後軍功曹時，其與淵明情款的第一次交往，前引〈宋傳〉云：「先是，顏延之為劉柳後軍功曹，在尋陽，與潛情款。」正可為證；而誄文從「念昔宴私，舉觴相誨」至「叡音永矣，誰箴余闕」一段，指的則是顏延之為始安郡，路經淵明家鄉，趁著中間空檔，於是日日造潛，且每往必酣飲致醉中的某次聚會，席間，兩人酒酣耳熱，舉觴相誨的宴私之語，最後藉由顏延之〈陶徵士誄〉的記載而得以流傳後世，而這段時間的短暫相聚，則為顏延之與淵明的第二次交往。

---

32 梁・蕭統編，唐・李善注：《文選》，卷 57，頁 2474-2475。
33 梁・蕭統編，唐・李善注：《文選》，卷 57，頁 2469。

　　另外，值得一提的是，前文說五柳先生性嗜酒，家貧不能常得，親舊知其如此，或置酒而招之。文中說的是親舊置酒而招之，親舊是主，淵明是客，其與顏延之為客，日日造訪主人淵明的具體狀況雖然不盡相同。但是，彼此之間以酒會友的實質精神仍是相通。至於五柳先生的飲酒態度是「造飲輒盡，期在必醉」，[34]其又與淵明與顏延之日日酣飲致醉的飲酒方式頗為雷同。於此，似可再次印證〈宋傳〉論及淵明之飲者形象，實多以五柳先生作為參照原型之觀點。

第四條（延之留錢）：「（顏延之）臨去，留二萬錢與潛，潛悉送酒家，稍就取酒。」

　　顏延之留錢之事，實與淵明的窮困處境有關。淵明平時喜酒而無錢買酒，此時機會難得，故稍有錢財入袋，隨即悉送酒家取酒。就現實考量來說，或許，淵明快速將錢送進酒家，乃是擔憂陶妻一旦發現家有餘財，難保不會重演前文「固請種秔」之類的戲碼，要求將此錢作為補助家庭開銷之用。不過，就〈宋傳〉作者的書寫意圖而論，此段記載想要反映的，主要還是淵明飲者形象的建構。如果說〈宋傳〉描寫顏延之日日造訪淵明酣飲致醉之事，乃是為了要展示淵明性喜嗜酒之飲者形象的話；那麼，顏延之留錢的記載，則是為了突顯淵明在性喜嗜酒的飲者形象之外，還略帶有魏晉名士的風流氣韻，《世說新語・任誕》云：

---

34 晉・陶潛著，龔斌校箋：《陶淵明集校箋》，卷6，頁485。

> 阮宣子常步行，以百錢掛杖頭，至酒店，便獨酣暢。
> 雖當世貴盛，不肯詣也。[35]

魏晉名士講究風流氣韻，此即所謂的魏晉風度，儘管對其具體內涵的指涉，尚有學理上的討論空間，但大致而言，其一以貫之的概括風格，即是一種自然任真、率性直行的瀟灑態度。淵明將顏延之所留二萬錢「悉送酒家，稍就取酒」，其與阮宣子「以百錢掛杖頭，至酒店，便獨酣暢」之事相較，頗有異曲同工之妙。因為兩人皆充分展現出：任真飲者率性而行的風流瀟灑。牟宗三論及魏晉名士云：

> 然則魏晉間之所謂名士，則非所謂某某家，而只是為名士。專為名士，則其人惟在顯一逸氣，而逸氣無所附麗。此即為「名士」人格。

> 牟宗三：此種「惟顯逸氣而無所成」之名士人格，言之極難，而令人感慨萬端。此是天地之逸氣，亦是天地之棄才。[36]

誠如牟氏所論，魏晉之名士人格「惟顯逸氣而無所成」，是故，他們既是「天地逸氣」，又為「天地棄才」，確實令

---

35 余嘉錫撰，周祖謨、余淑宜整理：《世說新語箋疏》，頁 737。

36 分見牟宗三，〈魏晉名士及其玄學名理〉，《才性與玄理》（台北：臺灣學生書局，1993），頁 69、70。

人感慨萬端。此處淵明「留錢酒家取酒」與阮宣子「以錢掛杖頭至酒店酤暢」兩事，雖然突顯了兩人任真率性的「天地逸氣」，但卻也不免讓人有種「天地棄才」的感慨。不過，〈宋傳〉作者於此，顯然僅是意圖展示淵明自然任真之飲者風流的「天地逸氣」面向，而不擬涉及身為隱者的淵明，其身處亂世、感士不遇的「天地棄才」悲慨。

第五條（重九醉酒）：「（淵明）嘗九月九日無酒，出宅邊菊叢中坐久，值弘送酒至，即便就酌，醉而後歸。」

王弘結識淵明之後，慢慢地新交變成舊識，故當淵明九月九日無酒，出宅邊菊叢中坐久之際，王弘知其如此，於是相當貼心地及時送酒來，讓淵明可以「即便就酌，醉而後歸」。關於此事，其實陶集中亦有相應的詩文可以印證，淵明〈九日閒居序〉云：「余閒居，愛重九之名。秋菊盈園，而持醪靡由。空服九華，寄懷於言。」[37]序文所講內容，不管是時間（九月九日），還是場景（菊花為伴），甚至是淵明心裡的遺憾（持醪靡由），實皆與〈宋傳〉所記「嘗九月九日無酒，出宅邊菊叢中坐久」之事，有著強烈的互文關係。另外，〈九日閒居〉則云：

> 世短意常多，斯人樂久生。
> 日月依辰至，舉俗愛其名。

---

37 晉・陶潛著，龔斌校箋：《陶淵明集校箋》，卷2，頁78。

> 露淒暄風息，氣澈天象明。
> 往燕無遺影，來雁有餘聲。
> 酒能祛百慮，菊解制頹齡。
> 如何蓬廬士，空視時運傾！
> 塵爵恥虛罍，寒華徒自榮。
> 斂襟獨閒謠，緬焉起深情。
> 棲遲固多娛，淹留豈無成？[38]

　　淵明於重九之際，原本希望能夠從容享受「酒能祛百慮」、「菊解制頹齡」的飲酒、食菊之樂。不過，可惜的是「塵爵恥虛罍，寒華徒自榮」，此正如序文所說，儘管秋菊盈園，但卻持醪靡由，是故，詩人只能空服九華，寄懷於言。而恰好就在此時，王弘及時送酒而來，於是，淵明即便就酌，醉而後歸。

　　值得注意的是，此處〈宋傳〉所述的內容，又與〈五柳先生傳〉的記載形成互文性：「性嗜酒，家貧不能常得，親舊知其如此，或置酒而招之。造飲輒盡，期在必醉；既醉而退，曾不吝情去留。」[39]對此，我們試以下列的表格梳理之。

	〈宋傳〉	〈五柳先生傳〉
嗜酒而缺酒	（淵明）嘗九月九日無酒，出宅邊菊叢中坐久。	性嗜酒，家貧不能常得。
親舊供酒	值（王）弘送酒至。	親舊知其如此，或置酒而招之。
飲醉而歸	即便就酌，醉而後歸。	造飲輒盡，期在必醉；既醉而退，曾不吝情去留。

---

38 晉・陶潛著，龔斌校箋：《陶淵明集校箋》，卷2，頁78。
39 晉・陶潛著，龔斌校箋：《陶淵明集校箋》，卷6，頁485。

　　就兩篇文章的「敘述模式」、「記載內容」與「論述旨趣」來看，兩傳的互文關係頗為緊密。首先從「敘述模式」觀之，兩文極為相同，皆是類似結構的推衍：起因（嗜酒而缺酒）—— 過程（親舊供酒）—— 結果（飲醉而歸）。

　　其次，以「記載內容」考之，兩傳又頗為相通：其一，在「起因」部分，〈宋傳〉以「（淵明）嘗九月九日無酒，出宅邊菊叢中坐久」之氛圍，形塑出淵明在重九之際，秋菊盈園而持醪靡由的嗜酒渴望與缺酒遺憾；〈五柳先生傳〉則是直述五柳先生「性嗜酒，家貧不能常得」的嗜酒渴望與缺酒遺憾。其二，在「過程」部分，〈五柳先生傳〉提到「親舊知其如此，或置酒而招之」；〈宋傳〉則是記載「值（王）弘送酒至」。相較而言，同樣是供酒，〈宋傳〉的供酒主體明確（專指王弘）；〈五柳先生傳〉則較為籠統（泛指親舊）。此外，〈宋傳〉是王弘主動送酒至淵明所在的「宅邊菊叢」；〈五柳先生傳〉則是親舊置酒而招五柳先生自行前往。換言之，同樣都是善意供酒，但〈宋傳〉是「送酒而至」，〈五柳先生傳〉則為「置酒招之」。然而，上述兩點僅是屬於敘述細節上的小差異，其實並不妨礙它們在親舊供酒這一大原則上，仍屬相同的論述架構。其三，在「結果」部分，〈宋傳〉中的淵明是「即便就酌，醉而歸」；五柳先生則是「造飲輒盡，期在必醉；既醉而退，曾不吝情去留」。有酒即喝，喝醉即歸，這是淵明的飲酒態度，此亦與五柳先生的飲酒行徑類似。是故，兩傳在酣飲致醉，既醉則歸之飲者形象的刻劃上，基調顯然是相當一致的，此又可證兩文之間的雷同性。

　　最後，就「論述旨趣」而言，不管是〈宋傳〉中的淵明，還是〈五柳先生傳〉中的五柳先生，兩傳透過上述記載內容，所欲展示的人物形象，其實頗有共同點——皆是意圖呈顯一種既任真自得，又穎脫不羣，且兼具「飲者」與「隱者」雙重意蘊的高士形象。當然，就此點而論，〈宋傳〉與〈五柳先生傳〉的人物建構都算成功，但也正因如此，亦讓淵明與五柳先生兩人，在此處的形象幾乎是完全重疊，或許，這亦正是沈約撰述〈宋傳〉的為文用心之所在。

　　綜上所述，若我們以一種互文性的眼光，結合〈宋傳〉與〈五柳先生傳〉的敘述，則可統整出淵明如下的樣貌：淵明因為性嗜酒，家貧不能常得，故在秋菊盈園之際，只能持醪靡由，空自感嘆塵爵恥虛罍，但親舊知其如此，於是，王弘適時送酒而至。淵明於是即便就酌，醉而歸，展現出極為接近五柳先生造飲輒盡，期在必醉，既醉而退，曾不吝情去留之任真自得的飲酒風範。據此，又可再次佐證，〈宋傳〉對於淵明人物形象的建構，多以〈五柳先生傳〉作為論述基礎。

第六條（酒適撫琴）：「潛不解音聲，而畜素琴一張，無絃，每有酒適，輒撫弄以寄其意。」

　　此處提到的淵明「素琴無絃」問題，歷來爭議頗多。雖然它與飲酒主題並無直接相關，不過，從引文可知，此處淵明的飲酒形象，乃是藉由無絃琴的襯托而展現，故我們對此議題仍須稍作解釋。淵明〈時運〉云：

斯晨斯夕，言息其廬。

花藥分列，林竹翳如。

清琴橫床，濁酒半壺。

黃唐莫逮，慨獨在余。[40]

〈五柳先生傳〉提到五柳先生的三大興趣嗜好：讀書、飲酒與著文。不過，較之於淵明的隱居四大樂事：讀書、著文、飲酒與彈琴。[41]五柳先生的人物形象似乎少了「彈琴」之雅致，這點或許又可視為是五柳先生不完全等同於淵明的例證。然而，令人感到好奇的是，〈宋傳〉雖然提到淵明與琴的關係，但又說淵明「不解音聲」，此種說法，顯然與陶集所載的淵明形象不盡相同。[42]如果說上引〈時運〉中的「清琴橫床，濁酒半壺」，還不足以證明淵明其實是懂得音聲的話，那麼，淵明〈與子儼等疏〉云：「少學琴書，偶愛閒靜，開卷有得，便欣然忘食。」[43]詩中所謂的「少學琴書」之「學」字，恐怕已能證明淵明理應解音的事實。另外，淵明〈答龐參軍〉云：

---

40 晉‧陶潛著，龔斌校箋：《陶淵明集校箋》，卷1，頁9。

41 如蔡文錦就曾提過：「陳書而諷，綴書而著，置酒而飲，絃琴而彈，陶公隱居四樂事。」參見氏著：〈關於陶淵明的第一篇文章 —— 顏延之〈陶徵士誄并序〉箋注〉，《揚州職業大學學報》第9卷第1期（2005年3月），頁5。

42 對此問題的相關討論，可以參見呂興昌：〈形迹憑化往，靈府長獨閑 —— 從無絃琴談到陶淵明的田園世界〉，《中外文學》第十二卷第五期，頁114-143。

43 晉‧陶潛著，龔斌校箋：《陶淵明集校箋》，卷7，頁509。

> 衡門之下，有琴有書。
> 載彈載詠，爰得我娛。
> 豈無他好，樂是幽居。
> 朝為灌園，夕偃蓬廬。[44]

「載彈載詠，爰得我娛」，說的內容正有彈琴自娛之事，一個「彈」字，亦可證明淵明不僅解音，而且似乎還具有演奏的能力。王叔岷認為：

> 蕭統〈陶淵明傳〉、《晉書》、《南史》「隱逸傳」，皆言陶公不解音律。然如陶公〈答龐參軍〉詩：「衡門之下，有琴有書。載彈載詠，爰得我娛。」〈與子儼等疏〉：「少學琴書。」此豈不解音律者邪？蓋陶公家貧，舊絃既絕，無力購買新絃，每有酒適，輒撫絃琴以寄意耳。[45]

王氏的解析甚為合理，[46]確實如同王氏所說，從陶集的印證資料看來，淵明豈不解音律者邪？而且，淵明除了解音之外，還樂於與琴相伴，如〈始作鎮軍參軍經曲阿作〉云：「弱齡寄事外，委懷在琴書。」《和郭主簿二首》其一云：

---

44 晉・陶潛著，龔斌校箋：《陶淵明集校箋》，卷1，頁32。
45 晉・陶潛撰，王叔岷箋證：《陶淵明詩箋證稿》（臺北：藝文印書館，1999），卷1，頁16。
46 不過，王氏論述陶公不解音聲之事，雖引蕭〈傳〉、〈晉傳〉與〈南傳〉為證，但似忽略了首言陶公不解音聲者，應是沈約的〈宋傳〉。至於蕭〈傳〉、〈晉傳〉與〈南傳〉之說，主要還是沿襲〈宋傳〉之論。

「息交遊閒業，臥起弄書琴。」〈歸去來兮辭〉云：「悅親戚之情話，樂琴書以消憂。」[47]另外，身為淵明好友的顏延之，其〈陶徵士誄〉云：「晨煙暮藹，春煦秋陰。陳書輟卷，置酒絃琴。」[48]引文亦提及淵明「絃琴」之事，此又可證淵明實為解音之人。

　　其實，從陶集觀之，淵明一生與琴之聯繫，可說相當緊密。〈與子儼等疏〉云：「少學琴書，偶愛閒靜。」〈始作鎮軍參軍經曲阿作〉云：「弱齡寄事外，委懷在琴書。」此為青少年時期的淵明學琴、樂琴之事；〈答龐參軍〉云：「衡門之下，有琴有書。載彈載詠，爰得我娛。」《和郭主簿二首》其一云：「息交遊閒業，臥起弄書琴。」〈歸去來兮辭〉云：「悅親戚之情話，樂琴書以消憂。」此為中晚年時期的淵明彈琴、弄琴與樂琴之事；〈自祭文〉云：「欣以素牘，和以七弦。冬曝其日，夏濯其泉。勤靡餘勞，心有常閒。樂天委分，以至百年。」[49]此為晚年臨終之前的淵明，回顧生平「和以七弦」之樂事。另外，淵明《擬古九首》其五云：

　　　　東方有一士，被服常不完。
　　　　三旬九遇食，十年著一冠。
　　　　辛勤無此比，常有好容顏。
　　　　我欲觀其人，晨去越河關。

---

47 分見晉・陶潛著，龔斌校箋：《陶淵明集校箋》，卷3，頁181；卷2，頁144；卷5，頁454。
48 梁・蕭統編，唐・李善注：《文選》，卷57，頁2473。
49 晉・陶潛著，龔斌校箋：《陶淵明集校箋》，卷7，頁532。

> 青松夾路生，白雲宿簷端。
> 知我故來意，取琴為我彈。
> 上弦驚別鶴，下弦操孤鸞。
> 願留就君住，從今至歲寒。[50]

　　詩中「被服常不完」、「三旬九遇食」的東方一士，實可視為淵明之自擬，而「知我故來意，取琴為我彈」之彈琴意象，亦頗有淵明自我寫照之意涵存焉。還有，淵明《詠貧士七首》其三云：

> 榮叟老帶索，欣然方彈琴。
> 原生納決履，清歌暢商音。
> 重華去我久，貧士世相尋。
> 弊襟不掩肘，藜羹常乏斟。
> 豈忘襲輕裘，苟得非所欽。
> 賜也徒能辨，乃不見吾心。[51]

　　詩中榮叟欣然彈琴之事，可以參見《高士傳·榮啟期》：

> 榮啟期者，不知何許人也。鹿裘帶索，鼓琴而歌。孔
> 子遊于泰山，見而問之曰：「先生何樂也？」對曰：
> 「吾樂甚多。天生萬物，唯人為貴，吾得為人，是一
> 樂也；男女之別，男尊女卑，故以男為貴，吾既得為

---

50 晉·陶潛著，龔斌校箋：《陶淵明集校箋》，卷4，頁325。
51 晉·陶潛著，龔斌校箋：《陶淵明集校箋》，卷4，頁366。

　　男矣，是二樂也；人生有不見日月，不免襁褓者，吾
　　既已行年九十矣，是三樂也。貧者，士之常也；死者，
　　民之終也。居常以待終，何不樂也。」[52]

　　引文中的榮啟期「鹿裘帶索，鼓琴而歌」，正是淵明「榮
叟老帶索，欣然方彈琴」兩句之意。此處榮啟期「鼓琴而歌」
的欣然自得，以及「居常以待終，何不樂也」之生活態度，
亦可視為是淵明的自喻。

　　據上所述可知，不管是從淵明生平的興趣嗜好來看，還
是就淵明所欲自比、自喻之高士形象而論，皆能清楚地呈顯
出此一事實：淵明與琴之間的關係，確實極為契合。

　　雖然我們現在無法判定〈宋傳〉的作者，為何無視於陶
集所述的淵明解音之事，而逕以「不解音聲」評之。[53]但是，
就人物形象的塑造而言，沈約此舉，顯然是意圖替淵明建構
出一種「酒適撫琴」的高士形象 —— 酒適之餘，雖不解音聲
卻撫弄無絃素琴以寄其意。[54]而此點，亦符合我們一再強調
的「穎脫不羣，任真自得」之「飲者」與「隱者」形象。李
美燕認為：

---

52 晉‧皇甫謐撰：《高士傳》（臺北：臺灣中華書局，1966），卷上，頁 8。
53 還可注意的是，不管是淵明自擬的東方一士，還是其自喻的榮啟期，前
　　者「取琴為我彈」，後者「欣然方彈琴」，皆屬具備「彈琴」素養之高
　　士，而非「不解音聲」之人。此點，或許又可視為是對於淵明解音之事
　　的另一補充。
54 當然，沈約對於淵明「酒適撫琴」之任真形象的建構，是否真能讓所有
　　的讀者滿意，這又是另外一個問題。但至少，沈約自己是如此看待的。

> 今就老莊思想對魏晉古琴音樂審美觀的影響而言，以
> 陶淵明的「無絃琴」之說與嵇康〈琴賦〉最具代表性。
> 陶淵明「無絃琴」之境界，蘊涵了「真」性情的流露，
> 「得意忘言」的超越智慧，由「大音希聲」── 至樂
> 無聲所體證物我兩忘、物我合一的境界。[55]

　　誠如李氏所論，淵明「無絃琴」所展示的境界，既有「真」性情的流露，亦有「得意忘言」的智慧，更兼「大音希聲」的體證。換言之，「無絃琴」之事對於淵明而言，不僅是一種生活情趣的呈顯而已，它亦映照出淵明的人生智慧與生命境界。對於「得意忘言」之智慧，以及「大音希聲」之體證兩事，因其與人物形象的討論較無關連，故此處暫且不論。僅就「真」性情的流露視角觀之，或許，〈宋傳〉作者特別撰述此事，正是意圖彰顯：淵明酒適之餘，率真性格自然展露，於是，儘管不解音聲，但卻藉由撫弄無絃素琴，寄託自己的「飲者真情」與「隱者真趣」。

第七條（我醉欲眠）：「貴賤造之者，有酒輒設，潛若先醉，便語客：『我醉欲眠，卿可去。』其真率如此。」

　　此處是說身為主人的淵明，其待客之道是：凡有造之者，

---

55 李美燕：〈老莊的音樂思想及其對魏晉古琴音樂美學的影響 ── 以陶淵明的「無弦琴」與嵇康的「琴賦」為主〉，收錄於淡江大學中國文學研究所主編：《文學與美學（第六集）》（臺北：文史哲出版社，1998），頁351。

不管貴賤，有酒輒設。不過，淵明若是先醉，也會直接告訴客人「我醉欲眠，卿可去」，此點亦充分顯示出淵明自然真率的飲者風格。上引〈五柳先生傳〉云：「親舊知其如此，或置酒招之，造飲輒盡，期在必醉，既醉而退，曾不吝情去留。」引文講的是身為客人的淵明，其作客、飲酒之道是造飲輒盡，期在必醉，而且既醉而退，曾不吝情去留。若我們以互文視角，將兩段文字合而觀之，即可發現：淵明不管是「待客」還是「作客」，始終保持著一以貫之的穎脫不羣，任真自得之飲者形象 —— 穎脫不羣於主客之間，任真自得於酒趣之中。

第八條（葛巾漉酒）：「郡將候潛，值其酒熟，取頭上葛巾漉酒，畢，還復著之。」

　　《飲酒二十首》其二十云：「羲農去我久，舉世少復真……若復不快飲，空負頭上巾」[56]詩中講述當今之世缺少自然真性，於是，淵明認為藉由飲酒返真，亦不失為一種解決途徑。其中「若復不快飲，空負頭上巾」兩句，和此處「葛巾漉酒」之事，似可理出互文之內在聯繫。此處的淵明，以葛巾漉酒，並藉由快飲返真，呈顯的自然又是一副任真的飲者樣貌。

　　我們試將第六條「酒適撫琴」中「潛不解音聲，而畜素琴一張，無絃，每有酒適，輒撫弄以寄其意」的記載，與此處引文參看，可以發現，兩處引文分別從「內在酒趣」—— 藉

---

56 晉・陶潛著，龔斌校箋：《陶淵明集校箋》，卷3，頁288。

由酒適撫琴，寄託穎脫不羣之真意，以及「外在酒態」──藉由葛巾漉酒，展現任真自得之高趣，共同建構出淵明深具高人性情的飲者風貌。

（二）〈宋傳〉對於淵明飲者形象之「影響」

〈宋傳〉以五柳先生任真飲者之形象，作為淵明傳記的書寫原型，此一論述模式，對於後出的淵明史傳影響甚大，我們甚至可以毫不誇張的說，〈宋傳〉對於淵明傳記的書寫基調，幾乎已經成為後世相關傳記的撰述準則。以下，筆者將從四篇史傳（〈宋傳〉、蕭〈傳〉、〈晉傳〉與〈南傳〉）提及淵明嗜酒之八處相關記載的比較中，[57]來說明上述觀點的有效性。

第一條	〈宋傳〉	蕭〈傳〉	〈晉傳〉	〈南傳〉
公田種秫	公田悉令吏種秫稻，（淵明）妻子固請種秫，乃使二頃五十畝種秫，五十畝種秔。	公田悉令吏種秫，……妻子固請種秫，乃使二頃五十畝種秫，五十畝種秔。[58]	在縣公田悉令種秫穀，……妻子固請種秫，乃使一頃五十畝種秫，五十畝種秔。[59]	公田悉令吏種秫稻，妻子固請種粳，乃使二頃五十畝種秫，五十畝種粳。[60]

---

57 必須說明的是，此處所謂的比較內容，僅是說明〈宋傳〉與蕭〈傳〉、〈晉傳〉、〈南傳〉彼此之間的文字、語意之沿襲狀況，並不擬涉及後三傳對於〈宋傳〉之「增補」或「刪改」的意蘊分析。換言之，此處只論其所同，而不計其所異。

58 以下八處蕭〈傳〉引文參見梁・蕭統著，俞紹初校注：《昭明太子集校注》，頁191-192。

59 以下八處〈晉傳〉引文參見唐・房玄齡等撰：《晉書》（北京：中華書局，1974），卷94，頁2461-2463。

60 以下八處〈南傳〉引文參見唐・李延壽撰：《南史》（北京：中華書局，1975），卷75，頁1857-1858。

　　〈宋傳〉此處引文，蕭〈傳〉幾乎完全照抄；〈南傳〉
文字雖然略有差異，但內容亦幾乎同於〈宋傳〉；〈晉傳〉
則將〈宋傳〉的「乃使二頃五十畝種秫」改為「乃使一頃五
十畝種秫」，具體數字雖有參差，但基本意蘊卻仍相通，均
是強調淵明以公田之多數面積，來栽種足以釀酒之作物。

第二條	〈宋傳〉	蕭〈傳〉	〈晉傳〉	〈南傳〉
王弘共飲	江州刺史王弘欲識之，不能致也。潛嘗往廬山，弘遣潛故人龐通之齎酒具於半道栗里要之，潛有腳疾，使一門生二兒舁籃輿，既至，欣然便共飲酌，俄頃弘至，亦無忤也。	江州刺史王弘欲識之，不能致也。淵明嘗往廬山，弘命淵明故人龐通之齎酒具，於半道栗里之間邀之。淵明有腳疾，使一門生二兒舁籃輿。既至，欣然便共飲酌，俄頃弘至，亦無迕也。	（江州刺史王弘）每令人候之，密知當往廬山，乃遣其故人龐通之等齎酒，先於半道要之。潛既遇酒，便引酌野亭，欣然忘進。弘乃出與相見，遂歡宴窮日。	江州刺史王弘欲識之，不能致也。潛嘗往廬山，弘令潛故人龐通之齎酒具於半道栗里要之。潛有腳疾，使一門生二兒舉籃舁。及至，欣然便共飲酌，俄頃弘至，亦無忤也。

　　此處的〈宋傳〉引文，蕭〈傳〉與〈南傳〉幾乎是完全
照錄；至於〈晉傳〉之記載文字，其較之〈宋傳〉，雖然頗
有異同，但基本旨趣亦是相類。

第三條	〈宋傳〉	蕭〈傳〉	〈晉傳〉	〈南傳〉
延之造潛	先是，顏延之為劉柳後軍功曹，在尋陽，與潛情款。後為始安郡，經過，日日造潛，每往必酣飲致醉。	先是，顏延之為劉柳後軍功曹，在潯陽與淵明情款。後為始安郡，經過潯陽，日造淵明飲焉。每往必酣飲致醉。	其親朋好事，或載酒肴而往，潛亦無所辭焉。每一醉，則大適融然。	先是，顏延之為劉柳後軍功曹，在潯陽與潛情款。後為始安郡，經過潛，每往必酣飲致醉。

　　關於〈宋傳〉此處引文的記載，蕭〈傳〉仍是抄錄〈宋傳〉而成；〈南傳〉雖將〈宋傳〉之「經過，日日造潛，每往必酣飲致醉」，改為「經過潛，每往必酣飲致醉」，拜訪頻率從「每天」改為「每次」，在數量上似乎有所減少，不過，兩傳突顯淵明與顏延之「酣飲致醉」之飲者形象的旨趣並未改變；〈晉傳〉則是缺乏相應的具體內容，然其云：「其親朋好事，或載酒肴而往，潛亦無所辭焉。每一醉，則大適融然。」[61]依據史書記載，顏延之既與淵明情款，那麼，想必顏延之亦應在淵明親朋好友的名單之中，故我們若將〈晉書〉所載改為：「其親朋（顏延之）好事，或載酒肴而往，潛亦無所辭焉。每一醉，則大適融然。」想必應不違於此段史實，且其飲酒情調，較之「顏延之與潛情款，經過，日日造潛，每往必酣飲致醉」的記載，亦是不遑多讓。據此，〈晉傳〉此處雖無相應於〈宋傳〉之內容，但對於淵明，卻有著

61　《漢書‧揚雄傳》云：「（揚雄）家素貧，耆酒，人希至其門。時有好事者載酒肴從游學。」兩文似有互文關係，可以相互參看。引文參見漢‧班固撰，唐‧顏師古注：《漢書》（北京：中華書局，2007），卷87下，頁3585。

相通的飲者風貌貌之描繪。

第四條	〈宋傳〉	蕭〈傳〉	〈晉傳〉	〈南傳〉
延之留錢	（延之）臨去，留二萬錢與潛，潛悉送酒家，稍就取酒。	延之臨去，留二萬錢與淵明，淵明悉遣送酒家，稍就取酒。	無。	延之臨去，留二萬錢與潛，潛悉送酒家稍就取酒。

蕭〈傳〉與〈南傳〉對於此處引文的描述內容，幾乎與〈宋傳〉一樣；至於〈晉傳〉，則無相關內容之記載。此或可見〈晉傳〉對於淵明飲者形象的建構興趣，似乎不如〈宋傳〉、蕭〈傳〉與〈南傳〉濃厚。

第五條	〈宋傳〉	蕭〈傳〉	〈晉傳〉	〈南傳〉
重九醉酒	嘗九月九日無酒，出宅邊菊叢中坐久，值弘送酒至，即便就酌，醉而後歸。	嘗九月九日，出宅邊菊叢中坐，久之，滿手把菊。忽值弘送酒至，即便就酌，醉而歸。	弘後欲見，輒於林澤間候之。至於酒米乏絕，亦時相贍。	嘗九月九日無酒，出宅邊菊叢中坐久之。逢弘送酒至，即便就酌，醉而後歸。

蕭〈傳〉於此處的引文，除了多出「滿手把菊」的高逸意象外，其餘皆與〈宋傳〉雷同；〈南傳〉則是幾乎照錄〈宋傳〉全文；〈晉傳〉雖無相關敘述，然其「弘後欲見，輒於林澤間候之。至於酒米乏絕，亦時相贍」之論，其中的「酒米乏絕，亦時相贍」記載，正可和〈宋傳〉中「值弘送酒至，即便就酌」的論述相互發明。

第六條	〈宋傳〉	蕭〈傳〉	〈晉傳〉	〈南傳〉
酒適撫琴	潛不解音聲，而蓄素琴一張，無絃，每有酒適，輒撫弄以寄其意。	淵明不解音律，而蓄無弦琴一張，每酒適，輒撫弄，以寄其意。	性不解音，而蓄素琴一張，絃徽不具，每朋酒之會，則撫而和之，曰：「但識琴中趣，何勞絃上聲！」	潛不解音聲，而蓄素琴一張。每有酒適，輒撫弄以寄其意。

　　此處引文，蕭〈傳〉所述與〈宋傳〉幾近相同；〈南傳〉則僅強調淵明「蓄素琴一張」，但並未如同〈宋傳〉所說，其乃屬於「無絃素琴」。不過，這點並不妨礙此處所欲突顯的淵明酒適撫琴之高趣形象；〈晉傳〉則將〈宋傳〉所說「每有酒適，輒撫弄以寄其意」，改為「每朋酒之會，則撫而和之，曰：『但識琴中趣，何勞絃上聲！』」雖然，就琴意、琴趣的展示與分享而言，〈宋傳〉的酒適撫琴，亦可在朋酒之會的場合公開展示或分享。然而，筆者以為，〈宋傳〉此處所謂的酒適撫琴，主要應是想要傳達一種獨寄其意的高趣形象，至於〈晉傳〉的朋酒之會，體現的則是一種較為世俗的聚會場合。[62]不過，此是針對琴意、琴趣之體會與展現而言，若是僅就以酒適引導琴韻的視角觀之，〈晉傳〉之論述旨趣，仍與〈宋傳〉無異。

---

[62] 〈宋傳〉、蕭〈傳〉與〈南傳〉於此處的記載，顯然強調的是——淵明在私人場域「獨飲」所體會之「琴意」；至於〈晉傳〉，則是企圖突顯——淵明在公開場合「共飲」所分享之「琴趣」。

第七條	〈宋傳〉	蕭〈傳〉	〈晉傳〉	〈南傳〉
我醉欲眠	貴賤造之者,有酒輒設,潛若先醉,便語客:『我醉欲眠,卿可去。』其真率如此。	貴賤造之者,有酒輒設。淵明若先醉,便語客:「我醉欲眠,卿可去。」其真率如此。	其鄉親張野及周旋人羊松齡、寵遵等或有酒要之,或要之共至酒坐,雖不識主人,亦欣然無忤,酣醉便反。	貴賤造之者,有酒輒設。潛若先醉,便語客:「我醉欲眠卿可去。」其真率如此。

蕭〈傳〉與〈南傳〉關於此處引文的記載,皆類同於〈宋傳〉;至於〈晉傳〉雖無類似描述,但其「其鄉親張野及周旋人羊松齡、寵遵等或有酒要之,或要之共至酒坐,雖不識主人,亦欣然無忤,酣醉便反」之論,雖與〈宋傳〉所載有著主人角色與客人身份的區別,但就以酒會友、酣醉則止(〈宋傳〉是以「主人」身份送客;〈晉傳〉是以「客人」角色歸家)的精神意蘊言之,兩者情趣仍是息息相通。

第八條	〈宋傳〉	蕭〈傳〉	〈晉傳〉	〈南傳〉
葛巾漉酒	郡將候潛,值其酒熟,取頭上葛巾漉酒,漉畢,還復著之。	郡將嘗候之,值其醸熟,取頭上葛巾漉酒,漉畢,還復著之。	無。	郡將候潛,逢其酒熟,取頭上葛巾漉酒,畢,還復著之。

對於〈宋傳〉此處引文,蕭〈傳〉的記載雖然文字修飾稍多,然而基本精神卻不異;〈南傳〉則幾乎雷同於〈宋傳〉;至於〈晉傳〉,則無相應之內容。此或又可證明,〈晉傳〉作者對於淵明飲者形象的建構興趣,似乎稍弱於其它三傳的作者。

最後,依據上文的分析,我們可以作一小結如下:

〈宋傳〉	蕭〈傳〉	〈南傳〉	〈晉傳〉
第一條（公田種秫）	雷同	雷同	精神相通
第二條（王弘共飲）	雷同	雷同	雷同
第三條（延之造潯）	雷同	雷同	精神相通
第四條（延之留錢）	雷同	雷同	無
第五條（重九醉酒）	雷同	雷同	精神相通
第六條（酒適撫琴）	雷同	精神相通	精神相通
第七條（我醉欲眠）	雷同	雷同	精神相通
第八條（葛巾漉酒）	雷同	雷同	無

　　從表格的統計可知，〈宋傳〉八處有關淵明飲酒之記載，蕭〈傳〉幾乎是亦步亦趨地照錄。[63]〈南傳〉除了一處「精神相通」外，其餘七處也幾乎是類同於〈宋傳〉。是故，整體而言，〈南傳〉的書寫與蕭〈傳〉類似，皆是承襲〈宋傳〉而來。至於〈晉傳〉，其與〈宋傳〉的落差則較為明顯。不過，大致而言，它除了兩處無相關的記載外，其餘六處，或是「雷同」，或是「主旨雷同」，或是「精神相通」，基本旨趣仍是不脫〈宋傳〉的論述範圍。通過以上的分析，我們可以清楚看出，〈宋傳〉對於淵明之飲者形象的建構基調，實極為強烈地影響著其它三傳的書寫。[64]

---

63 需要特別說明的是，蕭〈傳〉此處雖對〈宋傳〉沿襲頗多，然而，這並不代表它缺乏獨特的精神意蘊。只是，蕭〈傳〉的特別處與精彩處並不在此，而是另有所託。對此，可以參看本書第五章（「道統」與「風教」——蕭〈傳〉對於淵明人物形象之因襲與重構）的相關說明。

64 至於〈宋傳〉所建構出來的淵明飲酒型態，乃是屬於「任真飲者」之形象，而非《世說新語》式的「任誕飲者」形象。前者之飲者形象，純任自然之真性，後者則略顯刻意與矯情，此點不可不辨。

三、〈宋傳〉對於淵明「隱者」形象之重構與影響

　　五柳先生令人印象深刻之事，除了嗜酒之飲者高趣外，另一件就是「閑靜少言，不慕榮利」的淡泊隱者形象了：「先生不知何許人也，亦不詳其姓字。宅邊有五柳樹，因以為號焉。」既忘外在之虛名，又隨意為號，展示自身充分融入周遭環境的曠達；「環堵蕭然，不蔽風日，短褐穿結，簞瓢屢空，晏如也」，雖然居住簡陋、衣食困窘，然而，卻可身心安頓於其中；「嘗著文章自娛，頗示己志」，為文不求經國緯世，亦不須爭勝揚名，只是自娛、示志；「忘懷得失，以此自終」，不汲汲於功業之名，不戚戚於貧困之境，得失兩忘，終此一生；[65]此為身為隱者的五柳先生之人物形象。

　　至於〈宋傳〉所塑造的淵明隱者形象，大致可以分成兩個部分來看：其一，在淡泊隱者的人物形象方面，〈宋傳〉基本上是認可淵明亦有此種特質，這點可從〈宋傳〉將〈五柳先生傳〉視為淵明之自況實錄，並於傳中幾乎照錄〈五柳先生傳〉全文一事得到證明。[66]其二，正如本書第二章所述，從陶集與〈五柳先生傳〉的相互比較中，可以清楚看出，五柳先生與淵明兩人的具體形象，既有相通的一面，亦有差異的部分。而在〈宋傳〉中，我們亦可發現到類似的情況。換言之，〈宋傳〉對於淵明隱者形象的建構，既有同於五柳先生的一面，亦有異於五柳先生的部分。

---

65 此段〈五柳先生傳〉引文，參見晉・陶潛著，龔斌校箋：《陶淵明集校箋》，卷6，頁485。
66 此事參見梁・沈約撰：《宋書》，卷93，頁2286-2287。

以下，本文將以淵明「仕隱之際的抉擇」、「忠晉與否之判分」，以及「人境隱逸之型態」三點，來作為考察的視角，並希望能藉由分析的結果，釐清〈宋傳〉對於淵明「隱者」形象的重構內容與影響面向。

（一）仕隱之際的抉擇

關於淵明仕隱之際的抉擇，〈宋傳〉如此記載：

> 親老家貧，起為州祭酒，不堪吏職，少日，自解歸。州召主簿，不就。躬耕自資，遂抱羸疾，復為鎮軍、建威參軍，謂親朋曰：「聊欲弦歌，以為三逕之資，可乎？」執事者聞之，以為彭澤令。公田悉令吏種秫稻，妻子固請種秔，乃使二頃五十畝種秫，五十畝種秔。郡遣督郵至，縣吏白應束帶見之，潛嘆曰：「我不能為五斗米折腰向鄉里小人。」即日解印綬去職。賦〈歸去來〉。[67]

引文提到淵明的出仕經驗計有四次，分別擔任「州祭酒」、「鎮軍參軍」、「建威參軍」與「彭澤令」四種職位。其中，〈宋傳〉對於淵明擔任「鎮軍參軍」、「建威參軍」兩事，缺乏相應的說明，故暫時無法深論。[68]至於另外的兩

---

67 梁・沈約撰：《宋書》，卷 93，頁 2287。
68 值得注意的是，〈宋傳〉對於淵明曾任「鎮軍參軍」、「建威參軍」的相關記載，可在陶集之中找到相應作品印證，如〈始作鎮軍參軍經曲阿作〉與〈乙巳歲三月為建威參軍使都經錢溪〉兩首，詩題已經明確點出淵明「始作鎮軍參軍」，以及「為建威參軍使都」之事。

次任職經驗，則可略窺淵明於仕隱之際的抉擇。是故，以下將分別針對淵明出仕「州祭酒」與「彭澤令」兩事，來進行討論。另外，為了說明方便，我們於論述過程中亦會將蕭〈傳〉、〈晉傳〉與〈南傳〉的相關記載一併納入考察。而在討論完「州祭酒」與「彭澤令」兩事之後，筆者還打算特別針對淵明之隱逸情懷作一分析，並希望藉由此種討論，增進我們對於淵明仕隱心態的理解。

1. 起為「州祭酒」之事。

四篇史傳對於淵明擔任「州祭酒」之事的記載內容，主要有三項重點：一是關於「親老家貧」之出仕緣由的強調；二是對於「不堪吏職」之出仕轉折的突顯；三為有關「自行解歸」之出仕結果的說明。

第一點	〈宋傳〉	蕭〈傳〉	〈晉傳〉	〈南傳〉
「親老家貧」之出仕緣由	親老家貧，起為州祭酒。	親老家貧，起為州祭酒。[69]	以親老家貧，起為州祭酒。[70]	親老家貧，起為州祭酒。[71]

首先說明〈宋傳〉對於淵明出仕緣由的解釋 ——「親老家貧」。五柳先生既是任真自得、淡泊名利的隱者，那麼，

---

[69] 以下三點蕭〈傳〉文本，皆參見梁・蕭統著，俞紹初校注：《昭明太子集校注》，頁 191。

[70] 以下三點〈晉傳〉文本，皆參見唐・房玄齡等撰：《晉書》，卷 94，頁 2461。

[71] 以下三點〈南傳〉文本，皆參見唐・李延壽撰：《南史》，卷 75，頁 1856。

以五柳先生人物形象作為論述原型建構而成的隱者淵明，又
怎會出仕？但是，從史傳及陶集的資料可知，淵明不僅曾經
出仕，還曾多次出入仕途。如此一來，五柳先生與淵明的形
象，不就會產生難以調和的矛盾？關於此點，〈宋傳〉之前
的顏延之〈陶徵士誄〉，已經作過處理，其序文云：

> 少而貧病，居無僕妾。井臼弗任，藜菽不給。母老子
> 幼，就養勤匱。遠惟田生致親之議，追悟毛子捧檄之
> 懷。初辭州府三命，後為彭澤令。[72]

　　身為淵明好友的顏延之，對於淵明的出仕，乃是以其「母
老子幼，就養勤匱」之生活困境的理由為其開脫。而且，顏
延之於文中還進一步採用「田生致親」、「毛子捧檄」兩個
典故，替淵明的出仕為官，找到合情合理的理論依據 —— 基
於「孝親」的正大光明理由。至於沈約，或許是順著顏延之
的思路，故其替淵明找到的解釋理由，亦與顏延之類似：因
為「親老家貧」，淵明才不得已出仕為官，起為州祭酒。其
實，類似為貧或是為親而仕的理論，並非顏延之的創見，至
少早於顏延之的孟子，就已經提出過相似的概念，《孟子‧
萬章下》云：

> 孟子曰：「仕非為貧也，而有時乎為貧；娶妻非為養
> 也，而有時乎為養。為貧者，辭尊居卑，辭富居貧。

---

72 梁‧蕭統編，唐‧李善注：《文選》，卷 57，頁 2470-2471。

辭尊居卑，辭富居貧，惡乎宜乎？抱關擊柝。孔子嘗
為委吏矣，曰：『會計當而已矣。』嘗為乘田矣，曰：
『牛羊茁壯長而已矣。』位卑而言高，罪也；立乎人
之本朝，而道不行，恥也。」[73]

　　依據孟子之意，儒者出仕主要是為了行道，而非為了貧
窮。然而，有時被生活所困，不免為貧而仕，此時，只要懂
得「辭尊居卑」、「辭富居貧」，則尚可被人接受。但若是
空佔高位而又不行道，如此，就有失儒者風範。既然為貧而
仕是可被接受的行為，那麼，基於貧窮與孝親之雙重理由而
勉強出仕的淵明，自然與為了功名利祿而出仕的普通士人有
所不同，這樣一來，也就不違反淵明清高之隱者形象。[74]而
〈宋傳〉如此的解釋方式，顯然也得到其它三傳的認可。

第二點	〈宋傳〉	蕭〈傳〉	〈晉傳〉	〈南傳〉
「不堪吏職」之出仕轉折	不堪吏職。	不堪吏職。	不堪吏職。	不堪吏職。

　　接著討論〈宋傳〉對於淵明出仕轉折的敘述 ── 「不堪
吏職」。純任天真自然的隱者淵明，即使違背己志，為了親

---

73 漢・趙岐注，宋・孫奭疏：《孟子注疏》（《十三經注疏》本，臺北：
　藝文印書館，1985），頁185上。

74 其實，隱者為親而仕，似乎並不罕見，如與淵明同屬《宋書・隱逸傳》
　的戴顒，其亦曾有為親而欲出仕之舉：「勃疾患，醫藥不給，顒謂勃曰：
　『顒隨兄得閑，非有心於默語。兄今疾篤，無可營療，顒當干祿以自濟
　耳。』乃告時求海虞令，事垂行而勃卒，乃止。」傳文中的戴顒，意欲
　為兄之疾而干祿，此亦屬於廣義的為親而仕之範疇。引文參見梁・沈約
　撰：《宋書》，卷93，頁2276-2277。

老家貧而出仕，但最終仍然因為官場生態不符自己的本性，而有著不堪吏職的困擾。對此，其它三傳的記載亦完全相同。

至於淵明為何「不堪吏職」？顯然與其性格有關，淵明〈與子儼等疏〉自述云：

> 吾年過五十，少而窮苦，每以家弊，東西遊走。性剛才拙，與物多忤，自量為己，必貽俗患。黽俛辭世，使汝等幼而飢寒。[75]

文中追述自己早年游宦之事，依據〈宋傳〉之論，淵明之仕，本是為親、為貧而出，然而，此處卻因為自己的「性剛才拙」，故深有「與物多忤」之感慨。[76]蔣星煜曾經如此評論隱士：

> 其實隱士之所以形成，從主觀方面來說，完全是由於個人主義或失敗主義，這兩個因素的作祟。凡是隱士，不是個人主義者，便是失敗主義者。[77]

從表面觀之，蔣氏之論似乎頗為有理，依據其說，或許可以這樣解釋：隱者淵明因為「性剛才拙」之個人特質太過

75　晉·陶潛著，龔斌校箋：《陶淵明集校箋》，卷7，頁509。
76　〈宋傳〉收錄淵明四篇作品，此處的〈與子儼等疏〉即為其中一篇，因此，若以互文視角觀之，以淵明的「性剛才拙，與物多忤」來解釋其「不堪吏職」之事，或許亦屬合理之推測。
77　蔣星煜：〈中國隱士形成的因素〉，《中國隱士與中國文化》（上海：上海書店，1992），頁6。

強烈，故終導致「與物多忤」之失敗挫折。不過，筆者以為，
對於常人而言，「不堪吏職」之評，或許帶有負面意涵，然而，
對於因為「性剛才拙」，以致「與物多忤」，而有「不堪吏職」
之慨的隱者淵明來說，「性剛才拙」之個人特色，似乎並非缺
點，反而是一種自嘲與自負。淵明〈感士不遇賦〉云：

> 嗟乎！雷同毀異，物惡其上，妙算者謂迷，直道者云
> 妄。坦至公而無猜，卒蒙恥以受謗，雖懷瓊而握蘭，
> 徒芳潔而誰亮？哀哉！士之不遇，已不在炎帝帝魁之
> 世。獨祇修以自勤，豈三省之或廢。庶進德以及時，
> 時既至而不惠。[78]

引文感嘆當世正道不明，以致有志之士多有不遇之感。
其中，「直道者云妄」、「坦至公而無猜，卒蒙恥以受謗」
諸句，即頗有因「性剛」以致「與物多忤」之意涵存焉。至
於「才拙」部分，淵明《雜詩十二首》其八云：

> 代耕本非望，所業在田桑。
> 躬耕未曾替，寒餒常糟糠。
> 豈期過滿腹，但願飽粳糧。
> 御冬足大布，麤絺以應陽。
> 正爾不能得，哀哉亦可傷。
> 人皆盡獲宜，拙生失其方。

---

78 晉・陶潛著，龔斌校箋：《陶淵明集校箋》，卷5，頁426。

理也可奈何，且為陶一觴。[79]

詩中「人皆盡獲宜，拙生失其方」兩句，講述的雖是田桑之事，但亦可用來評論淵明平時之處世、應世態度，對此，斯波六郎有著相當適切的詮解：

> 在這裡（人皆盡獲宜，拙生失其方），淵明反觀己身並加以自嘲，「拙生」表面上是說自己處世術低下，但不善於處世是站在善於處世者的立場而言，從淵明自身來說，這代表著一種擯斥機巧的淳樸態度。如此一來，「拙生」只意味無機巧和淳樸。事實上，在自嘲不善處世的淵明的心底，潛伏著擯斥機巧自然淳樸的自負。[80]

斯波六郎此處所論甚是。如果說「性剛才拙」的「性剛」，乃是一種「直道而行」、「至公無猜」的「正道精神」之體現的話，那麼，「才拙」確如斯波六郎所述，展示的是一種「擯斥機巧」的「自然淳樸」狀態，而此種特質，既是淵明的「自嘲」，亦是淵明的「自負」。

假若上述的分析大致無誤的話，那麼，〈宋傳〉將「不堪吏職」視作為淵明之出仕轉折關鍵，或許亦是暗示著：身

---

79 晉·陶潛著，龔斌校箋：《陶淵明集校箋》，卷4，頁351。
80 日·斯波六郎作，葉軍譯：〈陶淵明〉，收錄於復旦大學中國古代文學研究中心編：《中國文學研究·第三輯》（南昌：江西教育出版社，2001），頁76。

為隱者的淵明,雖然為貧為親而仕,但依其「性剛才拙」之
個人特質,想必會如同《歸園田居五首》其一所說,儘管一
時「誤落塵網中」,但終有「復得返自然」,回歸隱者行列
的一天。[81]

第三點	〈宋傳〉	蕭〈傳〉	〈晉傳〉	〈南傳〉
「自行解歸」之出仕結果	少日,自解歸。	少日自解歸。	少日自解歸。	少日自解而歸。

　　最後考察〈宋傳〉對於淵明出仕結果的說明──「自行
解歸」。淵明此次的任職,最終還是因為上文所述不堪吏職
的緣故,於是,過不了多久,淵明即自行解歸。關於此事,
其它三傳的說法亦幾乎完全相同。

　　除了〈宋傳〉與其它三傳的比較之外,我們亦可將〈宋
傳〉與陶集作品作一對照,淵明《飲酒二十首》其十九云:

> 疇昔苦長飢,投耒去學仕。
> 將養不得節,凍餒固纏己。
> 是時向立年,志意多所恥。
> 遂盡介然分,拂衣歸田里。
> 冉冉星氣流,亭亭復一紀。
> 世路廓悠悠,楊朱所以止。
> 雖無揮金事,濁酒聊可恃。[82]

---

81 引詩內容參見晉·陶潛著,龔斌校箋:《陶淵明集校箋》,卷2,頁82。
82 晉·陶潛著,龔斌校箋:《陶淵明集校箋》,卷3,頁285。

　　此詩所述內容，可與〈宋傳〉記載相互參看，王叔岷箋
證「是時向立年，志意多所恥」兩句云：「此陶公追述初仕
時也。蓋指初為州祭酒時。」[83]確如王氏的觀察，此處所載
內容理應為〈宋傳〉所錄淵明「起為州祭酒」之事。其中，
「疇昔苦長飢，投耒去學仕」兩句，淵明自述僅靠耕種難以
養家活口，於是決定「投耒學仕」，此正類似於〈宋傳〉所
說「親老家貧，起為州祭酒」之為貧、為親而仕的情境。楊
勇云：

> 淵明長子儼蓋生於二十七歲，次子宣生於二十九歲；
> 如此，二十九歲出仕之時，已有子二人。此顏〈誄〉
> 所謂「母老子幼，就養勤匱」者也。[84]

　　〈宋傳〉僅說「親老家貧」，楊氏之論，又補充了淵明
此時的家中狀況，不只「母老」，還有「子幼」的「就養勤
匱」問題。是故，淵明的投耒學仕，起為州祭酒，誠然有著
為貧、為親而仕的苦心存乎其中。接著，「是時向立年，志
意多所恥」兩句，講的則為淵明因仕而恥之內心感受，至於
為何因仕而恥？或許答案就是〈宋傳〉所說的「不堪吏職」
四字。淵明因為不堪吏職，是故志意多恥，深以為憾。[85]最

---

83 晉·陶潛著，王叔岷：《陶淵明詩箋證稿》，卷3，頁332。
84 楊勇：《陶淵明年譜彙訂》，收錄於晉·陶潛著，楊勇校箋：《陶淵明
　集校箋》（臺北：正文書局，1999），頁414。
85 持平而論，如果僅是因為自身能力的不足，以致「不堪吏職」，則似不
　應有「志意多恥」之感，反而應該深切地「自我反省」才是。因此，此
　處淵明的「不堪吏職」，原因理應如同前文所述：乃是因為自己依循正

後，「遂盡介然分，拂衣歸田里」兩句，袁行霈箋注云：「指堅持耿介之原則，辭彭澤縣令，永歸田里之事。」[86]若如袁氏所說，引詩「盡分歸田」之抉擇，指的乃是淵明辭彭澤縣令，永歸田里之事，那麼，其雖與〈宋傳〉此處所錄「少日，自解歸」之記載內容不盡相同，但是，就辭官歸去的書寫性質而言，兩者仍有相通之處：彼此皆是因為不合官場事宜而決意歸去。

另外，可以稍作補充的是，逯欽立論及淵明「志意多恥」與「不堪吏職」之事云：

> 陶淵明充當門閥世族的僚佐，又是高等職位，為什麼感到「多所恥」，「不堪吏職」呢？為什麼要「少日自解歸」呢？這在千百年後是不容易解答的。幸而還有史傳記載透露出這次解職的真實原因，那就是因為他不屑於向門閥世族王凝之這個五斗米道徒卑躬屈節。[87]

逯氏之處所述，筆者以為，或有值得商榷之處：如前所論，從陶集之相關佐證資料可知，淵明之所以感到「志意多恥」與「不堪吏職」，主要的理由應是基於自身的內在性格

道而行的「性剛才拙」特質，導致「與物多忤」、「不堪吏職」之惡果。而處於此種情境下的淵明，自然容易產生「志意多恥」之感嘆。

86 晉・陶潛著，袁行霈箋注：《陶淵明集箋注》（北京：中華書局，2003），卷3、頁280。

87 晉・陶淵明著，逯欽立校注：《陶淵明集》（北京：中華書局1999），附錄一〈關於陶淵明〉，頁209。

所致。當然，其與某位直屬長官的不合或許也是原因之一，但其乃是屬於外緣因素，而非本質原因。況且，逯氏所評，似乎主觀臆測的成分居多，但具體指實的部分較少，是故，其說或可參考，但仍有待進一步的確認。

據上所述，則《飲酒二十首》其十九與〈宋傳〉在淵明「為貧而仕」之理由，「因仕而恥」之感受，以及「盡分歸田」之抉擇等三個方面，顯然有著相似的敘述模式。

	《飲酒二十首》其十九	〈宋傳〉
「為貧而仕」之理由	疇昔苦長飢，投耒去學仕。	親老家貧，起為州祭酒。
「因仕而恥」之感受	是時向立年，志意多所恥。	不堪吏職。
「盡分歸田」之抉擇	遂盡介然分，拂衣歸田里。	少日，自解歸。

至於此處〈宋傳〉的相關敘述，既可將其視為是後文淵明辭彭澤令之事的雛型，亦可當作是對於後文彭澤故事所預留的參照伏筆。對此，將於後文再行說明。

2.擔任「彭澤令」之事。

四篇史傳對於淵明擔任「彭澤令」之事的記載，主要亦有三點：一是有關「三逕之資」之出仕緣由的強調；二是對於「不願折腰」之出仕轉折的突顯；三為關於「賦歸去來」之出仕結果的說明。

第一點	〈宋傳〉	蕭〈傳〉	〈晉傳〉	〈南傳〉
「三逕之資」之出仕緣由	（淵明）謂親朋曰：「聊欲弦歌，以為三逕之資，可乎？」執事者聞之，以為彭澤令。	（淵明）謂親朋曰：「聊欲弦歌，以為三徑之資，可乎？」執事者聞之，以為彭澤令。[88]	（淵明）謂親朋曰：「聊欲絃歌，以為三徑之資可乎？」執事者聞之，以為彭澤令。[89]	（淵明）謂親朋曰：「聊欲絃歌，以為三徑之資，可乎？」執事者聞之，以為彭澤令。[90]

首先說明〈宋傳〉對於淵明出仕緣由的解釋——「三逕之資」。前文說淵明起為「州祭酒」的出仕原因是「親老家貧」；此處〈宋傳〉則云淵明以為「彭澤令」的求職理由，乃是為了「三逕之資」——為了隱居所需之資，於是先勉強自己出仕，等待一切準備妥當之後，即可掛冠求去，實踐隱居之志。如果說前者「親老家貧」的理由，反映了身為隱者的淵明，其出仕的「不得已」；那麼，此處「三逕之資」的說法，則是體現了求官的淵明，為了隱居所需而「不得不然」的無奈舉動。至於其它三傳的記載，亦類同於〈宋傳〉。

第二點	〈宋傳〉	蕭〈傳〉	〈晉傳〉	〈南傳〉
「不願折腰」之出仕轉折	郡遣督郵至，縣吏白應束帶見之，潛嘆曰：「我不能為五斗米折腰向鄉里小人。」	會郡遣督郵至縣，吏請曰：「應束帶見之。」淵明歎曰：「我豈能為五斗米，折腰向鄉里小兒！」	郡遣督郵至縣，吏白應束帶見之，潛歎曰：「吾不能為五斗米折腰，拳拳事鄉里小人邪！」	郡遣督郵至縣，吏白應束帶見之。潛歎曰：「我不能為五斗米折腰向鄉里小人。」

---

88 以下三點蕭〈傳〉文本，皆參見梁·蕭統著，俞紹初校注：《昭明太子集校注》，頁191-192。

89 以下三點〈晉傳〉文本，皆參見唐·房玄齡等撰：《晉書》，卷94，頁2461。

90 以下三點〈南傳〉文本，皆參見唐·李延壽撰：《南史》，卷75，頁1857。

接著討論〈宋傳〉對於淵明出仕轉折的敘述——「不願折腰」。此處〈宋傳〉所載淵明自述之語「我不能為五斗米折腰向鄉里小人」，[91]幾乎已成後世讀者理解淵明性格的經典論述。對此，其它三傳所述亦皆大同小異。

不過，淵明「不為五斗米折腰鄉里小人」之事，雖然故事動人，影響深遠，但是，王國瓔卻認為：

> （「不能為五斗米折腰」）雖與陶淵明〈歸去來兮辭序〉所言並不相符，顯然已是劉宋時期流傳於文人學士間的故事。據虞世南等所編類書《北堂書鈔》引劉宋後期何法盛《晉中興書》佚文：「陶潛為彭澤令，督郵察縣，吏入曰：『當板履而就謁。』陶潛曰：『吾不能為五斗米折腰向鄉里小人。』於是掛冠而去。」沈約〈宋傳〉或本於此，另外再設想出一段陶淵明向親友表態，求為彭澤令之辭：「聊欲絃歌，以為三逕之資，可乎？」使得整個辭官故事饒富趣味，其「率真」的人格特質也更為傳神，不但顯示陶淵明不肯屈膝逢迎督郵，毅然辭職之高風亮節，同時亦予人以「欲仕則仕，不以求之為嫌；欲隱則隱，不以去之為高」之印象。[92]

---

91 〈宋傳〉所云淵明「不能折腰」之事，實與《晉中興書》有著互文關係：「陶潛為彭澤令，督郵察縣，吏入白：『當板履而就謁。』潛曰：『吾不能為五斗米，折腰向鄉里小人。』於是掛冠而去。」引文收錄於鍾優民編：《陶淵明研究資料新編》（長春：吉林教育出版社，2000），頁1。

92 王國瓔：〈史傳中的陶淵明〉，頁207。

　　王氏的觀點就其論述思路而言，誠然持之有故、言之成理。然而，僅就〈宋傳〉之書寫意圖而論，其對於淵明之率真人格，以及不肯屈膝逢迎督郵，毅然辭職之高風亮節固然極為讚賞。但是，〈宋傳〉作者是否真如王氏所觀察的，同時亦想予人以「欲仕則仕，不以求之為嫌；欲隱則隱，不以去之為高」的印象，恐怕還須進一步辨析才能確認。筆者以為，〈宋傳〉於此想要展示予讀者的淵明形象應是：以「三逕之資」的理由求仕，則欲仕則仕，不以求之為嫌；藉「不能折腰」的個性歸隱，則欲隱則隱，但以去之為高。

第三點	〈宋傳〉	蕭〈傳〉	〈晉傳〉	〈南傳〉
「賦歸去來」之出仕結果	即日解印綬去職。賦〈歸去來〉。	即日解綬去職，賦〈歸去來〉。	義熙二年，解印去縣，乃賦〈歸去來〉。	即日解印綬去職，賦〈歸去來〉以遂其志。

　　最後考察〈宋傳〉對於淵明出仕結果的說明 ——「賦歸去來」。〈宋傳〉此處對於淵明解印綬去職且賦〈歸去來〉的敘述，乃是順著前一點「我不能為五斗米折腰向鄉里小人」的話語而來。淵明因不願折腰而賦〈歸去來〉的結果，不僅極富戲劇性，亦充分展現出淵明自然任真的隱者性情。對此，蕭〈傳〉與〈南傳〉的記載亦類同於〈宋傳〉；至於〈晉傳〉，其對於淵明離職時間的記載方式，則與其它三傳不盡相同。不過，就淵明賦〈歸去來〉以結束官場生涯的論述旨趣而言，四傳的基調，顯然又是雷同的。

　　另外，頗值一提的是，淵明「不為五斗米折腰鄉里小人」

之論，經由《晉中興書》與〈宋傳〉首發，再加上蕭〈傳〉等三篇史傳的推波助瀾，遂成後世讀者理解淵明隱者情性之基本印象。然而，淵明此種自然率性之任真性格的展現，若與東漢逢萌相較，亦讓人頗有異世同調之感，《後漢書·逸民列傳·逢萌》云：

> 逢萌字子康，北海都昌人也。家貧，給事縣為亭長。時尉行過亭，萌候迎拜謁，既而擲楯歎曰：「大丈夫安能為人役哉！」遂去之長安學，通《春秋經》。[93]

　　逢萌為亭長，必須行「候迎拜謁」之禮；淵明為彭澤令，亦必須行「束帶見之」之禮。逢萌擲楯歎曰：「大丈夫安能為人役哉」；淵明亦嘆曰：「我不能為五斗米折腰向鄉里小人」。逢萌於是選擇「遂去」；淵明亦選擇「即日解印綬去職」。對於官場之禮，兩人皆有備受屈辱之感；關於人生態度，兩人皆有貴在適志之嘆；至於仕隱抉擇，兩人皆有不如歸去之舉。換言之，此處兩人任真率性的高士形象，儼然又具有某種程度的互文關係。

　　綜合上述的說明之後，我們或可將淵明擔任「州祭酒」與「彭澤令」兩事稍作比較如下：

　　其一，淵明擔任「州祭酒」之仕隱歷程如下：因貧而仕（州祭酒）── 因仕而恥（不堪吏職）── 因恥而歸（自行解歸）── 因歸而貧（就養勤匱）── 因貧而仕（彭澤縣令）。[94]

---

93 宋·范曄撰，唐·李賢等注：《後漢書》，卷83，頁2759。
94 依據前文〈宋傳〉所載內容可知，淵明在「起為州祭酒」至「以為彭澤

其二，淵明擔任「彭澤令」之仕隱歷程如下：因貧而仕（彭澤令）── 因仕而恥（不願折腰）── 因恥而歸（賦歸去來）── 因歸而貧（就養勤匱）── 因貧而安（固窮之節）。

就仕隱之際的抉擇而言，淵明不管是擔任「州祭酒」還是「彭澤令」，其「因貧而仕」──「因仕而恥」──「因恥而歸」之「仕」──「恥」──「歸」三部曲皆相同；但是，兩者之間最大的區別是，淵明辭去「州祭酒」之後，先是「因歸而貧」，生活再度回到「就養勤匱」之窘境，於是，為了「三逕之資」之隱逸需求，他又再一次的「因貧而仕」，意即後來的擔任彭澤縣令之事。至於淵明辭去「彭澤令」之後的狀況則有所不同，他雖然也再度面臨「因歸而貧」之「就養勤匱」的老問題，但是，這次他決定隱居到底，終生不再復出。換言之，儘管淵明此次仍然必須面對「因歸而貧」之生活窘境，但他卻不再「因貧而仕」，反而選擇了另外一條「因貧而安」──堅守「固窮之節」且安然處之的清貧隱士道路。

3.「歸去來」與「士不遇」── 淵明隱逸情懷之分析。

令」之間，至少還做過「鎮軍參軍」與「建威參軍」兩種職務。不過，本文此處之所以在「州祭酒」之後，直接跳過「鎮軍參軍」與「建威參軍」，馬上下接「彭澤令」，主要的理由有兩點：其一，〈宋傳〉對於淵明任職「州祭酒」與「彭澤令」兩事之前因後果的說明較為詳盡；至於淵明擔任「鎮軍參軍」與「建威參軍」兩事，〈宋傳〉則語焉不詳，比較缺乏具體的論述。其二，淵明於「州祭酒」與「彭澤令」兩事中所呈顯出來的仕隱歷程頗為相近，兩者之間不僅具有類似的敘事結構，亦適合對照參看。是故，筆者此處才會暫且略過「鎮軍參軍」與「建威參軍」兩事，而直接將淵明「州祭酒」與「彭澤令」之出仕經歷進行比較。

對於淵明之隱，〈宋傳〉特別於文中選錄淵明〈歸去來兮辭〉，採用讓作者發言的方式來自明本志：

> 歸去來兮，園田荒蕪，胡不歸。既自以心為形役，奚惆悵而獨悲。悟已往之不諫，知來者之可追。實迷塗其未遠，覺今是而昨非。舟超遙以輕颺，風飄飄而吹衣。問征夫以前路，恨晨光之希微。
>
> 乃瞻衡宇，載欣載奔。僮僕歡迎，稚子候門。三徑就荒，松菊猶存。攜幼入室，有酒停尊。引壺觴而自酌，眄庭柯以怡顏。倚南窗而寄傲，審容膝之易安。園日涉而成趣，門雖設而常關。策扶老以流憩，時矯首而遐觀。雲無心以出岫，鳥勌飛而知還。景翳翳其將入，撫孤松以盤桓。
>
> 歸去來兮，請息交而絕游。世與我以相遺，復駕言兮焉求。說親戚之情話，樂琴書以消憂。農人告余以上春，將有事于西疇。或命巾車，或棹扁舟。既窈窕以窮壑，亦崎嶇而經丘。木欣欣以向榮，泉涓涓而始流。善萬物之得時，感吾生之行休。
>
> 已矣乎！寓形宇內復幾時。奚不委心任去留，胡為遑遑欲何之。富貴非吾願，帝鄉不可期。懷良辰以孤往，或植杖而耘耔。登東皋以舒嘯，臨清流而賦詩。聊乘

化以歸盡，樂夫天命復奚疑。[95]

從引文來看，淵明深悔「心為形役」、「惆悵獨悲」之
生活，故欲隱居以求其本性，於是高唱歸去來兮而歸。之後，
淵明「息交絕游」，過著「倚南窗而寄傲，審容膝之易安」、
「說親戚之情話，樂琴書以消憂」的恬靜生活。若說五柳先
生「任真自得」之人物形象是淵明實錄的話，那麼，〈歸去
來兮辭〉則可視作淵明「委心去留」之自我意志的展現。是
故，〈宋傳〉對於此篇文章，亦如〈五柳先生傳〉般全文照
錄，〈晉傳〉與〈南傳〉亦同：

〈宋傳〉	蕭〈傳〉	〈晉傳〉	〈南傳〉
錄〈歸去來〉全文	無	錄〈歸去來〉全文	錄〈歸去來〉全文

蕭〈傳〉雖然不錄此文，不過，蕭統所編的《文選·辭》
中特別收錄了淵明〈歸去來〉全文，[96]若以文本互文的角度
觀之，此亦可視為是另一種型態的收錄。〈宋傳〉除收錄〈歸
去來兮辭〉全文之外，其述及〈歸去來兮辭〉之創作緣由，
記載亦極為傳神，內容頗能呼應〈歸去來兮辭〉中的「隱居
以求本性」之旨趣，並深深地影響著其它三傳的書寫。

依據前引〈宋傳〉所述，淵明乃因「郡遣督郵至，縣吏
白應束帶見之」事件，深感羞辱，故嘆曰「我不能為五斗米
折腰向鄉里小人。」於是「即日解印綬去職」，並賦〈歸去來〉

95 梁·沈約撰：《宋書》，卷 53，頁 2287-2288。
96 梁·蕭統編，唐·李善注：《文選》，卷 45，頁 2026-2028。

瀟灑離去。〈宋傳〉如此解釋，表面上看來，亦不乏可與〈歸去來兮辭〉所述旨趣相互參照之處：如淵明因為不願「為五斗米折腰向鄉里小人」，故有「既自以心為形役，奚惆悵而獨悲」之哀嘆；於是「即日解印綬去職」，展現「悟已往之不諫，知來者之可追」、「實迷塗其未遠，覺今是而昨非」之體悟；並賦〈歸去來〉離去，充分表達自己「奚不委心任去留」的瀟灑。於是，〈宋傳〉配合〈歸去來兮辭〉之具體內容，並以畫龍點睛的傳神筆法記載淵明辭官賦歸之事，幾乎已經成了千古傳頌的定論。而在〈宋傳〉之後的蕭〈傳〉、〈晉傳〉與〈南傳〉，亦深受其影響，故其所述，除部分文字略有出入外，主要基調皆不出〈宋傳〉所論。

　　準此，則淵明「委心任去留」的歸去來兮之隱，可以歸屬於：如同《後漢書・逸民列傳序》所云的「性分所至」之隱逸型態，[97]此正反映了與儒家迥然有別的另一種隱逸思路。歷來儒家標準下的隱逸之道，基本上遵循的是孔子「邦有道，則仕；邦無道，則可卷而懷之」、「天下有道則見，無道則隱」，[98]以及孟子「窮則獨善其身，達則兼善天下」的應世原則。[99]因此，儒家與其說是看重「仕」與「隱」之

---

97 《後漢書・逸民列傳序》云：「然觀其甘心畎畝之中，憔悴江海之上，豈必親魚鳥樂林草哉，亦云性分所至而已。故蒙恥之賓，屢黜不去其國；蹈海之節，千乘莫移其情。適使矯易去就，則不能相為矣。」范曄「性分所至」之隱逸動機的提法，對於隱逸行為之「自發性」與「主體性」，實深具理論價值。引文參見宋・范曄撰，唐・李賢等注：《後漢書》，卷 83，頁 2755。

98 分見魏・何晏等注，宋・邢昺疏：《論語注疏》，〈衛靈公〉，頁 138 上；〈泰伯〉，頁 72 上。

99 漢・趙岐注，宋・孫奭疏：《孟子注疏》，〈盡心上〉，頁 230 下。

間的抉擇，倒不如說是：其僅是關注出仕之時機適當與否的問題。劉紀曜稱之為「隱居待時，期待天下有道的時代之來臨」的「道隱」或「時隱」，[100]確實相當貼切。對於上述兩種隱逸性質之差異，黃偉倫曾以「他目的性」與「自目的性」兩個概念判分之：

> 就隱逸的「目的動機」來看，隱究竟是為了某種外在的目的，還是隱的本身就有其獨立的意義和價值，也就是說，當個體在面對自我生命的價值抉擇時而選擇隱逸時，這個隱逸是「他目的性」的還是「自目的性」的，是一種植基於儒家式價值底蘊的「權變」，還是根源於道家式價值底蘊的「順性」，仍然是理解六朝隱逸文化內在脈絡的主要線索。[101]

《後漢書·逸民列傳》處理的對象雖是東漢士人，但寫序文的作者范曄卻是南朝劉宋時人，眾所周知，六朝是中國歷史上相當注重隱士的時代，[102]是故，范曄特別於《後漢書》中為逸民列傳，在某種程度上也可視作是對於六朝重隱思潮的具體反映。此時，黃氏所提「隱究竟是為了某種外在的目的，還是隱的本身就有其獨立的意義和價值」，確實已經成

---

100 劉紀曜：〈仕與隱 —— 傳統中國政治文化的兩極〉，收錄於黃俊傑主編：《理想與現實》（臺北：聯經出版事業公司，1993），頁296。
101 黃偉倫：〈六朝隱逸文化的新轉向 —— 一個「隱逸自覺論」的提出〉，《成大中文學報》第十九期（2007年12月），頁25。
102 意者可參王瑤：〈論希企隱逸之風〉，《中古文學史論》（北京：北京大學出版社，1998），頁188-210。

為當時士人普遍關注的主要課題。是故,傳統儒家「道隱」、「時隱」的觀念,已然不能滿足六朝士人在自我主體意識高揚下的隱逸思考,故范曄適時於此時提出「性分所至」這個符合「自目的性」的解答,以對比於「道隱」、「時隱」這種傳統「他目的性」的原則,顯然深具意義。

　　將〈宋傳〉所述「不能為五斗米折腰」之論,以及所錄淵明〈歸去來兮辭〉合而觀之,其呈顯的主要就是淵明自然任真的隱者形象,此亦符合「性分所至」之「自目的性」的隱逸行為。如此,則〈宋傳〉的淵明隱者形象,顯然又可與任真自得的五柳先生之隱者形象相互印證。然而,〈宋傳〉如此的解釋方式,儘管在表面上符合文本內容之脈絡,然而,實質上卻是一種片面取捨的結果。因為,〈宋傳〉似乎刻意淡化了淵明辭官的另一種可能動機,而這點,可從〈宋傳〉雖然選錄淵明的〈歸去來兮辭〉,但卻不錄〈歸去來兮辭〉正文前面淵明親自說明辭官理由的「序言」得到證明:

> 余家貧,耕植不足以自給。幼稚盈室,絣無儲粟,生生所資,未見其術。親友多勸余為長吏,脫然有懷,求之靡途。會有四方之事,諸侯以惠愛為德,家叔以余貧苦,遂見用於小邑。于時風波未靜,心憚遠役,彭澤去家百里,公田之利,足以為酒,故便求之。及少日,眷然有歸與之情。何則?質性自然,非矯厲所得。飢凍雖切,違己交病。嘗從人事,皆口腹自役。於是悵然慷慨,深愧平生之志。猶望一稔,當斂裳宵逝。尋程氏妹喪於武昌,情在駿奔,自免去職。仲秋

至冬，在官八十餘日，因事順心，命篇曰歸去來。序
乙巳歲十一月也。[103]

〈歸去來兮辭序〉提到有關淵明辭官歸隱的兩點重要訊
息：一是作者書寫〈歸去來兮辭〉的時間與地點；二為淵明
真正歸隱的原因與心態。就創作「時間」而言，作者明確說
明是「乙巳歲十一月」，也就是義熙元年（405），此時，淵
明決定正式辭官，於是「自免去職」；從寫作「地點」來看，
則淵明應該是在官邸書寫完成之後，「命篇曰歸去來」，之
後才瀟灑歸去。對此，〈宋傳〉云：「即日解印綬去職，賦
〈歸去來〉，其詞曰：……。」從引文「即日解印綬去職」
之「即日」，之後緊接著「賦」〈歸去來〉之語意脈絡觀之，
〈宋傳〉亦是以為淵明乃是書寫完成〈歸去來兮辭〉之後，
才「舟超遙以輕颺，風飄飄而吹衣」地欣然歸去。〈宋傳〉
的書寫，也影響了後來的蕭〈傳〉與〈南傳〉，蕭〈傳〉云：
「即日解綬去職，賦〈歸去來〉。」〈南傳〉云：「即日解
印綬去職，賦〈歸去來〉以遂其志，曰：……。」兩傳的記
載內容，皆類同於〈宋傳〉。

唯獨〈晉傳〉云：「解印去縣，乃賦〈歸去來〉。其辭
曰：……。」〈晉傳〉不僅不書「即日解印綬去職，賦〈歸
去來〉」，且改曰：「『吾不能為五斗米折腰，拳拳事鄉里
小人邪！』義熙二年，解印去縣，乃賦〈歸去來〉。其辭
曰：……。」若是依據〈晉傳〉的記載，那麼，〈歸去來兮

---

103 晉·陶潛著，龔斌校箋：《陶淵明集校箋》，卷 5，頁 453。

辭〉的寫作「時間」，就不是義熙元年（乙巳歲，405），而
應為義熙二年（丙午年，406）；且其創作「地點」，亦應在
淵明田居之家中，而非淵明之前所居的彭澤令官邸。

如此，則〈歸去來兮辭〉的書寫，就不再如〈宋傳〉所
言，乃是淵明在「不能為五斗米折腰向鄉里小人」之激憤情
緒下的即時反映，而變為淵明歸家之後，經過一段時間的沈
澱、積累，再書寫而成的往事反思。筆者以為，〈宋傳〉、
蕭〈傳〉與〈南傳〉的表述方式，不僅較為貼近人情，且就
人物之形象塑造而言，在「不能折腰向鄉里小人」之後，隨
即接上「即日解印綬去職。賦〈歸去來〉」，顯然對於淵明
任真形象的建構，更具感染力，或許這也正是為何蕭〈傳〉
與〈南傳〉願意接受〈宋傳〉記載的原因。相形之下，〈晉
傳〉的記載雖然較具沉澱之後的觀照意味，但戲劇張力較之
〈宋傳〉，似乎略顯薄弱。

當然，或有論者會質疑，〈歸去來兮辭〉的內容多含「春
天意象」之書寫，其文假若真作於「乙巳歲十一月」，那麼，
何以尚處「仲冬」之時的淵明，卻寫出了諸多理應屬於春天
才有的物色與人事？對此，錢鍾書的分析頗為到位：

> 周君振甫曰：「〈序〉稱〈辭〉作於十一月，尚在仲
> 冬，倘為『追錄』、『直述』，豈有『木欣欣以向榮』、
> 『善萬物之得時』等物色？亦豈有『農人告余以春
> 及，將有事乎西疇』、『或植仗以耘耔』等人事？其
> 為未歸前之想象，不言而可喻矣。」本文自「舟遙遙
> 以輕颺」至「亦崎嶇而經邱」一節，敘啟程之初至抵

家以後諸況，心先歷歷想而如身正一一經。[104]

　　錢氏「心先歷歷想」而如「身正一一經」之論，正可解釋：為何人尚在彭澤官邸的淵明，可以寫出抵家之後的諸種情況，以及身處仲冬之時的淵明，卻能寫出諸種春天意象。

　　至於淵明歸隱的原因與心態部分，〈歸去來兮辭序〉提到兩點理由。第一點是屬於內在本質性的問題：即淵明基於天生「質性自然，非矯厲所得」之本性，故儘管在生理上「飢凍雖切」，但心理上的「違己交病」，卻讓自己更加難以忍受。因此，淵明對於這種「嘗從人事，皆口腹自役」的日子，深覺「悵然慷慨，深愧平生之志」。第二點則屬外在觸發性的理由：即淵明此時恰好遇到其「程氏妹喪於武昌」之事。淵明可能突然面對至親死亡，心情特別哀痛，於是，此時的淵明，決定順勢辭官歸去，一則可以滿足自己「質性自然」的內在需求，二則又能「情在駿奔」，盡快趕到武昌赴妹之喪。最後，基於上述兩個理由，淵明終於在「因事順心」的自覺心態下，「命篇曰歸去來」，以此一作品明志，徹底告別官場。

　　綜上所述可知，〈宋傳〉選錄〈歸去來兮辭〉正文，而卻不錄前面說明辭官理由的「序文」，無形中就淡化了淵明自述的辭官理由，此點正如王國瓔所論：

　　刪去〈歸去來兮辭〉序言，就等於是排除陶淵明自謂

---

104 錢鍾書：《管錐編》（北京：中華書局，1999），第四冊，頁1225-1226。

　　當初辭彭澤令的藉口：「尋程氏妹喪於武昌，情在駿奔，自免去職。」或許如此方能突顯「不能為五斗米折腰向鄉里小人，即日解印綬去職」這一段傳聞佳話，以便強調陶淵明高風亮節的人格特質。[105]

　　王氏所評甚為精當，也確實解釋了〈宋傳〉不錄〈歸去來兮辭〉序文的部分原因。[106]如此，則〈宋傳〉對於〈歸去來兮辭〉之「正文」與「序文」的選錄與否，顯然是一種刻意的安排，而非無意的疏忽。

　　至於淵明真正的隱逸動機，筆者以為，其既不完全像〈逸民列傳序〉所述，屬於「性分所至」的「自目的性」之隱；亦不等同於孔子所說，乃是「隱居以求其志，行義以達其道」

---

105 王國瓔：〈史傳中的陶淵明〉，頁205。

106 此處之所以只說「部分原因」的理由在於，王氏之論，雖然解釋了「程氏妹喪於武昌」這種外在觸發性的理由，但卻沒有涉及到淵明「質性自然，非矯厲所得」這種內在本質性的問題。其實，〈宋傳〉所載「不能為五斗米折腰向鄉里小人，即日解印綬去職」這一段傳聞佳話，與淵明「質性自然，非矯厲所得」之論相較，不僅毫無扞格之處，而且彼此之間，還頗有相輔相成之效果，兩者結合，正可共同建構出如同王氏所說的：陶淵明高風亮節之人格特質的形象。但是，為何〈宋傳〉還是捨棄淵明此處的自敘，其理由或許是因為：〈歸去來兮辭序〉雖然提及淵明作官之後，「少日，眷然有歸與之情。何則？質性自然，非矯厲所得」，但是，淵明畢竟沒有因為此種感慨就馬上辭官歸去，其在「悵然慷慨，深媿平生之志」之餘，尚有「猶望一稔，當斂裳宵逝」的想望。因此，它既不像「尋程氏妹喪於武昌，情在駿奔，自免去職」事件，展現出既快速又直接的「去職效率」；也不如「不能為五斗米折腰向鄉里小人，即日解印綬去職」此一傳聞佳話，呈顯出既任真又率性的「去職格調」。是故，〈宋傳〉作者甘脆直接以「不能為五斗米折腰向鄉里小人」此一傳聞軼事，取代淵明夫子自道之序文。而若細究其深層原因，仍是導因於人物形象的塑造需要所致。

的「待時」、「他目的性」之隱。[107]淵明〈感士不遇賦序〉云：

> 昔董仲舒作〈士不遇賦〉，司馬子長又為之。余嘗以三餘之日，講習之暇，讀其文，慨然惆悵。……撫卷躊躇，遂感而賦之。[108]

既以感士不遇而命篇，又抒慨然惆悵之懷，顯見淵明原欲行義達道而不得時之悲哀，此正可證淵明之隱，實亦有「時不至」、「士不遇」之不得已因素存焉，而非純如〈宋傳〉所展示的，只是任真、性分所至的「自目的性」之隱。淵明〈感士不遇賦〉云：

> 哀哉！士之不遇，已不在炎帝帝魁之世。獨祗修以自勤，豈三省之或廢。庶進德以及時，時既至而不惠。……無爰生之晤言，念張季之終蔽。愍馮叟於郎署，賴魏守以納計。雖僅然於必知，亦苦心而曠歲。審夫市之無虎，眩三夫之獻說。悼賈傅之秀朗，紆遠轡於促界。悲董相之淵致，履乘危而幸濟。感哲人之無偶，淚淋浪以灑袂。……何曠世之無才，罕無路之不澀。伊古人之慷慨，病奇名之不立。[109]

---

107 「隱居以求其志」與「行義以達其道」兩句，語出《論語》，其云：「孔子曰：『見善如不及，見不善如探湯。吾見其人矣，吾聞其語矣。隱居以求其志，行義以達其道。吾聞其語矣，未見其人也。』」參見魏·何晏等注，宋·邢昺疏：《論語注疏》，〈季氏〉，頁149下-150上。
108 晉·陶潛著，龔斌校箋：《陶淵明集校箋》，卷5，頁425。
109 晉·陶潛著，龔斌校箋：《陶淵明集校箋》，卷5，頁426。

　　文中淵明感嘆自己不遇於時，雖「庶進德以及時」，然而「時既至而不惠」，不過，不僅自己如此而此，歷史上的濟濟之士，亦多如此。因此，欲「行義以達其道」而不得的淵明，只好選擇「隱居以求其志」的歸隱道路。然而，孔子所謂的「隱居以求其志」，其本意並非全然真心地歸隱，這點可從《論語‧微子》的記載看出端倪：

> 子路從而後，遇丈人，以杖荷蓧。子路問曰：「子見夫子乎？」丈人曰：「四體不勤，五穀不分。孰為夫子？」植其杖而芸。子路拱而立。止子路宿，殺雞為黍而食之，見其二子焉。明日，子路行以告。子曰：「隱者也。」使子路反見之。至，則行矣。子路曰：「不仕無義。長幼之節，不可廢也；君臣之義，如之何其廢之？欲絜其身，而亂大倫。君子之仕也，行其義也。道之不行，已知之矣。」[110]

　　文中子路所言，亦可視為是孔子觀點的繼承，儒者顯然認為，像荷蓧丈人這種純粹的隱者，儘管具備「絜其身」之美，但卻不免會有「亂大倫」之嫌，因為君子之仕，乃是「行其義」，隱者不仕，則屬「無義」。劉寶楠《論語正義》釋「隱居以求其志，行義以達其道」兩句云：

> 隱居求志，行義達道，若伊尹耕莘，而樂堯、舜之道，及湯三聘而行其君臣之義，以達其所守之道者也。春秋之末，賢人多隱，故長沮、桀溺、接輿、丈人，皆

110　魏‧何晏等注，宋‧邢昺疏：《論語注疏》，頁 166 上。

潔己自高，不復求其所志。夫子「未見」之歎，正緣
於此。然夫子處無道之世，周遊諸侯，栖栖不已。而
又言「天下有道則見，無道則隱」，隱者，即此隱居
求志之謂，非如隱而果於忘世也。《孟子》云：「故
士窮不失義，達不離道。窮不失義，故士得己焉；達
不離道，故民不失望焉。」與此語義正同。程氏瑤田
《論學小記》：「隱居以求其志，求其所達之道也。
當其求時，猶未及行，故謂之志。行義以達其道，行
其所求之志也。及其行時，不止於求，故謂之道。志
與道，通一無二，故曰：士何事？曰尚志。」。[111]

引文所說「隱者，即此隱居求志之謂，非如隱而果於忘
世」之論，確實相當貼切地詮釋出「隱居求志」之意。是故，
像長沮、桀溺、接輿，以及上文所述的荷蓧丈人，皆屬「潔
己自高，不復求其所志」的「果於忘世」之人，此種類型人
物，雖賢，但仍然不符孔子「隱居求志」之標準。

綜上所述可知，孔子所謂的「隱居求志」，僅是為了有
朝一日能夠「行義達道」的權宜之計，並非將隱居視為終極
價值。換言之，「隱居以求其志」並非相對於「行義以達其
道」的另一種獨立價值，它僅是為了追尋「行義以達其道」
之目的，而不得不然的權宜手段，本身不並具備終極關懷之
獨立自主意義。《荀子·宥坐》云：

---

111 清·劉寶楠撰，高流水點校：《論語正義》（北京：中華書局，1998），
卷 19，頁 665。

今有其人不遇其時，雖賢，其能行乎？苟遇其時，何難之有？故君子博學、深謀、脩身，端行以俟其時。[112]

荀子之論正可充分呼應孔子上述觀點，在儒家看來，賢者不遇其時，不妨暫且隱居求志，博學、深謀、脩身，端行「以俟其時」；一旦「苟遇其時」，則可瞬間奮起，此時意欲「行義以達其道」，則如荀子所云：何難之有？淵明〈感士不遇賦〉還提到：

咨大塊之受氣，何斯人之獨靈。稟神智以藏照，秉三五而垂名。或擊壤以自歡，或大濟於蒼生。靡潛躍之非分，常傲然以稱情。世流浪而遂徂，物群分以相形。密網裁而魚駭，宏羅制而鳥驚。彼達人之善覺，乃逃祿而歸耕。

山嶷嶷而懷影，川汪汪而藏聲。望軒唐而永歎，甘貧賤以辭榮。淳源汨以長分，美惡紛其異途。原百行之攸貴，莫為善之可娛。奉上天之成命，師聖人之遺書。發忠孝於君親，生信義於鄉閭。推誠心而獲顯，不矯然而祈譽。[113]

---

112 清‧王先謙撰，沈嘯寰、王星賢點校：《荀子集解》（北京：中華書局，1997），卷 20，頁 527。
113 晉‧陶潛著，龔斌校箋：《陶淵明集校箋》，卷 5，頁 425-426。

　　依據賦文所述，淵明顯然認為：不管是道家式「擊壤以自歡」的性分之隱，還是儒家式「大濟於蒼生」的達道之行，只要是屬於自我抉擇下的取向，那麼，或擊壤自歡之潛、或大濟蒼生之躍，皆可傲然稱情，不必強分彼此、互相抑揚。不過，上述自我抉擇的前提，必須是在天下有道的條件下。若是天下無道，尤其是身處「密網裁而魚駭」、「宏羅制而鳥驚」的險惡世道，那麼，「彼達人之善覺，乃逃祿而歸耕」，隱逸之舉，乃屬勢所必然。因此，對於淵明而言，〈感士不遇賦〉所反映的，乃是一位「原百行之攸貴，莫為善之可娛」、「奉上天之成命，師聖人之遺書」、「發忠孝於君親，生信義於鄉閭」、「推誠心而獲顯，不矯然而祈譽」的謙謙君子，因為身當亂世，故只能「望軒唐而永歎，甘貧賤以辭榮」，選擇「山嶷嶷而懷影，川汪汪而藏聲」的歸隱之路。據此，〈感士不遇賦〉展現的淵明之隱，與其說是「內在性分」的趨向，倒不如說是「外在政治」的逼迫，如此，則此處淵明之隱逸動機似乎較為接近孔子所說的「隱居以求其志，行義以達其道」的「待時」、「他目的性」之隱。然而，就上引〈歸去來兮辭〉的內容觀之，淵明體現的隱逸情懷，又明顯趨向放棄「行義以達其道」之志，轉而實踐「隱居以求本性」之行。換言之，此時的淵明之隱，雖仍可歸入「隱居以求其志」的範疇，但其「隱居之志」的性質，已不再是為了配合「行義以達其道」之終極目的而展現的過度手段，它本身就可以是終極關懷之目的，這點從上引〈歸去來兮辭〉的內容，即可得到證實：

　　首先，「悟已往之不諫，知來者之可追」、「實迷塗其

未遠,覺今是而昨非」、「雲無心以出岫,鳥勸飛而知還」、「歸去來兮,請息交而絕游」、「世與我以相遺,復駕言兮焉求」、「奚不委心任去留,胡為遑遑欲何之」諸句,已可充分反映出淵明徹底放棄行義達道之志,轉向隱居以求其自然性情之歸趨。

其次,「歸去來兮,園田荒蕪,胡不歸」、「乃瞻衡宇,載欣載奔」、「富貴非吾願,帝鄉不可期。懷良辰以孤往,或植杖而耘耔」數句,明顯體現出淵明對於歸去來兮之事,乃是載欣載奔,欣然歸向園田之懷抱。

最後,「引壺觴而自酌,眄庭柯以怡顏」、「倚南窗而寄傲,審容膝之易安」、「說親戚之情話,樂琴書以消憂」、「登東皋以舒嘯,臨清流而賦詩」、「聊乘化以歸盡,樂夫天命復奚疑」等十句,清楚表達出淵明歸田之後的生活,一如任真自得的五柳先生,飲酒寄傲、賦詩自娛,生活基調頗為符合〈逸民列傳序〉所強調的:一種屬於「性分所至」之「自目的性」的隱逸情懷之展現。

據上所述可知,〈感士不遇賦〉與〈歸去來兮辭〉兩文,反映的正是淵明隱逸情懷之委婉曲折。[114]從情志內涵觀之,淵明既有行義達道之志向,又有隱居求志之情懷;就人生歷程考索,淵明的歸隱進路,顯然是由偏向儒家式的「士不遇」,「不得已」的待時之隱,逐漸轉向道家式的「歸去來」,「不

---

[114] 必須特別說明的是,筆者此處的論述內容,僅是針對〈感士不遇賦〉與〈歸去來兮辭〉文中所反映的淵明隱逸情懷而發,並不擬涉入兩文之具體創作時間先後的繫年討論。

容己」的性分之隱。[115]換言之，淵明隱逸之動機，或是基於外在境域下的「不得已」抉擇，或是緣於內在志趣下的「不容己」要求。前者屬於「他目的性」，後者則為「自目的性」。至於〈宋傳〉以五柳先生作為原型所形塑出來的隱者淵明之形象，顯然是以〈歸去來兮辭〉中所展現的「雲無心以出岫，鳥勌飛而知還」、「實迷塗其未遠，覺今是而昨非」這種「不容己」的「性分之隱」，來作為論述主軸。如此，自然會淡化〈感士不遇賦〉中所體現的「庶進德以及時，時既至而不惠」、「伊古人之慷慨，病奇名之不立」這種「不得已」之「待時之隱」的失志感受。

（二）忠晉與否之判分

朱自清認為：「淵明名字之異，自〈宋傳〉以來已然。年號甲子之說，亦發於〈宋傳〉，《文選》五臣註為之推波助瀾，遂成千古佳話。」[116]引文提及兩項重點：一是有關「淵明名字之異」的諸種疑義；二為關於「年號甲子之說」的千古佳話。其中，在「年號甲子之說」的部分，其與淵明「忠晉與否」之問題息息相關，此點將留待下文討論，固無疑義；至於「淵明名字之異」的問題，乍看之下似乎與淵明「忠晉與否」毫無關連，然而，細究其實，即可以清楚看出兩者之間的聯繫脈絡。因此，以下的論述，將分別針對〈宋傳〉所

115　關於這點，亦可從淵明早期曾經多次出入官場，而自從辭去彭澤令，高賦歸去來之後，即終生不再踏入仕途的人生經歷得到印證。

116　朱自清：〈陶淵明年譜中之問題〉，收錄於宋・王質等撰，許逸民校輯：《陶淵明年譜》（北京：中華書局，2006），頁264。

發兩點，進行辨析。

1.有關「淵明名字之異」的諸種疑義。

關於「淵明名字之異」的問題，四篇史傳的說法已經頗為紛歧：

〈宋傳〉：陶潛字淵明，或云淵明字元亮，尋陽柴桑人也。曾祖侃，晉大司馬。[117]

蕭〈傳〉：陶淵明字元亮，或云潛字淵明，潯陽柴桑人也。曾祖侃，晉大司馬。[118]

〈晉傳〉：陶潛字元亮，大司馬侃之曾孫也。祖茂，武昌太守。[119]

〈南傳〉：陶潛字淵明，或云字深明，名元亮。尋陽柴桑人，晉大司馬侃之曾孫也。[120]

為了說明方便，我們將其整理為如下表格：

---

117 梁・沈約撰：《宋書》，卷 93，頁 2286。
118 梁・蕭統著，俞紹初校注：《昭明太子集校注》，頁 191。
119 唐・房玄齡等撰：《晉書》，卷 94，頁 2460。
120 唐・李延壽撰：《南史》，卷 75，頁 1856。

	〈宋傳〉	蕭〈傳〉	〈晉傳〉	〈南傳〉
姓名	陶潛	陶淵明	陶潛	陶潛
字號	字淵明	字元亮	字元亮	字淵明
姓名、字號之另一種可能	或云淵明字元亮	或云潛字淵明	無	或云字深明，名元亮

　　從表格內容可知，關於淵明之「名」與「字」究竟為何的問題，從年代與淵明最為接近的沈約、蕭統以降，已經莫衷一是，難以確指。[121]至於時間距離更為久遠的〈晉傳〉與〈南傳〉，儘管聚訟紛紜，各持己見，但至今仍然沒有定論。這也就難怪朱自清經過詳細考辨之後，會得出「淵明名字，古今計有十說」這樣的結論了。[122]

　　〈宋傳〉云：「陶潛字淵明，或云淵明字元亮。」；蕭〈傳〉曰：「陶淵明字元亮，或云潛字淵明。」〈宋傳〉確定淵明其「名」為「潛」，其「字」為「淵明」。但對於另一種視「淵明」為「名」，「元亮」為「字」的說法，〈宋傳〉卻以「或云」二字帶過，顯然沈約亦無法確認其真實性。有趣的是，蕭〈傳〉反沈約之論而立說，它認為「淵明」為「名」，「元亮」為「字」的說法是對的，反而是「名」為「潛」，「字」為「淵明」的觀點，才值得存疑。那麼，究竟應該如何看待淵明之「名」與「字」的問題？筆者以為，在沒有更多堅實證據之前，張縯《吳譜辨證》的說明或許較

---

121 至於淵明之「名」與「字」為何會產生諸多疑義？朱自清的解釋是：「沈約《宋書》之成，上距淵明之卒，纔六十年，而即有或說，卒見其事自始已為疑案。大抵淵明門衰祚薄，其詩又不甚為當時所重，是以身沒未幾，名字已淆亂耳。」朱氏的說明甚為合理，可從。引文參見朱自清：〈陶淵明年譜中之問題〉，頁268。

122 朱自清：〈陶淵明年譜中之問題〉，頁267。

為合情合理：

> 梁昭明太子〈傳〉稱「陶淵明字元亮，或云潛字淵明」，
> 顏延之〈誄〉亦云「有晉徵士潯陽陶淵明」。以統及
> 延之所書，則淵明固先生之名，非字也。先生作〈孟
> 嘉傳〉，稱「淵明先親，君之第四女」，嘉於先生為
> 外大父，先生又及其先親，義必以名自見，豈得自稱
> 字哉？統與延之所書，可信不疑。晉史謂潛字元亮，
> 《南史》謂潛字淵明，皆非也。先生於義熙中祭程氏
> 妹，亦稱淵明，至元嘉中對檀道濟之言，則云「潛也
> 何敢望賢」。《年譜》云在晉名淵明，在宋名潛，元
> 亮之字則未嘗易。此言得之矣。[123]

　　淵明名字之異，雖自〈宋傳〉以來已然，但是，蕭〈傳〉
卻能擺脫〈宋傳〉之「陶潛」說法，直接上承顏延之〈陶徵
士誄〉中「陶淵明」之稱呼。顏延之為淵明好友，其說應該
可信，若再加上陶集之中的相關佐證，如此，則「在晉名淵
明，在宋名潛，元亮之字則未嘗易」的觀點，似乎較為可信。
對此，楊希閔《晉陶徵士年譜》亦有類似的看法：

> 梁昭明太子〈傳〉、顏延之〈誄〉均作「陶淵明字元
> 亮」，《晉書》、《宋書》、《南史》本傳均作「名
> 潛」，《晉書》作「字元亮」，《宋書》、《南史》

---

123 宋·張縯《吳譜辨證》，收錄於宋·王質等撰，許逸民校輯：《陶淵明
　　年譜》，頁27。

作「字淵明」。其不一如此。今以陶公自言證之,〈孟
府君傳〉稱「淵明先親,君之第四女」,此義當稱名
不稱字,則蕭、顏以為名淵明者信也。他日對檀道濟
曰「潛也何敢望賢」,此亦稱名之證,則《宋書》、
《南史》作名潛者亦信也。昔人云「在晉名淵明,在
宋名潛,元亮之字則一」,確無疑義矣。[124]

綜上所述可知,淵明之名,實為其在「東晉」之「舊名」,
待其「入宋」之後,淵明或是為了展現「忠晉情懷」,或是
為了表示「遺民氣節」,因此「更名為潛」,以示其政治態
度。不過,比較可惜的是,〈宋傳〉與蕭〈傳〉雖皆認可淵
明「恥復屈身後代(劉宋)」之事(說詳下文),但卻僅是
在淵明的「名」、「字」問題上略作暗示,而不像張縯、楊
希閔等人,直接將淵明的「名」、「字」問題,結合政治易
代之事來作論述。

2.關於「年號甲子之說」的千古佳話。

淵明忠晉與否的問題,一直是陶學的論爭焦點之一,〈宋
傳〉云:

潛弱年薄宦,不潔去就之迹,自以曾祖晉世宰輔,恥
復屈身後代,自高祖王業漸隆,不復肯仕。所著文章,

---

124 清・楊希閔:《晉陶徵士年譜》,收錄於宋・王質等撰,許逸民校輯:
《陶淵明年譜》,頁 115。

> 皆題其年月，義熙以前，則書晉氏年號，自永初以來
> 唯云甲子而已。[125]

　　〈宋傳〉認為淵明「弱年薄宦，不潔去就之迹」，雖有微辭，但亦肯定淵明後來的隱者作為：自以曾祖晉世宰輔，恥復屈身後代，自高祖王業漸隆，不復肯仕。而〈宋傳〉為了強調此事的真實性，還不惜加上「（淵明）所著文章，皆題其年月，義熙以前，則書晉氏年號，自永初以來唯云甲子而已」這段補充文字的說明。〈宋傳〉於此，儘管前貶而後褒，但基本上仍是對淵明的隱者行為持正面贊許的態度。對此，其它三傳的記載則是頗為歧異。首先，說明「不潔去就」之事：

〈宋傳〉	〈蕭傳〉	〈晉傳〉	〈南傳〉
潛弱年薄宦，不潔去就之迹。	無	無	潛弱年薄宦，不潔去就之迹。[126]

　　〈宋傳〉對於淵明的微貶之意，儘管有著〈南傳〉的支持，但顯然蕭〈傳〉與〈晉傳〉並不認可。其次，考察「恥屈後代」之事：

〈宋傳〉	〈蕭傳〉	〈晉傳〉	〈南傳〉
自以曾祖晉世宰輔，恥復屈身後代，自高祖王業漸隆，不復肯仕。	自以曾祖晉世宰輔，恥復屈身後代，自宋高祖王業漸隆，不復肯仕。[127]	無	自以曾祖晉世宰輔，恥復屈身後代，自宋武帝王業漸隆，不復肯仕。[128]

125　梁・沈約撰：《宋書》，卷53，頁2288-2289。
126　唐・李延壽撰：《南史》，卷75，頁1858。
127　梁・蕭統著，俞紹初校注：《昭明太子集校注》，頁193。
128　唐・李延壽撰：《南史》，卷75，頁1858-1859。

此為〈宋傳〉所述的隱者淵明，其對於易代之後政治的自我疏離與無言抗議，[129]此種作為，歷代隱士亦不乏其例，《後漢書·逸民列傳序》云：

> 漢室中微，王莽篡位，士之蘊藉義憤甚矣。是時裂冠毀冕，相攜持而去之者，蓋不可勝數。[130]

《後漢書》之〈逸民傳〉，其實質內涵相當於後世的「隱逸傳」。當漢室中微，王莽篡位的易代之際，有節操的士人，不免蘊藉義憤，故相攜持而去者不可勝數。淵明則自高祖王業漸隆之後，不復肯仕，此亦是在類似的易代情境下，隱者之間相通情懷的具體展示。最後，檢視「書晉年號」之事：

〈宋傳〉	〈蕭傳〉	〈晉傳〉	〈南傳〉
所著文章，皆題其年月，義熙以前，則書晉氏年號，自永初以來唯云甲子而已。	無	無	所著文章，皆題其年月。義熙以前，明書晉氏年號，自永初以來，唯云甲子而已。[131]

---

129 隱者此種抗議方式，口雖消極無言，然而其身體卻是充分展示出一種積極的抗議姿態。《論語·泰伯》云：「子曰：『天下有道則見，無道則隱。邦有道，貧且賤焉，恥也；傍無道，富且貴焉，恥也。』」參見何晏集解，邢昺疏：《論語注疏》，頁 72 上。引文已經明確點出政治與隱者之間連動關係，而此聯繫又有兩點可說：一是「無道則隱」的對抗精神之流露；二為「有道則見」的俟機出仕之表現。

130 宋·范曄撰，唐·李賢等注：《後漢書》，卷 83，頁 2756。

131 唐·李延壽撰：《南史》，卷 75，頁 1859。

〈宋傳〉引文乃是順著「恥屈後代」事件而發，〈晉傳〉既不認同淵明「恥屈後代」之事，自然也就不會承認「書晉年號」的記載；〈南傳〉則反之，既認同淵明「恥屈後代」之事，自然也就順勢承認「書晉年號」的記載。比較特別的是蕭〈傳〉，它雖然認可淵明「恥屈後代」之事，但卻不贊同「書晉年號」的說法。不過，相對而論，扣除完全沒有任何記載的〈晉傳〉之後，贊同淵明「恥屈後代」的說法，仍可視為是其它三傳的最大公約數。

關於〈宋傳〉此處所論，是否符合史實我們姑且不論，但其撰述用心則是非常明顯：想要強調淵明之「忠晉隱者」形象。[132]如此，則淵明之隱者形象，在「穎脫不羣，任真自得」的隱者形象之外，又加上了帶有政治抗議意味的忠貞形象。不過，整體而言，沈約〈宋傳〉對於淵明之隱者形象的建構，不論是在論述篇幅的多寡上，還是在展現旨趣的深淺上，主要還是著重在淵明「隱逸志趣」的描繪，而非「忠晉情懷」的抒發，這點可從〈宋傳〉的書寫內容得到證明。

（三）人境隱逸之型態

〈宋傳〉總共選錄淵明四篇詩文：〈五柳先生傳〉、〈歸去來兮辭〉、〈與子儼等疏〉與〈命子詩〉。其中，〈五柳先生傳〉與〈歸去來兮辭〉兩文，如前所述，展示的乃是隱

---

132 此處淵明之「忠晉」形象，顯然已經溢出〈五柳先生傳〉之書寫格局，是故，〈宋傳〉對於淵明人物形象的建構，雖以〈五柳先生傳〉之「飲者」與「隱者」兩大意象為其藍本，但在「隱者」意象部分，顯然又加入某些史家重視的「政治意涵」。

者淵明之人物形象與隱逸情懷。[133]至於〈與子儼等疏〉與〈命子詩〉兩篇作品，王國瓔認則是認為：「〈與子儼等疏〉及〈命子詩〉，則展示陶淵明對兒子的叮嚀囑咐與慈祥關愛，同時亦正好符合史傳每每大略言及傳主後輩子孫的傳統。於是，傳主陶淵明既為隱士，又為人父的社會角色，都攬括在內了。」[134]王氏所論甚確，〈與子儼等疏〉與〈命子詩〉兩文的內容，反映的正是淵明身為陶氏家族中的一份子，其所應該扮演的角色與展現的態度。

不過，〈與子儼等疏〉與〈命子詩〉兩篇文章，雖然如實反映出淵明身為父親的社會角色。但是，就隱者之生活內容而言，淵明這種身兼人倫角色之扮演的隱逸型態，卻是更加值得注意。《宋書·隱逸傳·周續之》云：

> 時彭城劉遺民遁迹廬山，陶淵明亦不應徵命，謂之尋陽三隱。以為身不可遣，餘累宜絕，遂終身不娶妻，布衣蔬食。……江州刺史每相招請，續之不尚節峻，頗從之游。常以嵇康《高士傳》得出處之美，因為之注。[135]

周續之、劉遺民與淵明三人，當時稱為「尋陽三隱」。三人之間，不僅各自性格有異，處世態度不同，即便是隱逸

---

133 此點，前賢如王國瓔已經有過提示，其云：「其中〈五柳先生傳〉與〈歸去來兮辭〉，或可補充說明陶淵明的隱士身分與歸隱情懷。」參見王國瓔：〈史傳中的陶淵明〉，頁204。
134 王國瓔：〈史傳中的陶淵明〉，頁204。
135 梁·沈約撰：《宋書》，卷93，頁2280。

型態，亦頗不相類。齊益壽認為：

> 時人將慧遠的兩大居士弟子劉遺民、周續之，與陶淵
> 明合稱「尋陽三隱」，而三人行事風格，頗不相同。
> 劉、周各得慧遠之一體，一個以「出家修道」之姿，
> 一個以「處俗弘教」之態，各使隱士的形象，推陳出
> 新，別開生面。陶淵明在隱者之中，傳統色彩較濃，
> 是儒家「天下無道則隱」的實踐者，然而他選擇躬耕
> 田畝，把最平凡的田園景物、日常生活，透過他的情
> 懷，醞釀成令人賞心悅目的美與真，發酵成餘味無窮
> 的詩和文，其形象之清真，更是萬古而常新。是以「尋
> 陽三隱」看似同源分流、或是異途殊軌，卻是各有勝
> 境，各有千秋，在玄學漸隱、佛法方滋的年代，閃耀
> 著新一代的文化精神脈動。[136]

　　依據齊氏之論，就處世、應世態度而言，劉遺民展示的
是「出家修道」之姿；周續之呈顯的為「處俗弘教」之態；
淵明體現的則是儒家「無道則隱」的具體實踐。而就三人之
隱逸型態來看，蔡瑜的判分如下所述：

> 當時與陶淵明有地緣關係並且具代表性的重要隱
> 者，乃是與陶淵明合稱「尋陽三隱」的周續之與劉程

---

136 齊益壽：〈試論「尋陽三隱」——陶淵明三首交游詩探析〉，收於國立
臺灣大學中國文學系編印：《王叔岷先生學術成就與薪傳研討會論文集》
（臺北：臺灣大學中國文學系，2001），頁348。

之，他們三人恰好分別體現了三種不同類型的隱逸方式，我們不妨簡稱為「三隱類型」，它們分別對應於「名教即自然型」、「高蹈避世型」與「人境自然型」，前兩種類型明顯地前有所承，而「人境自然型」則是陶淵明回應此一議題所作的新開展。[137]

從隱逸型態觀之，蔡氏顯然是認為：周續之對應的是「名教即自然型」；劉遺民體現的是「高蹈避世型」；至於淵明，其所照應的則為「人境自然型」。此外，蔡氏還進一步辨析，「名教即自然型」與「高蹈避世型」兩種隱逸型態，明顯前有所承；而「人境自然型」之隱逸型態，則是淵明所作的新開展。

不過，筆者以為，若就隱者「自身詩文」所反映的隱逸類型而論，「人境自然」的隱逸型態，確實如同蔡氏所述，是淵明所作的新開展；但若僅從隱者「自身生活」所映照的隱逸型態來看，則「人境自然」的隱逸型態，似乎在淵明之前，已有若干例證可供參考。[138]《論語・微子》云：

> 子路從而後，遇丈人，以杖荷蓧。子路問曰：「子見夫子乎？」丈人曰：「四體不勤，五穀不分。孰為夫

---

137 蔡瑜：〈隱逸世界〉，《陶淵明的人境詩學》（臺北：聯經出版事業公司，2012），頁115。

138 必須特別說明的是，此處所謂的「人境自然」之隱逸型態，主要是一種「廣義」界定下的「泛指」，而非「狹義」界定下的「專指」。換言之，此處的「人境自然」，指的乃是：一種順應自然本性，既安居於自然環境之中，又保有諸種人倫情懷的純樸生活。

子？」植其杖而芸。子路拱而立。止子路宿，殺雞為
黍而食之，見其二子焉。明日，子路行以告。子曰：
「隱者也。」使子路反見之。至，則行矣。子路曰：
「不仕無義。長幼之節，不可廢也；君臣之義，如之
何其廢之？欲絜其身，而亂大倫。君子之仕也，行其
義也。道之不行，已知之矣。」[139]

　　文中的荷蓧丈人，顯然過的是一種如同淵明般的田居生
活：其既「植其杖而芸」，又「止子路宿，殺雞為黍而食之，
見其二子焉」。可見，荷蓧丈人的隱居生活，乃是類同於淵
明，既有躬耕之辛勤，又兼人倫之照應。只是，其與淵明的
最大差別在於：身為隱者的淵明，留下不少詩文來反映其隱
逸生活的點點滴滴，但荷蓧丈人僅是單純地過著隱逸生活，
卻沒有相關的隱逸詩文傳世。王國瓔云：

> 就史籍可考之隱士中，將隱居生活點滴，個人情懷感
> 受，不斷記錄於詩篇者，當推陶淵明為第一人。[140]

　　正因淵明是史籍可考的隱士中，將「隱居生活」點滴、
個人「情懷感受」，不斷「記錄」於詩篇的「第一人」。是
故，就隱者「自身詩文」所反映的隱逸類型而言，淵明才能
成為「人境自然型」之隱逸書寫的開展者。至於荷蓧丈人，

---

139 魏·何晏等注，宋·邢昺疏：《論語注疏》，頁166上。
140 王國瓔，〈陶詩中的隱居之樂〉，《古今隱逸詩人之宗 —— 陶淵明論析》
　　（臺北：允晨文化，1999），頁107。

　　儘管其亦過著「隱居生活」，也有著個人的「情懷感受」，
但可惜的是，他並沒有將其「記錄」於詩文之中，故他對於
「人境自然」之隱逸型態的貢獻，主要在於隱逸生活的具體
展示，而非隱逸生活的如實書寫。

　　淵明〈和劉柴桑〉云：

> 山澤久見招，胡事乃躊躇？
> 直為親舊故，未忍言索居。[141]

　　因為親舊之故，是故未忍離群索居，此為淵明之人倫關
懷。其《雜詩十二首》其四云：

> 丈夫志四海，我願不知老。
> 親戚共一處，子孫還相保。[142]

　　平日有親戚為伴，子孫相保，即可自足於懷，此為淵明
心中理想的隱逸生活。其《歸園田居五首》其一云：

> 方宅十餘畝，草屋八九間。
> 榆柳蔭後簷，桃李羅堂前。
> 曖曖遠人村，依依墟里煙。
> 狗吠深巷中，雞鳴桑樹顛。[143]

---

141 晉・陶潛著，龔斌校箋：《陶淵明集校箋》，卷2，頁135。
142 晉・陶潛著，龔斌校箋：《陶淵明集校箋》，卷4，頁342。
143 晉・陶潛著，龔斌校箋：《陶淵明集校箋》，卷2，頁82。

　　居於雞鳴狗吠的人境之中，既有方宅十餘畝，又有草屋八九間，還有榆柳蔭後簷、桃李羅堂前，此為淵明樂於安居之田園。其《移居二首》其一云：

> 昔欲居南村，非為卜其宅。
> 聞多素心人，樂與數晨夕。[144]

　　欲居南村，非為其宅，乃是因其有著「樂與數晨夕」之素心人，此為淵明隱逸場域之選擇。其《歸園田居五首》其三云：

> 種豆南山下，草盛豆苗稀。
> 晨興理荒穢，帶月荷鋤歸。
> 道狹草木長，夕露霑我衣。
> 衣霑不足惜，但使願無違。[145]

　　種豆南山之下，帶月荷鋤而歸，此為淵明之躬耕生活。其《歸園田居五首》其四云：

> 久去山澤遊，浪莽林野娛。
> 試攜子姪輩，披榛步荒墟。[146]

---

144 晉・陶潛著，龔斌校箋：《陶淵明集校箋》，卷 2，頁 129。
145 晉・陶潛著，龔斌校箋：《陶淵明集校箋》，卷 2，頁 88-89。
146 晉・陶潛著，龔斌校箋：《陶淵明集校箋》，卷 2，頁 90。

　　試攜子姪，遊於浪莽林野，此為淵明之休閒生活。總之，淵明之隱逸生活，正如其《飲酒二十首》其五所說，乃是一種「結廬在人境，而無車馬喧。問君何能爾？心遠地自偏」的人境隱逸之型態。[147]其中，「問君何能爾？心遠地自偏」兩句，展現的是淵明超然高遠之隱逸情調，至於「結廬在人境，而無車馬喧」兩句，突顯的即為淵明安居人境之倫理關懷。鍾秀〈陶靖節記事詩品二十二則〉云：

> 秀謂隱逸者流，多以絕物為高，如巢父、許由諸人，心如槁木，毫無生機，吾何取焉。又如老子知我者希，則亦視己太重，視人太輕，以為天壤間竟無一人能與己匹，是誠何心。今觀靖節以上諸詩，情致纏綿，詞語委婉，不儕俗，亦不絕俗，不徇人，亦不褻人，古人柳下惠而外，能介而和者，其先生乎。[148]

　　淵明諸詩，之所以能夠「情致纏綿，詞語委婉」，正是因為其不廢人倫、不離人倫之故。因此，淵明的人境之隱，畢竟不同於巢父、許由諸人的絕人、絕物之隱，亦不類於老子「視己太重，視人太輕」的重己、貴我之隱。〈宋傳〉對於淵明此種隱逸型態，雖未明確點出，但其收錄〈與子儼等疏〉與〈命子詩〉兩文，除了如同前文所述，可以展示其對

---

147 晉‧陶潛著，龔斌校箋：《陶淵明集校箋》，卷3，頁253。
148 北京大學北京師範大學中文系、北京大學中文系文學史教研室編：《陶淵明資料彙編》（北京：中華書局，2004），上冊，頁244。

兒子的叮嚀囑咐與慈祥關愛，以及符合史傳每每言及傳主後輩子孫的傳統之外，亦暗示了淵明的隱逸情調，其中蘊含有強烈的人間關懷，而這種屬於倫理面向的隱逸內涵，則是純任自然，一味展現任真率性的五柳先生所缺乏的形象特質。

四、結　語

　　本文認為五柳先生與陶集中的淵明形象，確實存在著某種程度的雷同，故〈宋傳〉對於〈五柳先生傳〉，以實錄視之，誠然持之有故、言之成理。不過，這只是問題的一個方面，若我們深入探究淵明於詩文中的自我表白，即會發現，光是「穎脫不羣，任真自得」的五柳先生形象，似不足以概括淵明之整體面貌。筆者以為，從五柳先生與淵明之「相通形象」觀之，「穎脫不羣，任真自得」固為其所同；但就五柳先生與淵明之「相異形象」考察，那麼，僅具「單一」、「片面」形象之五柳先生，實難等同於淵明之「複雜」、「整體」形象。

　　〈宋傳〉作者意圖在〈五柳先生傳〉的基礎上，對淵明「穎脫不羣，任真自得」之「飲者」與「隱者」特質，進行人物形象的「重構」工作，雖然就「重構結果」來看，〈宋傳〉可說相當成功，甚至其形塑模式，儼然已經成為後來蕭〈傳〉、〈晉傳〉與〈南傳〉的論述原型，影響可謂深遠。不過，若是從〈宋傳〉的「重構內涵」而言，在〈宋傳〉對於淵明「飲者」形象的重構部分，此點似乎較無疑義，其主要還是依循五柳先生的飲者風流形象而推衍之；但是，〈宋

傳〉在關於淵明「隱者」形象的重構部分，其不管是對於淵明在仕隱之際的內心抉擇描述，[149]還是對於淵明在政治態度上的忠晉與否之判分，或是對於淵明人境隱逸之型態的提示，其具體人物形象的展示，較之於單純的五柳先生，顯然就複雜許多。

本文分別從〈宋傳〉對於淵明「飲者」形象之重構與影響，以及〈宋傳〉對於淵明「隱者」形象之重構與影響兩個部分各自展開討論，並透過〈宋傳〉與蕭〈傳〉、〈晉傳〉、〈南傳〉的參照、對比，希望能夠較為完整地尋繹出〈宋傳〉對於淵明人物形象的「重構範式」，以及這種「重構範式」對於其它三傳在淵明人物形象塑造進程中的實質影響。

其中，在〈宋傳〉對於淵明「飲者」形象之重構與影響部分，本文特別針對「公田種秫」、「王弘共飲」、「延之造潯」、「延之留錢」、「重九醉酒」、「酒適撫琴」、「我醉欲眠」、「葛巾漉酒」等八事展開討論，進而從中理出〈宋傳〉對於淵明「飲者風流」之形象的塑造。而在〈宋傳〉對於淵明「隱者」形象之重構與影響部分，本文則是以淵明「仕隱之際的抉擇」、「忠晉與否之判分」與「人境隱逸之型態」等三點作為切入視角，進而得出〈宋傳〉中的淵明，其「隱者高趣」的具體內涵已經不同於五柳先生。其不僅多次出入仕途，徘徊於「士不遇」與「歸去來」之間，且其對於東晉與劉宋的政治態度，亦頗值深思，〈宋傳〉刻意強調淵明之「忠晉隱者」形象，其是否符合史實我們暫且不論，但其為

---

149 此處所謂的內心抉擇描述，並非由〈宋傳〉作者所自行揣摩，而是藉由引錄淵明自己的作品如〈歸去來兮辭〉、〈與子儼等疏〉來夫子自道。

文用心則是非常明確：在淵明「穎脫不羣，任真自得」之隱者形象的基礎上，再加上帶有政治意味的忠貞形象。至於淵明的「人境隱逸之型態」，其中不僅蘊含有強烈的人間關懷，而且，這種屬於倫理面向的隱逸內容，更與純任自然，一味展現任真率性的五柳先生迥然有別，此又可證：〈宋傳〉雖是以五柳先生作為形塑淵明人物形象之原型，但是，它僅是將淵明之人物形象，類同於五柳先生，而非等同。因為，〈宋傳〉在形塑淵明人物形象的兩大元素 ——「飲者風流」與「隱者高趣」部分，儘管頗受〈五柳先生傳〉的啟發，然而，在具體內容的論述部分，〈宋傳〉對於〈五柳先生傳〉卻是既有拓展，亦有深化。因此，我們可以這樣認為：〈宋傳〉並非是另一篇有名有姓版本的〈五柳先生傳〉，而是一篇藉由「重構」〈五柳先生傳〉而完成的淵明新傳記。

第五章　「道統」與「風教」

—— 蕭〈傳〉對於淵明人物形象之因襲與重構

一、前　言

　　陶淵明雖然生前寂寞，但死後卻能名列《宋書》、《晉書》與《南史》三大正史之〈隱逸傳〉：《宋書·隱逸傳》、《晉書·隱逸傳》與《南史·隱逸傳》（以下簡稱〈宋傳〉、〈晉傳〉與〈南傳〉）。另外，還有蕭統私淑其人而作的〈陶淵明傳〉（以下簡稱蕭〈傳〉），亦可與上述三部史書之記載互相參看。四傳之中，〈宋傳〉、〈晉傳〉與〈南傳〉屬於正史，其傳文納入淵明傳記資料的討論並無疑義，比較需要說明的是，蕭〈傳〉乃是私著，卻何以能夠進入淵明史傳研究的考察視野之中？其主要的原因應有三點：

　　其一，以「書寫時間」觀之，四傳之中，〈宋傳〉成書最早，[1]蕭〈傳〉次之，〈晉傳〉又次之，〈南傳〉則是最晚

1　沈約《宋書·自序》云：「（永明）五年春，又被勑撰《宋書》。六年二月畢功，表上之，曰：『……本紀列傳，繕寫已畢，合七帙七十卷，臣今謹奏呈。所撰諸志，須成續上。謹條目錄，詣省拜表奏書以聞。』」可見《宋書》在永明六年二月已經基本完成。引文參見梁·沈約撰：《宋書》（北京：中華書局，1996），卷 100，頁 2466-2468。

完成。其中，〈宋傳〉與蕭〈傳〉皆屬南朝作品，沈約為齊梁時人，蕭統雖略晚於沈約，但亦為梁朝時人，兩人上距淵明卒年的劉宋時期，年代甚為接近，資料可信度理應較高。至於〈晉傳〉與〈南傳〉的成書則相對較晚，其完成已是唐朝之時。是故，蕭〈傳〉的成篇雖然晚於〈宋傳〉約四十年，但卻比〈晉傳〉與〈南傳〉早了約百餘年。因此，就史料的傳承、接受與影響而論，蕭〈傳〉所述淵明事跡，一方面既能上承〈宋傳〉，另一方面又可下啟〈晉傳〉與〈南傳〉，故其所述內容，實頗具參考價值，相當具有承先啟後的關鍵地位。

其二，從「撰述動機」言之，蕭統甚為私慕淵明為人，另外，他還是淵明文集的愛好者、搜求者、整理者與編集者。[2]是故，蕭統對於淵明之生平事跡、人物形象，理應有著較為全面的認識，故其所述，自然深具史料價值，因此可與其它三傳，一起列入考察淵明生平事跡的四大史傳之中。

其三，就「論述內容」考之，四傳之中，〈宋傳〉與蕭〈傳〉較具原創性，至於〈晉傳〉與〈南傳〉，則多有依傍〈宋傳〉、蕭〈傳〉之處。對此，只須將四傳內容相互交叉比對，即可得到證明。[3]

---

2 蕭統在中國文學史上，無疑是具有深遠影響力之人。然而，他最主要的文學業績，並非反映在其詩文創作上，而是奠基於二件事：一是他所主持編纂的《文選》；二為他對陶淵明其人、其文的接受研究。有關《文選》的諸種問題，因與本書論題較無關連，故此處暫且不論。至於蕭統的陶淵明研究，不論是取材的廣度，或是論述的深度，在南朝均屬一時之選。

3 〈晉傳〉與〈南傳〉之具體內容，多有受蕭〈傳〉啟發者，故蕭〈傳〉對於淵明生平之論述效力，不僅不下於上述三史，甚至就史料信度與效度而言，蕭〈傳〉的文獻價值，恐怕還在〈晉傳〉與〈南傳〉之上。

　　目前論及史傳中的淵明事跡與形象，或是重視四傳之相關資料的真偽考證、虛實辨析；[4]或是強調四傳內容對於淵明之生平事跡、人格情性的論述基調，以及彼此之間的沿襲之處。[5]前者分析了具體事跡與人物形象之關係，講究相關史實之釐訂；後者則著眼於四傳在事跡描述、情性展示上的大同小異，突顯史料詮解之基調。然而，兩文的相通之處，皆是將蕭〈傳〉與〈宋傳〉、〈晉傳〉、〈南傳〉並列，視為可以考察淵明生平事跡與人物形象的四大史傳之一。此亦可證蕭〈傳〉的史料價值，已為後世論者所認可。

　　依據常理而言，後世讀者若是對於前代人物之生平事跡、人格情性有著濃厚興趣，通常會尊重、參考相關正史的記載。在蕭統之前，其實沈約〈宋傳〉對於淵明之生平事跡、人格情性已有較為清楚的表述。然而，令人疑惑的是，蕭統卻還是另外替淵明寫了一篇〈陶淵明傳〉。因此，合理的推測應是：〈宋傳〉對於淵明人物形象之塑造，並不能完全讓蕭統滿意。是故，蕭統不得不另起爐灶，以重構出另一種較為符合自己期待視野的淵明形象。如此，則蕭〈傳〉與〈宋傳〉之間的承繼脈絡，則在「因襲」關係之外，還另存有自己的「重構」之處，值得我們進一步探究與辨析。

---

4 如齊益壽從史傳中所載淵明之「交游狀況」、「仕宦經歷」與「趣聞逸事」，分別和淵明詩文等相關資料加以比較、辨證，以判別其虛實真偽。參見齊益壽：〈論史傳中的陶淵明事迹及形象〉，收錄於葉慶炳等著：《文史論文集》（臺北：台灣商務印書館，1985），頁 152。

5 如王國瓔認為：「這四篇陶淵明傳，基調相同，內容多相沿襲，資料運用雖各有增減取捨，整體視之，實則大同小異，共同構成研究陶淵明生平事跡、人格情性，不可或缺之重要資料。」參見王國瓔：〈史傳中的陶淵明〉，《臺大中文學報》第十二期（2000 年 5 月），頁 198。

　　順此思路，筆者以為，蕭統對於淵明之人物形象，應該存在著一種屬於個人式的獨特理解，而且，從他有意另立新傳的舉動看來，蕭統的這種特殊理解，不僅有著深刻的自覺意識，並且，也充分融入了蕭統主觀方面的期待視野。我們試將蕭〈傳〉與〈宋傳〉對照比較，即可發現，蕭〈傳〉的基本內容，雖然是承襲〈宋傳〉的論述架構，但對於淵明某些形象特質的塑造，蕭統顯然有著另外的關懷重心與表述方式，而這些差異，也正好可以證明：蕭統對於淵明之人格特質與整體形象，確實存在著匠心獨運式的特殊理解。[6]如此，則本文必須謹慎處理以下三個問題：

　　其一，蕭統對於淵明之特殊理解的具體內涵究竟為何？而此具體內涵又可否從蕭〈傳〉，以及相關文獻中找到理據並證成之？

　　其二，蕭〈傳〉所欲建構之淵明形象，較之淵明在陶集中所呈現出來的自我影像，彼此之間是否能夠完全契合？或者退一步講，至少不要有所衝突？

　　其三，蕭統對於淵明的特殊理解方式，僅是孤立地存在於蕭〈傳〉中，還是可以一以貫之地融入蕭統其它相關的論述中？

　　以上三點，第一點是屬於蕭統對於淵明的特殊理解「是

6　田曉菲提到：「雖然數種陶傳的主體基本一致，但是細節的增減，使它們各自呈現了相當不同的詩人形象，同時，也揭示了傳記作者本人的不同思想傾向。」田曉菲：《塵幾錄 —— 陶淵明與手抄本文化研究》（北京：中華書局，2007），第二章〈先生不知何許人也〉，頁 53。可見，不同的傳記作者，對於淵明形象的細節刻劃，亦有不同的取捨，而每種選擇的背後，則意味著不同的觀察視野與價值判斷。

什麼」的問題？第二點則是反思蕭統對於淵明形象的建構是否如實反映出陶集中的淵明樣貌？它究竟是一種真切的印證？還是僅為一場美麗的誤讀？第三點則屬於應該如何證成蕭〈傳〉對於淵明的理解方式，不是一時興起的孤立現象，而是自覺意識下之審美品味的體現？

據此可知，本文的寫作重心，既非考辨史實中之淵明形象的真偽，亦非展示史傳中之淵明形象的基調，而是想要論述，身為嗜好淵明文集、欣賞淵明人格的蕭統，究竟是如何在蕭〈傳〉中建構出：符合自己期待視野與審美品味的淵明形象。不過，由於蕭〈傳〉的書寫，畢竟是在〈宋傳〉之後，是故，筆者以為，意欲討論蕭統對於淵明形象塑造之獨特性，仍然必須以〈宋傳〉作為參照基礎，[7]如此，方能較為準確地把握住蕭〈傳〉的匠心獨運之處。換言之，本文主要想透過蕭〈傳〉與〈宋傳〉的對照、比較，尋繹出蕭〈傳〉對於〈宋傳〉的「因襲」與「重構」。其中，「因襲」部分的問題較小，其主要展現的是〈宋傳〉與蕭〈傳〉的共通之處；[8]至於「重構」部分的具體內容，就相當值得進一步探究，因為這是蕭〈傳〉中最具原創性與啟發性的部分。對此，我們可從蕭〈傳〉對於〈宋傳〉論述內容之「刪補」，以及蕭〈傳〉對於〈宋傳〉選錄文章之「取捨」兩個方面，來展開討論。[9]

---

7 當然，在必要的時候，我們亦會將淵明自我建構的五柳先生樣貌，以及顏延之從他者眼光所形塑而成的靖節徵士形象，一起納入討論。

8 對此問題的相關討論，還可參看本書第四章：「飲者」與「隱者」——〈宋傳〉對於淵明人物形象之重構與影響。由於此一議題在本書第四章已有論述，故為免重複，本章對於前章已提之事，除非必要，不再多所贅言。

9 相關論述還可參看齊益壽：〈論史傳中的陶淵明事迹及形象〉，頁 109-159；

二、蕭〈傳〉對於〈宋傳〉論述內容之「刪補」

接下來的討論,筆者嘗試以蕭〈傳〉對於〈宋傳〉的刪補狀況,作為討論的起點,並藉以考察蕭統對於淵明人物形象之重構。蕭〈傳〉的書寫,雖有參考〈宋傳〉之處,但在某些具體內容的處理上,亦充分顯示出自己的特色。它既有「增補」的部分,也有「添加」的地方。前者指的是蕭〈傳〉在〈宋傳〉的論述基礎上,再加以補充說明的細部內容;後者則意味著蕭〈傳〉在〈宋傳〉的書寫範疇之外,另行增添新的內容。換言之,前者屬於踵事增華,是在「有中求全」;後者則為添枝加葉,屬於「無中生有」。另外,還有一種較為特殊的「有刪有補」類型,顧名思義,此種類別中既有對〈宋傳〉內容的刪除部分,亦有對其修補之處。三種類型相加,總共就有九處之多。其中,屬於「增補」類型的共有四處;歸為「添加」地方的也有四處;至於較為特殊的「有刪有補」類型,則僅有一例。

(一)「有中求全」之「增補」部分

關於四處增補內容的具體論述,則如下列表格所示。其中,蕭〈傳〉引文中底部劃線的部分,即為蕭〈傳〉對於〈宋

王國瓔:〈史傳中的陶淵明〉,頁 193-228;田曉菲:〈「先生不知何許人也」——「重構五柳先生:傳記四種」〉,頁 62-82;田菱著,張月譯:〈隱逸‧早期史傳中的陶淵明隱士形象〉,《閱讀陶淵明》(臺北:聯經出版事業公司,2014),頁 38-62;田恩銘:〈境中之象:中古史傳與文本經典化進程 ——「從隱逸到隱逸:陶淵明形象的常與變」〉,《中古史傳與文學研究》(長沙:岳麓書社,2015),頁 31-43。

傳〉的增補內容。

	〈宋傳〉	蕭〈傳〉
第一處	陶潛字淵明,或云淵明字元亮,尋陽柴桑人也。曾祖侃,晉大司馬。潛少有高趣,嘗著〈五柳先生傳〉以自況:……其自序如此,時人謂之實錄。[10]	陶淵明字元亮,或云潛字淵明,潯陽柴桑人也。曾祖侃,晉大司馬。淵明少有高趣,博學善屬文,穎脫不羣,任真自得。嘗著〈五柳先生傳〉以自況:……時人謂之實錄。[11]
第二處	公田悉令吏種秫稻,妻子固請種秔,乃使二頃五十畝種秫,五十畝種秔。[12]	公田悉令吏種秫,曰:「吾常得醉於酒,足矣。」妻子固請種秔,乃使二頃五十畝種秫,五十畝種秔。[13]
第三處	先是,顏延之為劉柳後軍功曹,在尋陽,與潛情款。後為始安郡,經過,日日造潛,每往必酣飲致醉。臨去,留二萬錢與潛,潛悉送酒家,稍就取酒。[14]	先是,顏延之為劉柳後軍功曹,在潯陽與淵明情款。後為始安郡,經過潯陽,日造淵明飲焉。每往必酣飲致醉。弘欲邀延之坐,彌日不得。延之臨去,留二萬錢與淵明,淵明悉遣送酒家,稍就取酒。[15]
第四處	嘗九月九日無酒,出宅邊菊叢中坐久,值弘送酒至,即便就酌,醉而後歸。[16]	嘗九月九日,出宅邊菊叢中坐,久之,滿手把菊。忽值弘送酒至,即便就酌,醉而歸。[17]

---

10 梁・沈約撰:《宋書》,卷53,頁2286-2287。
11 梁・蕭統著,俞紹初校注:《昭明太子集校注》(鄭州:中州古籍出版社,2001),頁191。
12 梁・沈約撰:《宋書》,卷53,頁2287。
13 梁・蕭統著,俞紹初校注:《昭明太子集校注》,頁192。
14 梁・沈約撰:《宋書》,卷53,頁2288。
15 梁・蕭統著,俞紹初校注:《昭明太子集校注》,頁192。
16 梁・沈約撰:《宋書》,卷53,頁2288。
17 梁・蕭統著,俞紹初校注:《昭明太子集校注》,頁192。

1.關於表格「第一處」的說明

〈宋傳〉	蕭〈傳〉
陶潛字淵明,或云淵明字元亮,尋陽柴桑人也。曾祖侃,晉大司馬。潛少有高趣,嘗著〈五柳先生傳〉以自況:……其自序如此,時人謂之實錄。	陶淵明字元亮,或云潛字淵明,尋陽柴桑人也。曾祖侃,晉大司馬。淵明少有高趣,<u>博學善屬文,穎脫不羣,任真自得</u>。嘗著〈五柳先生傳〉以自況:……時人謂之實錄。

〈宋傳〉提到「潛少有高趣,嘗著〈五柳先生傳〉以自況……其自序如此,時人謂之實錄。」然而,對於淵明所謂的「高趣」,究竟是代表何種樣貌?〈宋傳〉作者並無具體描繪,或許他是認為,讀者只需閱畢其所引錄之〈五柳先生傳〉全文,即可自行體會淵明之「高趣」究竟為何,故無須再多作說明。不過,蕭統顯然並不滿意沈約這樣的處理方式,因此他特別於「淵明少有高趣」與「嘗著〈五柳先生傳〉以自況」兩句之間,另行補充「博學善屬文,穎脫不羣,任真自得」等三句話。[18]其中,「穎脫不羣,任真自得」八字,既上承淵明少有高趣,說明其所謂高趣之具體特質;又下接淵明藉以自況的〈五柳先生傳〉,點出「穎脫不羣,任真自得」之人格風貌,實為五柳先生之總體特徵。是故,「穎脫不羣,任真自得」八字,既可當成是對於五柳先生之人物形

---

18 田曉菲亦已注意到,此處增補內容對於淵明人物形象建構的關鍵作用:「蕭統對《宋書》陶傳所作的幾處增添,在陶淵明形象建構中具有關鍵作用。蕭統首先強調了陶淵明的『博學』,其次提出他『善屬文』,再其次稱陶淵明『穎脫不群,任真自得』。『任真』可以說是對〈五柳先生傳〉塑造的詩人形象最恰當不過的總結,這也是陶淵明在他的詩歌裡所歌頌的品質。」參見田曉菲:〈「先生不知何許人也」——「重構五柳先生:傳記四種」〉,頁64。

象的總括,亦可視作為對於淵明本人之高趣形象的總評。[19]而且,從接下來的討論即可看出,蕭〈傳〉對於〈宋傳〉的增補與刪改,多與淵明穎脫不羣,任真自得之高趣特質緊密相關(此點將於後文再論)。

至於「博學」與「善屬文」兩點,博學代表學而有術,此為隱士學問之根本;善屬文則意味著淵明善於為文之文士身份,已經得到蕭統的認可。不過,蕭統此處雖將博學與善屬文連稱,但其重點應在「善屬文」三字,因為博學不僅是學問的根基所在,亦是善屬文的基礎。〈宋傳〉將淵明納入〈隱逸傳〉,傳中雖然引錄淵明四篇文章,但似乎並未正式承認淵明善於為文的文士地位。另外,顏延之〈陶徵士誄并序〉(以下簡稱顏〈誄〉)稱許淵明云:「學非稱師,文取指達。」[20]「學非稱師」,意即為學不專主於一家,此似暗含博學之意;「文取指達」,指的則是淵明能文 —— 能將文章旨趣通達地書寫出來。然而,「能文」與「善文」,其間似乎頗有文學評價上的差異。能文表示具備基本的文章寫作能力,善文則意味擁有優秀的文學創作才氣。不過,姑且不

---

19 必須特別強調的是,筆者此處雖然認為「穎脫不羣,任真自得」八字,可以視為五柳先生之人格風貌的「總體特徵」,但這並不意味,「穎脫不羣,任真自得」亦可當成陶集中淵明人物形象之「整體風貌」。換言之,就〈宋傳〉與蕭〈傳〉而言,「穎脫不羣,任真自得」即屬淵明之「整體風貌」的總括;但從陶集中的淵明形象來看,「穎脫不羣,任真自得」之特質,僅可視作是對於淵明本人之「高趣形象」的總評,而非「整體風貌」的總括。關於此點,還可參看本書第二章中「『類同』與『差異』 ——『陶集』與〈五柳先生傳〉之參照比較」部分的相關討論。
20 梁・蕭統編,唐・李善注:《文選》(上海:上海古籍出版社,1997),卷57,頁2470。

論顏延之對淵明「學非稱師，文取指達」的評價允當與否，其將「學」與「文」連稱的表述方式，亦與蕭統此處「博學」與「善屬文」的用法相同。《宋書·顏延之傳》云：「延之少孤貧，居負郭，室巷甚陋。好讀書，無所不覽，文章之美，冠絕當時。」[21]引文之表述方式，仍是學、文連稱。其中，「好讀書，無所不覽」即為博學之意，「文章之美，冠絕當時」則與善屬文頗為相通。

概括來說，〈宋傳〉淡化了淵明的文學才能；顏〈誄〉輕忽了淵明的文學成就；至於蕭〈傳〉，則是有效突顯了淵明的文學素養。因此，對於淵明之文學評價而言，不管是〈宋傳〉的無文字表述，還是顏〈誄〉輕描淡寫的「文取指達」說，相較之下，蕭統的善屬文評語，既可視為是對〈宋傳〉淡化淵明文學素養的補充，亦可當成是對顏〈誄〉輕忽淵明文學業績的拔高。

還可稍作補充的是，蕭統對於淵明善屬文之文學定位，或許是有意與其〈陶淵明集序〉形成互文效果：

> （淵明）其文章不羣，辭彩精拔，跌宕昭彰，獨超衆類，抑揚爽朗，莫之與京。橫素波而傍流，干青雲而直上。語時事則指而可想，論懷抱則曠而且真。[22]

蕭〈傳〉雖然稱美淵明善屬文，但或許一則基於傳記體例的限制，二則因為論述旨趣的差異，是故，蕭統並無暇對

---

21 梁·沈約撰：《宋書》，卷73，頁1891。
22 梁·蕭統著，俞紹初校注：《昭明太子集校注》，頁200。

於善屬文之具體內涵展開論述。[23]引文以「文章不羣，辭彩精拔」兩句作為對淵明文學成就的總評價，意指以精拔之語彙辭彩，展現不羣之文章內容。接著「跌宕昭彰，獨超眾類」與「抑揚爽朗，莫之與京」是指：文章氣勢既有高低抑揚，又能縱放自如，表現情感直率、清晰，論述旨趣突出、顯明，不僅超乎於眾作之上，更無他人可相比擬。而「語時事則指而可想，論懷抱則曠而且真」兩句，則為對文章內容的概括，既含政治時事的直率表露，亦有自身懷抱的真誠書寫。至於「橫素波而傍流，干青雲而直上」，則為蕭統對於淵明文章格調的讚賞。蕭統顯然認為，陶集由於書寫內容真誠篤實、風格自然清新，故相對於當時流行的諸種文體，實像一股清流，橫絕江河而去；又如一道清輝，直衝青雲之上。據此，則蕭〈傳〉中的「善屬文」意涵，於此就有了落實之處。

2.對於表格「第二處」的討論

〈宋傳〉	蕭〈傳〉
公田悉令吏種秫稻，妻子固請種秔，乃使二頃五十畝種秫，五十畝種秔。	公田悉令吏種秫，曰：「吾常得醉於酒，足矣。」妻子固請種秔，乃使二頃五十畝種秫，五十畝種秔。

〈宋傳〉云：「公田悉令吏種秫稻，妻子固請種秔，乃使二頃五十畝種秫，五十畝種秔。」蕭〈傳〉在此則是多補了兩句淵明的自述言語：「吾常得醉於酒，足矣。」依據〈宋傳〉所述，淵明「公田悉令吏種秫稻」，顯然是為了飲酒所

---

23 當然，還有另外一種可能，即蕭統本就有讓讀者自行參閱〈陶淵明集序〉，以自行補足相關資訊的用意存焉。

需，這是淵明一種興趣、嗜好上的需要，但是經過妻子「固請種秔」的實用要求之後，淵明雖然略為妥協，願意撥出五十畝來種秔，但其餘的二頃五十畝，卻仍堅持要用來種秫。〈宋傳〉原本的敘述，對於淵明嗜酒之人物形象，刻劃已深，但蕭〈傳〉卻還是在〈宋傳〉的論述基礎上，再補入淵明自道的「吾常得醉於酒，足矣」兩句，其作用無它，顯然是要強化淵明嗜酒，且有酒則萬事俱足之飲者心態。蕭〈傳〉此處對於淵明飲酒形象的深化，於陶集中亦是有跡可尋，淵明《讀山海經十三首》其五云：

> 翩翩三青鳥，毛色奇可憐。
> 朝為王母使，暮歸三危山。
> 我欲因此鳥，具向王母言。
> 在世無所須，惟酒與長年。[24]

　　暫且撇開三青鳥與西王母等神怪色彩的描述，淵明此處透露的人生兩大願望：「在世無所須，惟酒與長年。」如果說「長年」還是屬於淵明閱讀《山海經》之餘，因心會其意而展開的一場文人的神思遐想；那麼，有酒可飲的願望，相形之下，就只能算是像淵明這種「性嗜酒」，但卻「家貧不能常得」之固窮貧士的基本渴求。[25]顏〈誄〉提及淵明：「心

---

24 晉·陶潛著，龔斌校箋：《陶淵明集校箋》（臺北：里仁書局，2007），卷4，頁397。

25 引號兩句語出〈五柳先生傳〉，參見晉·陶潛著，龔斌校箋：《陶淵明集校箋》，卷6，頁485。

好異書，性樂酒德。」[26]其評論置於此處參之，誠然不誣。
其中，對於「西王母」與「三青鳥」等《山海經》內容的神
思遐想，亦即「心好異書」的具體展現；至於「在世惟酒」
的冀望，則為「性樂酒德」的如實反映。

可再稍作補充的是，蕭〈傳〉對於淵明「吾常得醉於酒，
足矣」的形象刻劃，或許也參考了《世說新語》的相關記載，
〈任誕〉云：

> 張季鷹縱任不拘，時人號為江東步兵。或謂之曰「卿
> 乃可縱適一時，獨不為身後名邪？」答曰：「使我有
> 身後名，不如即時一桮酒！」[27]

張季鷹縱任不拘，自謂「使我有身後名，不如即時一桮
酒！」劉孝標注引《文士傳》曰：「翰（張季鷹）任性自適，
無求當世，時人貴其曠達。」[28]蕭〈傳〉稱許淵明穎脫不羣，
任真自得，又說其自云「吾常得醉於酒，足矣」。由此可見，
淵明與張季鷹兩人任性自適、曠達不羣之人物形象，確實頗
為相通。至於對身後名的看法，淵明〈怨詩楚調示龐主簿鄧
治中〉云：「吁嗟身後名，于我若浮煙。」〈自祭文〉說自
己：「匪貴前譽，孰重後歌。」[29]亦與張季鷹之論彼此呼應，

---

26 梁・蕭統編，唐・李善注：《文選》，卷 57，頁 2471。
27 余嘉錫撰，周祖謨、余淑宜整理：《世說新語箋疏》（台北：華正書局，
   2003），頁 739-740。
28 余嘉錫撰，周祖謨、余淑宜整理：《世說新語箋疏》，頁 740。
29 分見晉・陶潛著，龔斌校箋：《陶淵明集校箋》，卷 2，頁 111；卷 7，
   頁 533。

若合符節。[30]

　　另外，《世說新語・任誕》還記載了一則故事：「畢茂世云：『一手持蟹螯，一手持酒梧，拍浮酒池中，便足了一生。』」[31]畢茂世所說的「拍浮酒池中，便足了一生」，較之淵明的「吾常得醉於酒，足矣」，確實頗為相類。不過，上述記載對於兩人嗜酒之基本情調的描繪，雖有相通之處，但其間卻也存在著飲酒風格上的差異。畢茂世之說，彰顯出名士之任誕作風，而淵明之論則平實得多，展現的主要是貧士之飲者風流的人物形象。劉孝標注引《晉中興書》云：

> 畢卓字茂世，新蔡人。少傲達為胡母輔之所知。太興末，為吏部郎，嘗飲酒廢職。比舍郎釀酒熟，卓因醉，夜至其甕間取飲之。主者謂是盜，執而縛之，知為吏部也，釋之。卓遂引主人燕甕側，取醉而去。[32]

　　從引文可知，畢卓乃屬傲達任誕之人，他不僅飲酒廢職，甚至還因醉而夜至別人家中之甕間取飲，以致被誤認為盜賊，執而縛之。後來，主人雖因確認他的真實身份而釋放之，但依照人之常理，面對如此難堪之事，一般人應會馬上面紅耳赤地轉身離開，沒想到他不僅臉不紅、氣不喘，還大搖大擺地「引主人燕甕側」，然後取醉而去。前文所製表格中的

---

30 關於淵明對身後名聲的看法，還可參看本書第二章中「『類同』與『差異』──『陶集』與〈五柳先生傳〉之參照比較」部分的相關討論。
31 余嘉錫撰，周祖謨、余淑宜整理：《世說新語箋疏》，頁 740。
32 余嘉錫撰，周祖謨、余淑宜整理：《世說新語箋疏》，頁 740。

「第四處」，[33]蕭〈傳〉也記載了淵明「無酒」但卻「渴酒」的故事：「（淵明）嘗九月九日，出宅邊菊叢中坐，久之，滿手把菊。忽值弘送酒至，即便就酌，醉而歸。」[34]兩相比較，畢卓傲達任誕，淵明風流蘊藉，兩人的飲酒風格顯然不同。

3.關於表格「第三處」與「第四處」的分析

	〈宋傳〉	蕭〈傳〉
第三處	先是，顏延之為劉柳後軍功曹，在尋陽，與潛情款。後為始安郡，經過，日日造潛，每往必酣飲致醉。臨去，留二萬錢與潛，潛悉送酒家，稍就取酒。	先是，顏延之為劉柳後軍功曹，在潯陽與淵明情款。後為始安郡，經過潯陽，日造淵明飲焉。每往必酣飲致醉。弘欲邀延之坐，彌日不得。延之臨去，留二萬錢與淵明，淵明悉遣送酒家，稍就取酒。
第四處	嘗九月九日無酒，出宅邊菊叢中坐久，值弘送酒至，即便就酌，醉而後歸。	嘗九月九日，出宅邊菊叢中坐，久之，滿手把菊。忽值弘送酒至，即便就酌，醉而歸。

必須特別說明的是，不管是〈宋傳〉，還是蕭〈傳〉，傳中皆花了許多篇幅，敘述淵明與當時的重要人物顏延之、王弘的交往與互動。其中，顏延之是當時的文壇大家，此點前文已述，《宋書·顏延之傳》還提及：「（延之）飲酒不

---

33 關於此則內容的正式討論，將於後文展開，此處僅是為了突顯對照效果，故先引而述之。

34 考察引文所述，似乎僅有提到淵明「無酒」，但卻無淵明「渴酒」之事。但若將其與淵明〈九日閒居序〉所說「余閒居，愛重九之名。秋菊盈園，而持醪靡由。空服九華，寄懷於言」的記載結合觀之，即可發現，淵明此處確實表露出「無酒」卻又「渴酒」的心態。引文參見晉·陶潛著，龔斌校箋：《陶淵明集校箋》，卷2，頁78。

護細行,年三十,猶未婚。」[35]顏延之身為「文章之美,冠絕當時」的文壇大家,卻有著與淵明相同的興趣嗜好 ——「飲酒」。而此處表格「第三處」的引文,即是針對顏延之與淵明「酣飲致醉」的事件而發。至於王弘的身份是江州刺史,乃是當時淵明所居之處的最高行政長官。蕭〈傳〉中曾分別記載「江州刺史王弘欲識(淵明)之,不能致也」,以及另一位「江州刺史檀道濟往候(淵明)之,(淵明)偃臥瘠餒有日矣」兩則故事,[36]藉以說明淵明與兩位地方長官的相處情況。其中,江州刺史王弘與淵明的部分交往事跡,即為表格「第四處」的引文;而江州刺史檀道濟往候淵明的完整情節,則可參見下文「無中生有之添加地方」部分,有關表格「第一處」引文的討論。

　　依照論文架構,原本表格「第三處」與「第四處」的相關內容,應該要在此處討論,方屬合宜。不過,筆者經過通盤考量後認為,就實質的論述效果而言,若將淵明與顏延之、王弘的交往情況,移至下文說明,[37]並進而將其與淵明和檀道濟的相處狀態,彼此相互對照、比較,如此,不僅能夠突顯出淵明與三人之間的實質情誼,更重要的是,這樣還能較為有效地在交互照應中,釐清淵明與檀道濟相處的諸種疑義。而正是基於以上的考量,所以筆者此處才會想要打破原本的論述框架,逕行將表格「第三處」與「第四處」的引文,

---

35 梁・沈約撰:《宋書》,卷 73,頁 1891。

36 分見梁・蕭統著,俞紹初校注:《昭明太子集校注》,頁 192;頁 191。

37 移至下文「無中生有之添加地方」部分,表格「第一處」有關江州刺史檀道濟往候淵明之事的記載。

移至下文討論，以利綜合比較的進行。

（二）「有刪有補」之「修補」部分

〈宋傳〉	蕭〈傳〉
潛弱年薄宦,不潔去就之迹,自以曾祖晉世宰輔,恥復屈身後代,自高祖王業漸隆,不復肯仕。所著文章,皆題其年月,義熙以前,則書晉氏年號,自永初以來唯云甲子而已。……潛元嘉四年卒,時年六十三。[38]	自以曾祖晉世宰輔,恥復屈身後代,自宋高祖王業漸隆,不復肯仕。元嘉四年,將復徵命,會卒,時年六十三。世號靖節先生。[39]

　　在「有中求全」之「增補」部分，蕭〈傳〉對於〈宋傳〉，幾乎都只有增補，而沒有刪改。但是，此處表格卻較為例外，共有兩處增補、兩處刪改：[40]蕭〈傳〉增補的地方是「將復徵命，會卒」與「世號靖節先生」兩處；至於對〈宋傳〉的刪改則為「潛弱年薄宦，不潔去就之迹」與「（淵明）所著文章，皆題其年月，義熙以前，則書晉氏年號，自永初以來唯云甲子而已」兩個部分。其中，「潛弱年薄宦，不潔去就之迹」之事較為複雜，我們暫且留到最後討論。以下，我們將先討論蕭〈傳〉自行「增補」的兩條引文，接著，再敘述蕭〈傳〉對於〈宋傳〉的兩處「刪改」內容。

---

38 梁・沈約撰：《宋書》，卷53，頁2288-2290。
39 梁・蕭統著，俞紹初校注：《昭明太子集校注》，頁193。
40 必須稍作說明的是，關於此處的兩處增補、兩處刪改，依照論述架構，理應分成「兩類四點」來敘述，其中，兩處「增補」的地方，可以納入上一類「有中求全」之「增補」部分來討論；至於兩則「刪改」的內容，則可單獨立為一類來進行探討。但是，筆者基於以下考量：此段引文乃是屬於前後文意脈絡連貫之敘述文本，若是硬將其拆成兩類四點來分析，如此，雖然更能符合表面結構之要求，但在論述內容上，卻不免會有文意割裂之弊。是故，筆者此處才會作出這種分類安排。

1、蕭〈傳〉增補的「第一處」內容 —— 淵明「將復徵命，會卒」。

蕭統此處的增添，顯然是要強化身為隱者之淵明的道德內涵。歷來史書對於隱士的書寫模式之一，就是會特別突顯朝廷徵召，而隱士不就的高尚情節，如《後漢書・逸民列傳序》云：

> 光武側席幽人，求之若不及，旌帛蒲車之所徵賁，相望於巖中矣。若薛方、逢萌聘而不肯至，嚴光、周黨、王霸至而不能屈。群方咸遂，志士懷仁，斯固所謂「舉逸民天下歸心」者乎！[41]

從引文「光武側席幽人，求之若不及」、「旌帛蒲車之所徵賁，相望於巖中矣」諸語可知，朝廷為了穩固政權，對於隱者常會展開「舉逸民天下歸心」的徵召行動，當然，真正意志堅定的隱者，通常還是不為所動的。我們試舉引文中所提到的嚴光、王霸兩位逸民為例，《後漢書・逸民列傳・嚴光》云：

> 嚴光字子陵……光臥不起，帝即其臥所，撫光腹曰：「咄咄子陵，不可相助為理邪？」光又眠不應，良久，

41　宋・范曄撰，唐・李賢等注：《後漢書》（北京：中華書局，1973），卷83，頁2756-2757。

乃張目熟視，曰：「昔唐堯著德，巢父洗耳。士故有
志，何至相迫乎！」帝曰：「子陵，我竟不能下汝邪？」
於是升輿歎息而去。

除為諫議大夫，不屈，乃耕於富春山，後人名其釣處
為嚴陵瀨焉。建武十七年，復特徵，不至。年八十，
終於家。[42]

對於皇帝的勸導出仕，嚴光隱志甚堅地回以「士故有志，
何至相迫乎」，接著，朝廷「除為諫議大夫，不屈」，「復
特徵，不至」，直到最後嚴光年八十而終於家，始終維持其
隱士的格調與尊嚴。另外，《後漢書·逸民列傳·王霸》云：

王霸字儒仲，太原廣武人也。少有清節。及王莽篡位，
弃冠帶，絕交宦。建武中，徵到尚書，拜稱名，不稱
臣。有司問其故。霸曰：「天子有所不臣，諸侯有所
不友。」司徒侯霸讓位於霸。閻陽毀之曰：「太原俗
黨，儒仲頗有其風。」遂止。以病歸。隱居守志，茅
屋蓬戶。連徵不至，以壽終。[43]

王霸少有清節，王莽篡位之時，隨即弃冠帶，絕交宦，
自此隱居不仕。之後，其於「建武中，徵到尚書，拜稱名，
不稱臣」，而其「天子有所不臣，諸侯有所不友」諸語，亦

---

42 分見宋·范曄撰，唐·李賢等注：《後漢書》，卷83，頁2763、2764。
43 宋·范曄撰，唐·李賢等注：《後漢書》，卷83，頁2762。

如同嚴光的「士故有志」論一樣，皆展現極為堅決的隱居之志。所以，儘管後來朝廷對其「連徵」，但他始終「不至」，最後以壽而終。

　　據此，我們可以清楚看出，史書論及隱士與政治之關係的常見劇情：朝廷為了表現政府求賢若渴之心，常會有「舉逸民天下歸心」之徵召活動；而隱者為了突顯自己隱逸情懷之堅貞，亦會堅持所謂的「不屈」、「不至」之行為，以示清高之節。而淵明身為隱者，為了展示其節操之高，相關史傳的記載中，自然也免不了會有類似上述的戲碼：「朝廷徵召」──「隱者不就」。綜觀〈宋傳〉、蕭〈傳〉、〈晉傳〉與〈南傳〉等四篇史傳對於淵明「不就徵命」之事的記載，基本上大同小異。其中，「朝廷徵召」即表示被徵之人乃是具有高潔品性之隱士；而「隱者不就」則展現出被徵之人清廉自持的堅定隱志。至於四傳對於此事的具體記載，則如下文表格所示。

	〈宋傳〉	蕭〈傳〉	〈晉傳〉	〈南傳〉
「不就徵命」之堅貞隱志	州召主簿，不就。躬耕自資，遂抱羸疾。……義熙末，徵著作佐郎，不就。[44]	州召主簿，不就。躬耕自資，遂抱羸疾。……徵著作郎，不就。……元嘉四年，將復徵命，會卒。[45]	州召主簿，不就，躬耕自資，遂抱羸疾。……頃之，徵著作郎，不就。[46]	州召主簿，不就，躬耕自資，遂抱羸疾。……元嘉四年，將復徵命，會卒。[47]

　　從四傳對於淵明「不就徵命」之堅決隱志的說明可知，

44　梁·沈約撰：《宋書》，卷93，頁2287-2288。

45　梁·蕭統著，俞紹初校注：《昭明太子集校注》，頁191-193。

46　唐·房玄齡等撰：《晉書》（北京：中華書局，1974），卷94，頁2461-2462。

47　唐·李延壽撰：《南史》（北京：中華書局，1975），卷75，頁1856-1859。

歸隱之後的淵明，仍然有著不只一次的出仕機會。如〈宋傳〉就提到了淵明解歸之後，還有「州召（淵明）主簿」、「徵（淵明）著作佐郎」兩件徵召之事：先是強調「州召主簿」，淵明「不就」；之後，又述及義熙末年，朝廷再次徵召淵明為「著作佐郎」，而身為隱者的淵明，自然又是「不就」，此即為〈宋傳〉對於淵明「不就徵命」之隱者形象的描繪。此時，身為隱者的淵明，其「不戚貧賤」、「不汲富貴」的隱逸情懷，又類同於五柳先生的淡泊自持。對此，其它三傳的文字記載雖略有差異，但基本旨趣仍是相通。至於蕭〈傳〉多出的一段記載：元嘉四年，朝廷對於淵明「將復徵命，會卒」。此事基本上只是想要再次突顯，由於身為「尋陽三隱」之一的淵明，[48]德行崇高，名氣甚大，故能符合國家「舉逸民天下歸心」之求賢標準，因此儘管淵明已經垂垂老矣，但朝廷仍然再次徵召他，此正如實反映出淵明之隱者身份，在當時的朝野之間，是受到極大的尊崇與禮遇。

2、蕭〈傳〉增補的「第二處」內容 —— 「世號（淵明）靖節先生」之事。

關於此事，或可與顏〈誄〉的序文相互參看：

> 有詔徵為著作郎，稱疾不到。春秋若干，元嘉四年月

---

48 依據《宋書・隱逸傳・周續之》的記載，淵明因為「不應徵命」，故與當時的劉遺民、周續之，合稱為「尋陽三隱」。相關內容參見梁・沈約撰：《宋書》，卷93，頁2280。

> 日，卒于尋陽縣之某里。近識悲悼，遠士傷情。冥默
> 福應，嗚呼淑貞！夫實以誄華，名由謚高，苟允德義，
> 貴賤何筭焉？若其寬樂令終之美，好廉克己之操，有合
> 謚典，無愧前志。故詢諸友好，宜謚曰靖節徵士。[49]

　　誄文提到淵明謚為「靖節徵士」的理由是：因為其「寬
樂令終之美，好廉克己之操」的節操品行，符合謚典的原則。
另外，顏〈誄〉還述及：

> 仁焉而終，智焉而斃。黔婁既沒，展禽亦逝。其在先
> 生，同塵往世。旌此靖節，加彼康惠。嗚呼哀哉！[50]

　　顏〈誄〉文中提到的黔婁與展禽，皆屬古代高士，《高
士傳·黔婁先生》云：

> 黔婁先生者，齊人也。修身清節，不求進於諸侯。魯
> 恭公聞其賢，遣使致禮，賜粟三千鍾，欲以為相，辭
> 不受。齊王又禮之，以黃金百斤聘為卿，又不就。著書
> 四篇，言道家之務，號黔婁子，終身不屈，以壽終。[51]

　　文中黔婁修身清節，不求進於諸侯的人物形象，以及「魯
恭公，遣使致禮，欲以為相，辭不受」、「齊王又禮之，以

---

49 梁·蕭統編，唐·李善注：《文選》，卷57，頁2472。
50 梁·蕭統編，唐·李善注：《文選》，卷57，頁2475。
51 晉·皇甫謐撰：《高士傳》（臺北：臺灣中華書局，1966），卷中，頁5。

黃金百斤聘為卿，又不就」的堅定隱志，和前文所述蕭〈傳〉
筆下的淵明形象，顯然極為相似。至於展禽，方介〈陶淵明
五柳先生傳疏證〉云：

> 《淮南子・說林篇》：「柳下惠見飴曰：可以養老。」
> 高誘注：「柳下惠，魯大夫展無駭之子，名獲，字禽，
> 家有大柳樹，惠德，因號柳下惠。」陶公以五柳為號，
> 或係希慕柳下惠為人所致。[52]

展禽即柳下惠，以其家有大柳樹，惠德，因而號為柳下
惠。方氏認為淵明〈五柳先生傳〉以五柳為號，或因希慕柳
下惠為人所致。對此，筆者以為，五柳先生以柳為號之事，
是否真是因為淵明希慕柳下惠的為人所致，恐怕還需要進一
步的辯證。但是，僅就顏〈誄〉的書寫旨趣而論，顏延之似
乎真是如此看待，方介疏證云：

> 顏〈誄〉云：「黔婁既沒，展禽亦逝，其在先生，同
> 塵往世。」顏、陶之交甚篤，顏〈誄〉頗取〈五柳先
> 生傳〉傳意，其以展禽比擬陶公，亦可證陶公五柳之
> 號乃遠慕柳下惠為人而取。[53]

顏〈誄〉內容，確實如同方氏所述，頗有受到〈五柳先

---

52 方介：〈陶淵明五柳先生傳疏證〉，《漢學研究》第 5 卷第 2 期（1987
　年 12 月），頁 532。
53 方介：〈陶淵明五柳先生傳疏證〉，頁 532。

生傳〉的影響與啟發，故其以展禽比擬陶公，或許真是因為顏延之依據自己對於淵明的親身觀察與理解，而作出的判斷：陶公五柳之號乃遠慕柳下惠為人而取。如此，則蕭〈傳〉此處特別點出「世號（淵明）靖節先生」之事，顯然是上承顏〈誄〉觀點，意圖將淵明也納入至隱者譜系之「道統」的範疇之中。[54]而之所以可以這麼說的理由，主要是因為：顏〈誄〉提到「旌此靖節，加彼康惠」，意即淵明靖節徵士之令德，較之黔婁與展禽，實不遑多讓。其中，黔婁「著書四篇，言道家之務，號黔婁子，終身不屈，以壽終」，顯然是偏向道家型態的道隱高士；展禽「家有大柳樹，惠德，因號柳下惠」，則屬較為傾向儒家型態的儒隱賢者。至於淵明的隱逸型態，則是兼融儒道兩者而有之，前引顏〈誄〉說淵明「仁焉而終，智焉而斃」，其中的仁焉而終之「仁」，指的是淵明具有如同展禽般的「惠德之仁」，智焉而斃之「智」，說的則是淵明又兼含有黔婁式的「修身之智」。

　　上述黔婁之典，既是出自《高士傳》，則黔婁實為高士無疑，至於展禽，《論語·微子》云：

> 逸民：伯夷、叔齊、虞仲、夷逸、朱張、柳下惠、少連。子曰：「不降其志，不辱其身，伯夷、叔齊與！」謂「柳下惠、少連，降志辱身矣，言中倫，行中慮，其斯而已矣。」謂「虞仲、夷逸，隱居放言，身中清，

---

54 對於顏〈誄〉意圖將淵明納入隱者譜系之事，可參看本書第三章「隱者『典範譜系』之建構」部分的相關討論。

廢中權。我則異於是，無可無不可。」[55]

　　從引文可知，展禽實屬可與伯夷、叔齊相提並論，具備
「言中倫，行中慮」德行的古之逸民。另外，《孟子・萬章
下》云：

　　柳下惠，不羞汙君，不辭小官。進不隱賢，必以其道。
　　遺佚而不怨，阨窮而不憫。與鄉人處，由由然不忍去
　　也。「爾為爾，我為我，雖袒裼裸裎於我側，爾焉能
　　浼我哉？」故聞柳下惠之風者，鄙夫寬，薄夫敦。[56]

　　柳下惠「進不隱賢，必以其道」、「遺佚而不怨，阨窮
而不憫」之行為舉止，與儒家強調的「窮不失義，達不離道」、
「得志，澤加於民；不得志，脩身見於世」之「窮則獨善其
身，達則兼善天下」理論頗為同調。[57]至於「聞柳下惠之風
者，鄙夫寬，薄夫敦」，則屬儒家講究動人風教之感染效果
的具體實踐。《孟子・盡心下》亦有類似的表述：

　　孟子曰：「聖人，百世之師也，伯夷、柳下惠是也。

55 魏・何晏等注，宋・邢昺：《論語注疏》（《十三經注疏》本，臺北：
　藝文印書館，1985），頁166下。
56 漢・趙岐注，宋・孫奭疏：《孟子注疏》（《十三經注疏》本，臺北：
　藝文印書館，1985），頁176上-176下。
57 引號內容典出《孟子・盡心上》：「故士窮不失義，達不離道。窮不失
　義，故士得己焉；達不離道，故民不失望焉。古之人，得志，澤加於民；
　不得志，脩身見於世。窮則獨善其身，達則兼善天下。」參見漢・趙岐
　注，宋・孫奭疏：《孟子注疏》，頁230下。

故聞伯夷之風者，頑夫廉，懦夫有立志；聞柳下惠之
風者，薄夫敦，鄙夫寬。奮乎百世之上，百世之下，
聞者莫不興起也。非聖人而能若是乎？而況於親炙之
者乎？」[58]

柳下惠被孟子視為是可與伯夷比美的百世之師，故聞柳
下惠之風者，不僅可以達到薄夫敦，鄙夫寬的風教效果，還
能進一步讓「百世之下，聞者莫不興起」，由此可見柳下惠
之仁，確實具有沛然而莫之能禦的道德感染力。

若是上述說明無誤，那麼，蕭〈傳〉此處的為文用心，
亦可順理推出：接受顏〈誄〉將淵明視為靖節先生之深意
——既有黔婁之智，又具展禽之仁。前者傾向道隱型態所講
究的隱逸道統；後者偏向儒隱型態所關注的道德風教。是故，
蕭統心中的淵明形象，乃是一位既遵循「高士道統」，又兼
顧「仁者風教」之逸民。

**3、蕭〈傳〉刪改的「第一處」內容——「所著文章，皆
題其年月，義熙以前，則書晉氏年號，自永初以來唯云甲子
而已」。**

對於〈宋傳〉所提，亦即淵明文章是否書晉氏年號與甲
子的問題，對此，歷來爭論頗多。[59]朱自清云：

---

58 漢・趙岐注，宋・孫奭疏：《孟子注疏》，頁 251 下。
59 意者可參朱自清：〈陶淵明年譜中之問題〉，收錄於宋・王質等撰，許
　　逸民校輯：《陶淵明年譜》（北京：中華書局，2006），頁 261-305。

（淵明）年號甲子之說，亦發於〈宋傳〉，《文選》
五臣註為之推波助瀾，遂成千古佳話。[60]

確如朱氏所說，淵明年號甲子之說，發於〈宋傳〉之後，
再加上《文選》五臣註的推波助瀾，遂成千古佳話。然而，
令人遺憾的是，千古佳話美則美矣，但並不見得就能轉化成
歷史事實。筆者以為，僅就現存陶集觀之，沈約說法的破綻
確實不少，蕭統既是淵明文集的愛好者，又曾替淵明編過文
集，想必深知淵明詩文之底蘊，故其或許發現〈宋傳〉言論
的不可盡信，所以刪除此段記載，此點理應屬於後出轉精的
正常修改，並無太大疑義。

4、蕭〈傳〉刪改的「第二處」內容 ── 「潛弱年薄宦，不潔去就之迹」。

前文所述三處刪補內容，或為修正歷史事實（所著文章，
皆題其年月，義熙以前，則書晉氏年號，自永初以來唯云甲
子而已），或為深化、拓展人物形象（「將復徵命，會卒」、
「世號靖節先生」），[61]此皆屬於傳記書寫之正常現象。而
比較值得注意的關鍵修改，則是蕭〈傳〉刪除了〈宋傳〉對
於淵明「弱年薄宦，不潔去就之迹」的負面批評，此點就頗

---

60 朱自清：〈陶淵明年譜中之問題〉，頁264。
61 蕭〈傳〉此處的兩則增補，顯然還是為了要突顯時人對於身為隱者之淵
　明的重視與推崇。因為重視，所以朝廷「將復徵命」；因為推崇，所以
　世號「靖節先生」。

堪玩味。蕭統之所以會如此做的原因,顯然是因為其對於淵明的期待視野不同於沈約所致。沈約是以史家的身份書所當言,其對於淵明早年曾多次出入於仕途之間的經歷,可能頗有微詞,故即據筆直書「潛弱年薄宦,不潔去就之迹」。這兩句話雖然用字不多,但語氣甚重,因為它對淵明的人格展現與歷史評價有著很大的負面影響。然而,對於蕭統而言,其心中的淵明形象,既是隱者道統的傳承者,又具儒者風教之感染力,因此,這樣的理想人物典範,又怎麼可能「不潔去就之迹」?是故,蕭統自然不會認同沈約對於淵明的此項指控,所以將其刪去。[62]

我們有理由相信,蕭統認為淵明確如沈約所說「自以曾祖晉世宰輔,恥復屈身後代」,是忠晉之隱士。但是,如前所述,淵明於蕭統心中的人物形象,除了隱士之高人性情面向,還有激貪勵俗之風教作用,蕭統〈陶淵明集序〉云:

> 夫自衒自媒者,士女之醜行;不忮不求者,明達之用心。是以聖人韜光,賢人遁世。其故何也?含德之至,莫逾於道;親己之切,無重於身。故道存而身安,道亡而身害。處百齡之內,居一世之中,倏忽比之白駒,寄寓謂之逆旅。宜乎與大塊而盈虛,隨中和而任放,豈能戚戚勞於憂畏,汲汲役於人間?[63]

---

62 王國瓔認為:「蕭〈傳〉所增資料,顯然是以推崇陶淵明的道德人品為宗旨。」參見王國瓔:〈史傳中的陶淵明〉,頁 214。反之,我們或可這麼說:蕭〈傳〉所刪資料,亦是以推崇陶淵明的道德人品為宗旨。
63 梁・蕭統著,俞紹初校注:《昭明太子集校注》,頁 199。

　　此段強調「聖人韜光、賢人遁世」之理想，相較於自衒
自媒之士女醜行，不忮不求的明達用心，顯然才符合聖人、
賢人之理。而從引文「含德之至，莫逾於道」、「親己之切，
無重於身」，是故「道存而身安，道亡而身害」這種講究存
道、安身之思想，以及突顯「與大塊而盈虛」、「隨中和而
任放」之自然委化的人生態度看來，其論述的隱逸型態應是
較為偏向「道隱」。高步瀛評此段云：「以上言古聖賢以身
存道，不為物役。」[64]正是以道隱思路來看待此段內容。

　　引文「聖人韜光，賢人遁世」之論，亦是針對淵明身為
隱者的高人性情而發，文中「宜乎與大塊而盈虛，隨中和而
任放」、「豈能戚戚勞於憂畏，汲汲役於人間」四句，正可
與淵明〈五柳先生傳〉中「忘懷得失，以此自終」、「不戚
戚於貧賤，不汲汲於富貴」之人格形象相互參照。[65]蕭統還
認為：既然「含德之至，莫逾於道；親己之切，無重於身」，
那麼，惟有如淵明這種韜光、遁世的隱者，方能「道存身安」。
此處，蕭統顯然是將隱者之高人性情提昇至「道」的高度來
討論，並以此評論隱者之身安與不安。

　　〈陶淵明集序〉接著提到：

　　　齊謳趙女之娛，八珍九鼎之食，結駟連騎之榮，侈袂
　　　執圭之貴，樂則樂矣，憂亦隨之。何倚伏之難量，亦

---

64 高步瀛選注，孫通海點校：〈陶淵明集序〉，《南北朝文舉要》（北京：
　中華書局，2005），頁 264。
65 引文參見晉・陶潛著，龔斌校箋：《陶淵明集校箋》，卷 6，頁 485。

慶吊之相及。智者賢人居之，甚履薄冰；愚夫貪士競
之，若泄尾閭。玉之在山，以見珍之終破；蘭之生谷，
雖無人而自芳。故莊周垂釣於濠，伯成躬耕於野，或
貨海東之藥草，或紡江南之落毛。譬彼鴛雛，豈競鳶
鴟之肉；猶斯雜縣，寧勞文仲之牲？[66]

齊謳趙女之歡娛、八珍九鼎之美食、結駟連騎之榮耀、
佩袂執圭之顯貴，儘管樂則樂矣，但憂亦隨之，這是因為福
禍總是難量、慶吊經常相及的緣故。但是愚夫貪士無法理解
此種道理，故競之若泄尾閭，只有智者賢人深悟此道，故居
之甚履薄冰。如果說前段旨在說明藉由韜光遁世以存道安身
的道理，那麼，此段則是進一步提醒存道安身的重要。因為
福禍難量、慶吊相及，所以我們應該要追隨莊周垂釣、伯成
躬耕等藉韜光遁世以存道安身的前賢腳步，而非一味地追求
榮名富貴。〈陶淵明集序〉為了證明此點，於是在下文中分
別從正、反兩面舉例說明：

至於子常、寧喜之倫，蘇秦、衛鞅之匹，死之而不疑，
甘之而不悔。主父偃言：「生不五鼎食，死則五鼎烹。」
卒如其言。豈不痛哉！又楚子觀周，受折於孫滿；霍
侯驂乘，禍起於負芒。饕餮之徒，其流甚眾。

唐堯四海之主，而有汾陽之心；子晉天下之儲，而有

---

66 梁・蕭統著，俞紹初校注：《昭明太子集校注》，頁 199-200。

洛濱之志。輕之若脫屣,視之若鴻毛,而況於他人乎?
是以至人達士,因以晦迹。或懷璽而謁帝,或被褐而
負薪。鼓枻清潭,棄機漢曲。情不在於衆事,寄衆事
以忘情者也。[67]

　　從上引「齊謳趙女之娛」至此處「寄衆事以忘情者也」,
高步瀛歸為一段,並總評云:「以上言世人溺於勢位,惟聖
賢能超然流俗之外。」[68]其中,子常、寧喜、蘇秦、衛鞅等
人,即屬死之不疑、甘之不悔的溺於勢位之世人;至於深知
晦迹之道的至人達士,則為超然流俗之外的聖賢。

　　綜上所述,可知蕭統於〈陶淵明集序〉的前半部,花了
許多篇幅大談道家式的隱逸情調。而他之所以會如此書寫,
理應是為了建構出其心中理想的隱逸譜系,並將淵明順理成
章地納入至此一隱逸型態的範疇之中。

　　若只觀看上述四段引文,我們或許很容易就得出蕭統乃
是將淵明置於道家式的隱者之流來看待,此種觀點雖然無
誤,但是,僅是看到問題的一個部分,在蕭統〈陶淵明集序〉
的後半段,他是如此論述:

其文章不羣,辭彩精拔,跌宕昭彰,獨超衆類,抑揚
爽朗,莫之與京。橫素波而傍流,干青雲而直上。語
時事則指而可想,論懷抱則曠而且真。加以貞志不
休,安道苦節,不以躬耕為恥,不以無財為病,自非

---

67 梁・蕭統著,俞紹初校注:《昭明太子集校注》,頁200。
68 高步瀛選注,孫通海點校:〈陶淵明集序〉,頁265。

大賢篤志，與道污隆，孰能如此乎？

嘗謂有能觀淵明之文者，馳競之情遣，鄙吝之意祛，貪夫可以廉，懦夫可以立。豈止仁義可蹈，抑乃爵祿可辭。不必傍游泰華，遠求柱史，此亦有助於風教也。[69]

引文前半部，從「其文章不羣」至「論懷抱則曠而且真」的部分，已在前文述及淵明「善屬文」之事時作過辨析，此處不再贅言。或許有人會質疑，〈陶淵明集序〉的前半段說的是淵明之人格，後半段說的是淵明之文章，兩者應該分別看待，不見得能籠統的混合言之。這樣的質疑針對別的文章或許有其道理，但蕭統於〈陶淵明集序〉明確點出：

余愛嗜其文，不能釋手，尚想其德，恨不同時。故加搜校，粗為區目。白璧微瑕，惟在〈閑情〉一賦。揚雄所謂勸百諷一者，卒無諷諫，何足搖其筆端？惜哉，亡是可也！并粗點定其傳，編之於錄。[70]

可見，蕭統論述淵明其人其文，乃是由其愛嗜而不能釋手的「文」，推及尚想其德，恨不同時之「德」。此種文德結合、人文一體的期待視野，[71]正是典型儒家的詩學原則。[72]

---

69 梁・蕭統著，俞紹初校注：《昭明太子集校注》，頁 200-201。
70 梁・蕭統著，俞紹初校注：《昭明太子集校注》，頁 200。
71 其實，由觀淵明之「文」，而想其「德」的閱讀範式，稍早於蕭統的鍾嶸已經提出，鍾嶸《詩品・宋徵士陶潛詩》云：「其源出於應璩，又協左思風力。文體省淨，殆無長語。篤意真古，辭興婉愜。每觀其文，想

不過，儒家的詩學觀點，並不僅是單純地要求詩言情志而已，因為，其對於詩所言之情志的具體內涵，是有範圍限定的，〈毛詩序〉云：

> 故正得失，動天地，感鬼神，莫近於詩。先王以是經夫婦，成孝敬，厚人倫，美教化，移風俗。

> 國史明乎得失之迹，傷人倫之廢，哀刑政之苛，吟詠情性，以風其上，達於事變而懷其舊俗者也。故變風，發乎情，止乎禮義。發乎情，民之性也；止乎禮義，先王之澤也。是以一國之事，繫一人之本，謂之風；言天下之事，形四方之風，謂之雅。雅者，正也，言王政之所由廢興也。政有小大，故有小雅焉，有大雅焉。頌者，美盛德之形容，以其成功告於神明者也。是謂四始，詩之至也。[73]

其人德。世歎其質直。至如『歡言酌春酒』、『日暮天無雲』，風華清靡，豈直為田家語耶！古今隱逸詩人之宗也。」參見王叔岷：《鍾嶸詩品箋證稿》（臺北：中研院中國文哲研究所，1992），頁 260。引文「每觀其文，想其人德」，正點出由「文」觀「德」之文德合一的閱讀模式。

72 《尚書‧舜典第二》云：「詩言志，歌永言，聲依永，律和聲。」詩既可言人之志，如此，則逆推亦可由詩觀人之本志。引文參見漢‧孔安國傳，唐‧孔穎達等正義：《尚書正義》（《十三經注疏》本，臺北：藝文印書館，1985），頁 46 下。另外，〈毛詩序〉亦有類似的觀點：「詩者，志之所之也，在心為志，發言為詩。情動於中，而形於言，言之不足，故嗟歎之，嗟嘆之不足，故永歌之，永歌之不足，不知手之舞之，足之蹈之也。」引文參見漢‧毛公傳、鄭玄箋：《毛詩鄭箋》（台北：學海出版社，2001），頁 1。

73 漢‧毛公傳、鄭玄箋：《毛詩鄭箋》，頁 1。

　　第一段引文的內容，一言以蔽之，強調的是詩的教化功效；第二段引文，簡而言之，關懷的則是詩的內涵 ——「發乎情，止乎禮義」之吟詠情性原則。是故，儒家之詩學觀點，採用的乃是一種詩教理論，意即：詩可吟詠情性，可言本志，但是，必須符合「發乎情，止乎禮義」之風教標準。

　　而蕭統，正是以儒家風教理論的視野在考察淵明其人其文，故當他略帶遺憾地說出「白璧微瑕，惟在〈閑情〉一賦」，其所持的理由自然是「揚雄所謂勸百諷一者，卒無諷諫，何足搖其筆端」這樣的詩教觀點，而也正因為如此，故當他最後針對〈閑情賦〉說出「惜哉，亡是可也」的重話，也就不令人感到意外了。據此，則蕭統對於淵明之期待視野，除了道家式隱者「論懷抱則曠而且真」這種既「曠」且「真」的高人性情之外，理應也包含了儒家式賢人「語時事則指而可想」這種「有助風教」的淑世關懷面向。[74]是故，當蕭統於〈陶淵明集序〉的文末總結其論之際，才會特別強調：能觀淵明之文者，豈止仁義可蹈，抑乃爵祿可辭。此論正是兼融「爵祿可辭」之隱者情懷與「仁義可蹈」之儒士風教來立說。

　　依據上述分析可知，在蕭統眼中，淵明既是「有助風教」，可讓「馳競之情遣，鄙吝之意袪」，並使「貪夫廉，懦夫立」的忠晉隱士，那麼，他怎麼可能會像沈約所說，乃是一位「不潔去就之迹」的人？是故，筆者以為，蕭〈傳〉此處對於〈宋

74　「語時事則指而可想」的具體內涵，主要是涉及政治面向的關懷，而儒家這種講究「以一國之事，繫一人之本」，注重「王政之所由廢興」，強調「經夫婦，成孝敬，厚人倫，美教化，移風俗」之「有助風教」效果的淑世精神，正與「語時事則指而可想」之內蘊旨趣相通。

傳〉的刪改，乃是因為〈宋傳〉的相關論述，並不符合蕭統對於淵明人物形象的期待視野。

（三）「無中生有」之「添加」地方

〈宋傳〉沒有記載，而蕭〈傳〉自行添加的地方計有四處，其具體內容如下列表格所示。

	蕭〈傳〉自行添加之內容
第一處 （檀道濟往候之）	江州刺史檀道濟往候之，偃臥瘠餒有日矣。道濟謂曰：「賢者處世，天下無道則隱，有道則至。今子生文明之世，奈何自苦如此？」對曰：「潛也何敢望賢，志不及也。」道濟饋以粱肉，麾而去之。
第二處 （人子可善遇之）	不以家累自隨，送一力給其子，書曰：「汝旦夕之費，自給為難，今遣此力，助汝薪水之勞。此亦人子也，可善遇之。」
第三處 （淵明示詩續之）	時周續之入廬山事釋慧遠，彭城劉遺民亦遁迹匡山，淵明又不應徵命，謂之「潯陽三隱」。後刺史檀韶苦請續之出州，與學士祖企、謝景夷三人，共在城北講《禮》，加以讎校。所住公廨，近於馬隊。是故淵明示其詩云：「周生述孔業，祖謝響然臻。馬隊非講肆，校書亦已勤。」
第四處 （翟氏能安勤苦）	其妻翟氏，亦能安勤苦，與其同志。[75]

1.關於表格「第一處」的說明

在〈宋傳〉所云「親老家貧，起為州祭酒，不堪吏職，少日，自解歸。州召主簿，不就。躬耕自資，遂抱羸疾」之

75　四處引文，分見梁・蕭統著，俞紹初校注：《昭明太子集校注》，頁 191-193。

後，[76]蕭〈傳〉加入新的內容：

	蕭〈傳〉自行添加之內容
第一處 （檀道濟往候之）	江州刺史檀道濟往候之，偃臥瘠餒有日矣。道濟謂曰：「賢者處世，天下無道則隱，有道則至。今子生文明之世，奈何自苦如此？」對曰：「潛也何敢望賢，志不及也。」道濟饋以粱肉，麾而去之。

　　引文主要突顯兩個重點：一是淵明為何不願出仕？二為淵明為何不願接受饋贈？前者關係到「隱逸態度」的問題；後者涉及到「隱逸人格」的問題。

　　首先討論有關「隱逸態度」的問題，檀道濟「無道則隱，有道則至」之論，典出《論語·泰伯》：

> 子曰：「篤信好學，守死善道。危邦不入，亂邦不居。天下有道則見，無道則隱。邦有道，貧且賤焉，恥也；邦無道，富且貴焉，恥也。」[77]

　　檀氏此處似乎對於淵明的處世態度甚為疑惑：天下無道之時，賢者固有歸隱之理，但如淵明之賢，既然生此有道之世，又何必堅持隱逸，自苦如此，甚至淪落到了「偃臥瘠餒有日」的地步？細察其論，其實頗有鼓勵淵明趁著天下有道，出仕以求取功名之意。淵明自己則是謙稱：自己才疏德薄，不敢自比聖賢，更何況人各有志，自己的志向本就不及聖賢。淵明此處的回答，其實頗值得玩味，從表面答案觀之，他好

---

76 梁·沈約撰：《宋書》，卷53，頁2287。
77 魏·何晏等注，宋·邢昺疏：《論語注疏》，頁72上。

像已經回應檀道濟「賢者處世，有道則至」的問題，可是，就深層意蘊來看，他卻還存有隱而不發的想法，而這想法的具體內容，或有兩種可能：

其一，若是順著《論語・泰伯》關於天下有道、無道的問題而發，則此時淵明隱而不發的想法應是：若是天下真的有道，他亦願意追隨聖賢的腳步，出仕以濟蒼生。只是，遺憾的是，當今實屬無道之世，故正是賢者隱居之時，自己若於此時出仕求富取貴，則如《論語》所言：「邦無道，富且貴焉，恥也」，實屬士人之恥。

其二，撇開天下有道、無道的問題，而直接針對隱逸情懷之堅定與否的問題而發，那麼，此時淵明隱而不發的想法應是：鐘鼎山林，人各有志，自己隱志甚堅，無關政治。換言之，意即淵明之隱，正如《後漢書・逸民列傳序》所云：「然觀其甘心畎畝之中，憔悴江海之上，豈必親魚鳥樂林草哉，亦云性分所至而已」，[78]乃是基於內在的「性分所至」，而非外在的天下有道、無道。

上述兩種可能，前者屬於「儒隱」，後者則偏向「道隱」，就陶集所展示的淵明形象而論，兩種假設均有可能，亦皆能找到相應的陶集詩文作為佐證。如〈歸去來兮辭〉云：

> 已矣乎！寓形宇內復幾時，曷不委心任去留？胡為乎遑遑欲何之？富貴非吾願，帝鄉不可期。懷良辰以孤往，或植杖而耘耔。登東皋以舒嘯，臨清流而賦詩。

---

78 宋・范曄撰，唐・李賢等注：《後漢書》，卷83，頁2755。

聊乘化以歸盡，樂夫天命復奚疑！[79]

此種強調「富貴非吾願，帝鄉不可期」，講究「曷不委心任去留」、「樂夫天命復奚疑」的情志基調，顯然較為偏向道隱型態的展示。至於〈感士不遇賦〉云：

世流浪而遂徂，物群分以相形。密網裁而魚駭，宏羅制而鳥驚。彼達人之善覺，乃逃祿而歸耕。[80]

這種對於「密網裁而魚駭，宏羅制而鳥驚」之政治險惡的警覺，以及轉向「彼達人之善覺，乃逃祿而歸耕」之明哲保身的意識，則是比較接近前引《論語‧泰伯》所說的「危邦不入，亂邦不居」、「天下無道則隱」之儒隱型態。

不過，由於此處的討論主體是蕭〈傳〉，故我們還是必須回到蕭統的視角，來看待此一添加資料所欲展現的訊息。然而，蕭統究竟是如何看待淵明之隱，前文提過，蕭統〈陶淵明集序〉的前半部，花了許多篇幅講述「道隱」，並嘗試將淵明納入此一隱逸譜系之中。是故，蕭統眼中的淵明之隱，理應較為接近「存道安身」之道隱。因此，當淵明面對檀道濟「賢者處世，有道則至」、「奈何自苦如此」的提問，而回以「何敢望賢，志不及也」之際，至少就蕭統的認知而言，淵明之所以不願出仕，理應是基於內在情志的「性分所至」，

---

79 晉‧陶潛著，龔斌校箋：《陶淵明集校箋》，卷 5，頁 454。
80 晉‧陶潛著，龔斌校箋：《陶淵明集校箋》，卷 5，頁 425-426。

而非外在政治環境的有道無道。[81]

　　討論完淵明為何不願出仕的問題之後，接著探究淵明為何不願接受檀道濟的饋贈？我們先從淵明〈有會而作〉看起：

> 弱年逢家乏，老至更長飢。
> 菽麥實所羨，孰敢慕甘肥！
> 惄如亞九飯，當暑厭寒衣。
> 歲月將欲暮，如何辛苦悲。
> 常善粥者心，深念蒙袂非。
> 嗟來何足吝，徒沒空自遺。
> 斯濫豈攸志，固窮夙所歸。
> 餒也已矣夫，在昔余多師。[82]

此詩前面有一序文，即〈有會而作序〉，其云：

> 舊穀既沒，新穀未登，頗為老農，而值年災，日月尚悠，為患未已。登歲之功，既不可希，朝夕所資，煙火裁通。旬日已來，始念飢乏。歲云夕矣，慨然永懷，今我不述，後生何聞哉！[83]

---

81 此點可從蕭統〈陶淵明集序〉所說「聖人韜光，賢人遁世」、「宜乎與大塊而盈虛，隨中和而任放，豈能戚戚勞於憂畏，汲汲役於人間」、「何倚伏之難量，亦慶吊之相及」、「玉之在山，以見珍之終破；蘭之生谷，雖無人而自芳」、「唐堯四海之主，而有汾陽之心；子晉天下之儲，而有洛濱之志」、「是以至人達士，因以晦迹」諸語得到印證。
82 晉·陶潛著，龔斌校箋：《陶淵明集校箋》，卷3，頁307。
83 晉·陶潛著，龔斌校箋：《陶淵明集校箋》，卷3，頁307。

　　蕭〈傳〉所說淵明偃臥瘠餒有日的困窘情境，與序文「頗為老農，而值年災」、「旬日已來，始念飢乏」的自述，以及詩中「弱年逢家乏，老至更長飢」、「怒如亞九飯，當暑厭寒衣」的描繪，實頗為相似。而序文「歲云夕矣，慨然永懷」，詩中「歲月將欲暮，如何辛苦悲」之語，與蕭〈傳〉中檀道濟所說的「奈何自苦如此」，亦頗能相應。因此，歷來箋注陶集者，有時會將此詩與蕭〈傳〉所錄「檀道濟往候淵明」一事相互發明，如龔斌云：

> 據蕭〈傳〉：「江州刺史檀道濟往候之……道濟饋以粱肉，麾而去之。」此詩（〈有會而作〉）當為拒道濟粱肉有感而作……故此詩當作於元嘉三年（426）歲暮。[84]

　　至於淵明所感之事，又是如何具體地呈顯於詩中？這點或可在「常善粥者心」這一句中找到線索，歷來注家多引《禮記・檀弓下》典故來說明此事：

> 齊大飢，黔敖為食於路，以待饑者而食之。有饑者，蒙袂輯屨，貿貿然來。黔敖左奉食、右執飲，曰：「嗟，來食！」揚其目而視之，曰：「予唯不食嗟來之食，以致于斯也。」從而謝焉。終不食而死。[85]

84　晉・陶潛著，龔斌校箋：《陶淵明集校箋》，卷3，頁308。
85　晉・陶潛著，龔斌校箋：《陶淵明集校箋》，卷3，頁309。

其實，在上引《禮記‧檀弓下》的原文之後，尚有幾句曾子的評論文字，可惜龔斌《陶淵明集校箋》並未徵引。對此，袁行霈《陶淵明集箋注》則是有所補充，其在「從而謝焉。終不食而死」之後，補足了原文全貌：「曾子聞之，曰：『微與！其嗟也，可去；其謝也，可食。』」[86]

從表面上看來，故事中的黔敖與饑者，似乎可以比擬、對應為蕭〈傳〉中的檀道濟與淵明。如此，淵明之拒絕檀道濟，就如同饑者之拒絕黔敖一樣，乃是基於「不食嗟來之食」的節操與骨氣所致。然而，細繹《禮記》文意與淵明詩意，卻又可以發現，事實似乎又不如表面所連結的那樣順理成章。就《禮記》文意而言，黔敖固有失禮之處於前；然而，他也有「從而謝焉」的良好態度於後。於情於理，黔敖的所做所為，似乎也頗為符合儒家知錯能改的原則。至於饑者，故可「揚目視之」、「不食嗟來之食」於前，展現其節操與骨氣；但在黔敖「從而謝焉」之後，他卻依然堅持己見，最後選擇不食而死，不免就有過激之嫌，且此舉似亦有違儒家之中和標準。是故，曾子才會認為：當黔敖其「嗟」也，雖可去；但當黔敖其「謝」也，則可食。

至於檀道濟與淵明相見之事，持平而論，檀道濟所云「賢者處世，天下無道則隱，有道則至」之論，或許如前所論，不合淵明當時的隱逸情懷，但就如同黔敖「為食於路」的助人之心一樣，檀道濟對於淵明，至少在其內心的善意部分，

---

86 晉‧陶潛著，袁行霈箋注：《陶淵明集箋注》（北京：中華書局，2003），卷3，頁309。

應是不容否認的。當檀道濟說出「今子生文明之世，奈何自
苦如此」之際，我們有理由相信，對於淵明，他是頗有愛才、
惜才之心的。[87]袁行霈認為：

> 「常善粥者心，深恨蒙袂非。嗟來何足吝，徒沒空自
> 遺。」此四句沉痛之極！若非飢餓難耐，淵明不能為
> 此語也；若非屢經飢餓，淵明不能為此語也。然淵明
> 終不肯食嗟來之食，故詩末曰：「斯濫豈彼志，固窮
> 夙所歸。餒也已矣夫，在昔余多師。」檀道濟齎以粱
> 肉，淵明麾而去之，正是此語之應驗，誠可敬哉！[88]

　　袁氏「若非飢餓難耐，淵明不能為此語也」、「若非屢
經飢餓，淵明不能為此語也」的評論，確實相當體貼入微地
點出淵明晚年之艱困處境與悲涼心態。不過，袁氏將「檀道
濟齎以粱肉，淵明麾而去之」的原因，歸結為是「淵明終不
肯食嗟來之食」之固窮志氣的具體展現，還稱許此種行為「誠
可敬哉」。對此，筆者觀點略有不同，因為正如上文所說，
檀道濟齎以粱肉之事，似乎頗難以不肯食嗟來之食的理由解
釋之。對此，鄒平、周曉琳有極為細膩的分析：

---

87 李劍鋒認為：「顏延之的金錢與後來檀道濟的『粱肉』具有完全不同的意
　義。而陶淵明對『粱肉』和『金錢』的去取態度鮮明地表現了他作為高
　尚隱士的獨特個性特徵：重真情而鄙假意。」參見李劍鋒：〈顏延之與靖
　節徵士〉，《元前陶淵明接受史》（濟南：齊魯書社，2002），頁 41-42。筆
　者以為，顏延之對於淵明的金錢贈與，固屬「真情」之展現（說詳下文）；
　但是，檀道濟對於淵明的粱肉餽贈，似乎不宜遽以「假意」視之。
88 晉・陶潛著，袁行霈箋注：《陶淵明集箋注》，卷 3，頁 310。

> 檀道濟饋粱肉事與此（黔敖為食以待饑者）相比，無
> 論從「給」的方式（檀道濟是「往候之」；黔敖是「為
> 食於路以待饑者而食之」）、「給」的對象（檀道濟
> 專為淵明；黔敖廣待路人）、還是「給」的態度（檀
> 道濟是彬彬有禮，稱其為「賢者」，「饋」以粱肉；
> 黔敖是居高臨下，「曰：『嗟，來食』」）來看，都
> 有著明顯的「贈與」和「施捨」的本質區別。[89]

　　正如引文所說，無論是從「給的方式」、「給的對象」，
還是「給的態度」來看，檀道濟較之黔敖，確實有著明顯的
「贈與」和「施捨」的本質區別。因此，若說淵明拒絕檀道
濟，是因為他不願接受施捨態度下的嗟來之食，似乎說不過
去。然而，淵明對於檀道濟的粱肉麾而去之，卻也是不爭的
事實，那又應該如何解釋？

　　對此，或許我們可以先思考一個問題，即蕭〈傳〉為何
要特別增補此一段落？前文提過，〈宋傳〉與蕭〈傳〉皆以
〈五柳先生傳〉作為淵明夫子自道之自況實錄，而〈五柳先
生傳〉最大的特質，就是一種「穎脫不羣，任真自得」之「飲
者」與「隱者」的形象建構。〈宋傳〉的書寫，基本上就是
承襲此一形象建構而展開。至於蕭〈傳〉，則是在〈宋傳〉
的基礎上，更進一步拓展與深化此種形象。其中，在拓展的
部分，蕭〈傳〉對於〈宋傳〉中淵明較隱而不顯的「文人身

---

89 鄒平、周曉琳：〈陶淵明拒絕檀道濟饋贈辨析 —— 兼及陶淵明自卑心理〉，
　　《長江論壇》（2008 年第 3 期），頁 80。

份」頗有補充。不過,限於傳記體例,蕭統對於淵明的文學成就,只能點到為止,其意猶未盡之處,則由自己另外撰寫的〈陶淵明集序〉,以及編選的《文選》來補足。[90]至於淵明「飲者」與「隱者」的形象建構,亦是蕭〈傳〉所極力深化的核心旨趣。[91]〈宋傳〉關於淵明「飲者」與「隱者」的形象建構,有著如下記載:

> 江州刺史王弘欲識之,不能致也。潛嘗往廬山,弘令潛故人龐通之齎酒具於半道栗里要之,潛有腳疾,使一門生二兒舉籃輿,既至,欣然便共飲酌,俄頃弘至,

---

90 關於此點,因為並非本文重點,故此處只能略作概述,詳情則需另文處理。

91 田菱認為:「此三則新添軼事(前引表格前三處內容 —— 檀道濟往候淵明、淵明囑咐其子善遇人子、淵明示詩周續之)迥異於沈約版本之處,在於不以嗜酒與超然態度來刻畫隱士形象。誠然,蕭統的版本建立在沈約陶淵明傳記之上,所以大部分軼事的主體仍圍繞著酒。但是似乎對陶淵明總是離不開酒的論述感到不滿,蕭統於〈陶淵明集序〉中寫道:『有疑陶淵明詩,篇篇有酒。吾觀其意不在酒,亦寄酒為跡者也。』雖然中國文人甚少將普通的飲酒行為貶損地視為嗜酒,事實上,飲酒在魏晉已成為士人文化的特徵之一。蕭統對陶淵明飲酒的詮釋進行辯護,已將其提升到『澆心中壘塊』的高度,這如同阮籍詩篇中對酒的妙用。」參見田菱著,張月譯:〈隱逸‧早期史傳中的陶淵明隱士形象〉,頁48-49。不過,田氏所述似有矛盾,因為其既云「蕭統的版本建立在沈約陶淵明傳記之上,所以大部分軼事的主體仍圍繞著酒」,但卻又說「但是(蕭統)似乎對陶淵明總是離不開酒的論述感到不滿」。筆者以為,假若蕭統真的對於淵明總是離不開酒的論述感到不滿,那麼,蕭〈傳〉在對〈宋傳〉進行重構之際,實可順勢處理此一問題,而不必一方面承襲〈宋傳〉中「大部分軼事的主體仍圍繞著酒」之書寫內容,另一方面又「感到不滿」。況且,從蕭統〈陶淵明集序〉所云「有疑陶淵明詩,篇篇有酒。吾觀其意不在酒,亦寄酒為跡者也」諸語來看,蕭統對於淵明與酒之關係,實有其獨特的心領神會之處,並不見得如同田氏所說:「對於淵明總是離不開酒的論述感到不滿」。

亦無忤也。先是,顏延之為劉柳後軍功曹,在尋陽,
與潛情款。後為始安郡,經過,日日造潛,每往必酣
飲致醉。臨去,留二萬錢與潛,潛悉送酒家,稍就取
酒。嘗九月九日無酒,出宅邊菊叢中坐久,值弘送酒
至,即便就酌,醉而後歸。[92]

引文提到兩位與淵明關係密切的關鍵人物:一是江州刺
史王弘;二為劉柳的後軍功曹顏延之。王弘想要結識淵明,
但卻苦無門路,於是投其所好,讓淵明故人龐通之齎酒具於
半道栗里要之,藉以降低淵明的警戒心;然後,趁著淵明欣
然便共飲酌之際,王弘順勢加入。整個事件的主觀動機雖然
略顯刻意,但客觀效果卻做得自然流暢,故淵明「亦無忤也」。
此後,淵明感受到王弘對他的尊重與誠意,故亦願意接受他
的饋贈。所以,當淵明九月九日無酒,只能「出宅邊菊叢中
坐久」之際,剛好王弘非常貼心地送酒而至,於是淵明又欣
然接受其好意 —— 即便就酌,醉而後歸。

至於顏延之與淵明,兩人不僅感情融洽,又皆為喜飲之
人,故相遇即酣飲致醉,亦為理所當然之事。兩人既為好友,
故顏延之臨去之際,特別留二萬錢與潛,此時的淵明,不僅
樂於接受,還悉送酒家,稍就取酒。以上兩事,儘管事件內
容略有差異,但相同之處皆為:建構淵明穎脫不羣,任真自
得之嗜酒飲者的鮮明形象。〈宋傳〉的描繪如此,至於蕭〈傳〉,
其記載則是:

---

92 梁・沈約撰:《宋書》,卷53,頁2288。

> 江州刺史王弘欲識之，不能致也。淵明嘗往廬山，弘
> 命淵明故人龐通之齎酒具，於半道栗里之間邀之。淵
> 明有腳疾，使一門生二兒舁籃輿。既至，欣然便共飲
> 酌，俄頃弘至，亦無迕也。先是，顏延之為劉柳後軍
> 功曹，在潯陽與淵明情款。後為始安郡，經過潯陽，
> 日造淵明飲焉。每往必酣飲致醉。弘欲邀延之坐，彌
> 日不得。延之臨去，留二萬錢與淵明，淵明悉遣送酒
> 家，稍就取酒。嘗九月九日，出宅邊菊叢中坐，久之，
> 滿手把菊。忽值弘送酒至，即便就酌，醉而歸。[93]

　　由引文可知，蕭〈傳〉除了略為增加「（王）弘欲邀延
之坐，彌日不得」與「滿手把菊」兩處補充情節之外，[94]其
餘內容皆錄自〈宋傳〉，最多只是文字略有差異而已。蕭〈傳〉
所增補的「（王）弘欲邀延之坐，彌日不得」部分，從表面
觀之，好像是為了要突出顏延之的特殊身分，但細察全文脈
絡，即可知道顏延之恐怕只是蕭統為了讓讀者體會淵明的獨
特，而預先設定的鋪陳。換言之，淵明才是敘述主體，顏延
之則是為了襯托主角的不凡，而精心挑選過的最佳配角。因
為，在蕭〈傳〉的記載中，王弘欲邀顏延之坐，但卻彌日不
得，可是，拒絕王弘的顏延之，卻主動與淵明情款，而且「日
造淵明飲焉，每往必酣飲致醉」，兩人感情好到連顏延之臨

93　梁·蕭統著，俞紹初校注：《昭明太子集校注》，頁 192。
94　有關蕭〈傳〉在這兩處的補充文字，以及其與〈宋傳〉之間的對照差異，
　　可參見本文「『有中求全』之『增補』部分」中的表格第三、第四兩處。

去之際，都還留二萬錢給淵明，由此即可見出淵明的人格魅力。是故，蕭〈傳〉對於〈宋傳〉此處的增補，與其說是拓展了什麼內容，倒不如說是更加深化了淵明的人物形象：一位具備穎脫不羣，任真自得之飲者與隱者形象的淵明，因令人崇敬而特別想要親近，以致於地方最高行政長官的刺史王弘，性格獨特的當時文壇大家顏延之，都極富熱情地想要與之交往。

至於「滿手把菊」的增補部分，蕭〈傳〉云：「嘗九月九日，出宅邊菊叢中坐，久之，滿手把菊。忽值弘送酒至，即便就酌，醉而歸。」蕭〈傳〉此處僅是加入「滿手把菊」四字，其餘內容皆錄自〈宋傳〉。其實，僅就文意的理解而言，加入「滿手把菊」四字之後，兩傳的基本旨趣並無不同，皆是意圖建構淵明自然任真之嗜酒飲者與高趣隱者的形象。但是，從人物形象的塑造而論，此處增添「滿手把菊」之後，整個淵明的飲者與隱者形象瞬間生動起來，如此，更能突顯淵明人如其菊、人菊一體的高潔形象。因為，單純地坐於菊叢之中，和滿手把菊地坐於菊叢之中，其間不僅有著客觀欣賞與主觀融入的區分。更重要的是，菊對於淵明來說，實有極為強烈的象徵意蘊，〈歸去來兮辭〉述其棄官歸隱，「乃瞻衡宇，載欣載奔。僮僕歡迎，稚子候門」之後，對於家中環境，淵明最先觀看、確認的就是「三逕就荒，松菊猶存」。[95]首句「三逕就荒」典故，雖是隱者的象徵，但較具普遍性；次句「松菊猶存」則不然，「松」與「菊」兩種植物，對於

---

95 晉·陶潛著，龔斌校箋：《陶淵明集校箋》，卷5，頁453。

淵明而言，不僅蘊含強烈的人格特質意義，還極具淵明的個
人色彩。淵明《和郭主簿二首》其二云：

芳菊開林耀，青松冠巖列。
懷此貞秀姿，卓為霜下傑。[96]

淵明於詩中特別強調芳菊、青松之物種性質是：「懷此
貞秀姿，卓為霜下傑」。松、菊因為懷有貞秀之姿，故能卓
然自立，成為霜下之英傑。在〈歸去來兮辭〉中，淵明之所
以入門之後，就迫不及待地想要確認「松菊猶存」，主要乃
是因為芳菊、青松本身具有的貞秀之姿，可以比擬淵明自身
固窮之志的堅貞。因此，「三逕就荒，松菊猶存」兩句，從
內在意蘊考之，「三逕就荒」實有官場黑暗，恨不早歸之意；
「松菊猶存」則有昭示讀者，淵明自我堅貞之節仍在之宣告
意味。

不過，對於淵明來說，松、菊雖然皆有貞秀之姿，但相
對而言，松的特質似乎較為端莊嚴正，菊的意象則更加和藹
可親。淵明《飲酒二十首》其四云：「因值孤生松，斂翮遙
來歸」、「託身已得所，千載不相違」，[97]此處的「孤松」，
代表的是一種人生歸宿的莊嚴選擇；〈歸去來兮辭〉云：「雲
無心以出岫，鳥倦飛而知還。景翳翳以將入，撫孤松而盤桓」，
[98]文中的「孤松」意涵，亦類同於前詩；《飲酒二十首》其

---

96 晉‧陶潛著，龔斌校箋：《陶淵明集校箋》，卷2，頁148。
97 晉‧陶潛著，龔斌校箋：《陶淵明集校箋》，卷3，頁251。
98 晉‧陶潛著，龔斌校箋：《陶淵明集校箋》，卷5，頁453-454。

八云：「青松在東園，群草沒其姿。凝霜殄異類，卓然見高枝」，[99]詩中的「青松」，象徵的是高士卓然不群的獨立姿態。上述陶集中的「松」意象，對於淵明而言，主要代表的意蘊不外乎兩種：一是高潔品格的人物象徵，二為孤獨歸隱的人生抉擇。整體而言，這裡的「松」形象，給人的感覺是崇高偉大與莊嚴孤獨。至於「菊」的意象，較之於「松」的剛性基調，它顯然柔和許多。淵明《飲酒二十首》其五云：「採菊東籬下，悠然見南山」，[100]《飲酒二十首》其七云：「秋菊有佳色，裛露掇其英」，[101]此處淵明「採菊東籬」、「裛露掇英」的舉動，呈顯的正是一種人與菊之間的親近融洽氛圍。是故，當蕭〈傳〉添加淵明「滿手把菊」，彰顯的即是淵明與菊之間那種人如其菊、人菊一體的親近體貼。如此，則蕭〈傳〉中的淵明形象就顯得更加栩栩如生，不僅具有貞秀之姿，又兼含高士之雅趣。

　　說明完淵明與顏延之、王弘的交往情況，現在再回來看淵明與檀道濟的事件。我們將淵明與王弘、顏延之，以及檀道濟的交往關係作一對照，即可發現以下三點差異：

　　第一，就「身份學識」而言，王弘為世家高門子弟、顏延之為文壇領袖人物，前者位尊門高、後者才學兼備，檀道濟則為一介武人，[102]儘管功業有成，但文化氣習略遜於王弘

99　晉・陶潛著，龔斌校箋：《陶淵明集校箋》，卷3，頁261。
100　晉・陶潛著，龔斌校箋：《陶淵明集校箋》，卷3，頁253。
101　晉・陶潛著，龔斌校箋：《陶淵明集校箋》，卷3，頁259。
102　對於王弘與檀道濟的身份區分，田曉菲認為：「王弘、檀道濟的不同身份，或許也可以幫助我們解釋陶淵明的不同表現：前者是王導的後代，而後者不過是出身寒微的一介武夫。」參見田曉菲：〈「先生不知何許人也」──「重構五柳先生：傳記四種」〉，頁74。

與顏延之，卻也是不爭的事實。雖然淵明的先祖陶侃亦為武人出身，但畢竟淵明主要還是以文化人的角色出現於晉宋之際的舞台。故就文化素養的條件來看，王弘與顏延之確實與淵明較具契合度。[103]

　　第二，從「出處進退」而論，王弘與顏延之雖為官場中人，但是依據傳文的記載，他們兩人與淵明的交往，前者敬佩淵明身為隱士的人格風範，故欲識之；後者則是身為淵明摯友，兩人有著珍貴情誼，故顏延之可以日造淵明飲焉，且每往必酣飲致醉。不過，儘管如此，兩人皆相當尊重、理解淵明之出處立場與進退原則，故其交往期間，至少就史傳所載內容，並沒有出現任何勸導淵明出仕的言論。但是檀道濟就不一樣了，其所謂「賢者處世，天下無道則隱，有道則至」、「今子生文明之世，奈何自苦如此」的言論，固然主觀上頗具善意，但對初識的淵明來說，檀道濟的言論，不免有著交淺言深的唐突。而更加重要的是，檀道濟此言，顯然缺乏對於淵明身世經歷，以及隱逸情懷的同情了解。是故，淵明回以「潛也何敢望賢，志不及也」，「何敢望賢」，此句貌似謙虛而實則代表著兩人對話的不相應；「志不及也」，此句貌似自貶而實則充分展現出淵明對於檀道濟言論的不認同。

---

103 對此，田曉菲即以「文化權力」作為說明的依據：「蕭〈傳〉似乎為三個著名人物劃分出了自下而上的等級：從檀道濟、到王弘、到顏延之。等級高下的決定因素不是政治權力，而是文化權力。蕭統生活在公元六世紀，此時王謝家族的光環雖然尚在，其社會影響已經逐漸消退，讓步給新興的文化貴族。蕭統的〈陶淵明傳〉，反映了作者所處的時代。」參見田曉菲：〈「先生不知何許人也」──「重構五柳先生：傳記四種」〉，頁75。

　　第三，由「嗜好興趣」來看，淵明性嗜酒，故王弘以酒邀之，投其所好；顏延之以酒交之，與其情款。酒，對於淵明來說，不僅是物質的欲望，它更是精神的食糧、情性的導引、境界的體現，故不管是王弘的以酒邀之，還是顏延之的以酒交之，雖然表面上有著「物質贈與」的味道，但又何嘗沒有內在「精神交流」的意味。[104]可是，檀道濟的饋以粱肉就不同了，就檀道濟的角度而言，饋以粱肉對於飢餓的淵明來說，具有一種保命、實用的立即效果，這是他善意的表現；但從淵明的精神需求而論，物質的面向固然重要，但他更為關注精神層次的交流與滿足。不過，令人感到遺憾的是，檀道濟的粱肉，純粹只是一種「物質贈與」，但較為缺乏「精神交流」的同情共感象徵。更何況，在兩人話不投機的對話前提下，淵明若於此時接受檀道濟的粱肉，那就真的有違淵明之本心了。故其最後選擇「麾而去之」，似乎也屬淵明真性情下的應有作為。

　　總之，筆者以為，淵明與檀道濟之所以話不投機，主要的原因有三：既有先天文化涵養的高低差異，亦有後天或仕或隱的抉擇歧見，再加上溝通物質的選用失當，故淵明在「道不同，不相為謀」的情況下，只好拒絕檀道濟饋以粱肉的好意。換言之，淵明不僅不會接受無禮態度下的「施捨」，亦

---

104 李劍鋒認為：「顏延之『臨去留兩萬錢與潛』。而陶淵明也不以為是嗟來之食，慨然接受，但他並不如一般人那樣只把這錢看作物質上的接濟，而是看作精神上的接濟，『悉送酒家，稍就取酒』，在一次次的取酒酣飲中體味友誼和生命之真。」參見李劍鋒：〈顏延之與靖節徵士〉，頁 41。李氏所見甚是，其已明確點出「物質接濟」與「精神接濟」之差別，以及淵明在「精神接濟」中所感受到的「友誼和生命之真」。

不會願意平白接受話不投機下的「贈與」。

　　據此，筆者以為，蕭〈傳〉增加此段的目的，應不僅是添加一則身為隱者的淵明，因不受朝中顯要之救濟饋贈而更顯品行高潔這樣的軼事而已。蕭統或許是認為，〈宋傳〉書寫王弘「以酒邀約」與顏延之「贈錢買酒」兩事，固然已經強調了淵明喜愛飲酒的隱者形象，但兩者皆從正面表述，似乎頗嫌單調，故特別加入檀道濟「饋贈粱肉」之事，來作為前者的反面補充，並從對照中深化淵明與酒之聯繫，藉以突顯淵明「飲者」與「隱者」的雙重角色。

　　綜上所述可知，蕭〈傳〉對於〈宋傳〉所欲建構的淵明嗜酒之隱者形象，不僅未加否定、修正，甚至還踵事增華地在部分細節上拓展之、情節上深化之。不過，蕭〈傳〉對於〈宋傳〉的增補，若是僅止於此，那麼，其雖也有拓展、深化之功，但卻會缺乏相形之下，更為重要的人物新形象的建構。而這種人物新形象的建構，其具體內涵為何？則是以下所要討論的重點。

　　筆者以為，〈宋傳〉對於淵明人物形象的建構，主要是以淵明〈五柳先生傳〉作為原型，之後，加以相關史料進行拓展、深化。而其關注核心，顯然是扣緊「飲者」與「隱者」兩大元素來進行。因此，其所建構出來的人格特質，一方面接近名士派的「飲者」作風，另一方面又類似道家式的「隱者」型態，兩者相互結合之後，即展現出一種魏晉玄學思潮下的高士特徵。至於蕭〈傳〉，儘管表面上像是亦步亦趨地跟隨〈宋傳〉，但就內在思路而論，卻與〈宋傳〉頗不相同，它雖仍是魏晉玄學思潮下的產物，但卻增補了一項相當重要

的元素 —— 儒家的「風教」。

2.關於表格「第二處」的說明

前文提到，蕭統不僅以「隱逸道統」之承繼者看待淵明，亦以「聖賢風教」期許之。是故，其對於淵明「去就之迹」的潔與不潔，甚為重視。然而，所謂的「風教」，其之所以能夠展現成效，至少必須包括兩個因素：一是「感人者」之仁德風範的強烈感染力；二為「受感者」之樂於受教的仿傚心。對此，蕭〈傳〉亦有所著墨，在〈宋傳〉所云「復為鎮軍、建威參軍，謂親朋曰：『聊欲弦歌，以為三逕之資，可乎？』執事者聞之，以為彭澤令」之後，[105]蕭〈傳〉加入：

	蕭〈傳〉自行添加之內容
第二處 （人子可善遇之）	不以家累自隨，送一力給其子，書曰：「汝旦夕之費，自給為難，今遣此力，助汝薪水之勞。此亦人子也，可善遇之。」

王國瓔述及蕭〈傳〉所添加的兩段情節（「江州刺史檀道濟往侯之」、「不以家累自隨，送一力給其子」）云：

> 無疑從此為陶淵明的人格特質進一步戴上了道德的光環。前者通過與檀道濟的對話，以及拒絕饋贈的行為，展現陶淵明寧守窮困，不受施捨的孤高氣節，後者通過家信對兒子的叮嚀，顯示其諄諄教子，善待他

105　梁・沈約撰：《宋書》，卷 53，頁 2287。

人之子的仁愛胸懷。」[106]

檀道濟之事已如前述,至於淵明「送一力給其子」之事,就史書撰述而言,本屬無須辭費之枝節,然而,蕭統卻特別予以關注,其用心顯然是如同王氏所說,替淵明「戴上道德光環」、「顯示仁愛胸懷」。胡不歸認為:

> 淵明與子書(此亦人子也,可善遇之),文雖簡短,旨義深長,論者謂此可見其博愛之襟懷,是也。然亦可見其平等之精神。於普通勞動者則寬容以待之,於仗勢橫行之督郵則以「鄉里小兒」視之。東晉之時,門閥森然,淵明俯仰其間,而不為世俗所染,非天性獨厚,能至是乎?[107]

此處胡氏所說「論者謂此可見其博愛之襟懷」,類同於前文所述「顯示仁愛胸懷」之意。不過,胡氏於此特別點出,淵明於此則故事中所展現的另一意義:平等之精神。此論雖有其理,但「平等精神」之評,似有可再斟酌之處。[108]但是,胡氏將「寬容以待人子」與「鄙視橫行督郵」兩事相互比較,

---

106 王國瓔:〈史傳中的陶淵明〉,頁 210-211。
107 胡不歸:〈歸去來兮辭〉,《讀陶淵明集札記》(上海:華東師範大學出版社,2007),頁 35。
108 筆者以為,胡氏「平等精神」之論,頗有拔高之嫌;倒是鄧安生「人道主義精神」之說,似乎較為平實:「在魏晉南北朝,僮僕地位極其低下,生命得不到保障。陶淵明囑咐兒子善遇僕人,正是他的人道主義精神的體現。」參見鄧安生:〈陶淵明歸隱新論〉,《陶淵明新探》(臺北:文津出版社,1995),頁 128。

確實讓淵明「不為世俗所染」之「天性獨厚」的形象特徵更加彰顯。前者（寬容以待人子）體現了淵明之「仁」，後者（鄙視橫行督郵）展示了淵明之「真」。

總之，對於蕭統此處所塑造的淵明形象而言（寬容以待人子），淵明乃是一位具有仁德風範之強烈感染力的「大賢」。至於「受感者」之樂於受教的仿傚心部分，蕭〈傳〉亦有記載，此點將於後文第四處——「翟氏能安勤苦」部分說明。

3.關於表格「第三處」的說明

	蕭〈傳〉自行添加之內容
第三處 （淵明示詩續之）	時周續之入廬山事釋慧遠，彭城劉遺民亦遁迹匡山，淵明又不應徵命，謂之「潯陽三隱」。後刺史檀韶苦請續之出州，與學士祖企、謝景夷三人，共在城北講《禮》，加以讎校。所住公廨，近於馬隊。是故淵明示其詩云：「周生述孔業，祖謝響然臻。馬隊非講肆，校書亦已勤。」

如同前引檀道濟的參照例證一樣，為了突顯淵明之正面形象，蕭〈傳〉還特別增補了周續之的人格形象，來作為淵明的對照。

淵明與周續之、劉遺民並稱為「潯陽三隱」，〈宋傳〉說淵明「不潔去就之迹」，蕭〈傳〉不僅刪除此一論述，還另外增補了周續之「不潔去就之迹」的負面事例，來作為淵明「爵祿可辭」、「仁義可蹈」之正面形象的對比。而在這一加一減之間，蕭統的為文用心，已經昭然若揭。至於表格所述淵明之詩，即陶集中的〈示周續之祖企謝景夷三郎〉：

> 負痾頹簷下，終日無一欣。
> 藥石有時閒，念我意中人。
> 相去不尋常，道路邈何因。
> 周生述孔業，祖謝響然臻。
> 道喪向千載，今朝復斯聞。
> 馬隊非講肆，校書亦已勤。
> 老夫有所愛，思與爾為鄰。
> 願言誨諸子，從我潁水濱。[109]

　　邱嘉穗《東山草堂陶詩箋》評此詩云：「起手紆曲有情，『道喪』二句一揚，為下抑之張本，末結出風刺本意，婉而多風，即起處『相去不尋常，道路邈何因』，一詰便已含諷刺之意，隱然見我自抱病固窮，而若輩何以違離於咫尺之地，得非貪榮慕利，守道不終而然耶？」[110]邱氏所論極是，上引蕭統〈陶淵明集序〉認為淵明「貞志不休，安道苦節」，也正因如此，故淵明能夠「抱病固窮」，而不像周續之等人「不潔去就之迹」，所以招致「貪榮慕利」、「守道不終」等批評。前引江州刺史檀道濟欲贈淵明粱肉，但淵明卻麾而去之；但此處同為潯陽三隱的周續之，卻因刺史檀韶苦請而出，兩者相較，蕭統以周續之的不潔去就之迹來對照淵明的固窮氣節，高下立判。

　　另外，還可補充的是，《宋書‧隱逸傳‧周續之》云：

109　晉‧陶潛著，龔斌校箋：《陶淵明集校箋》，卷2，頁102。
110　收錄於北京大學北京師範大學中文系、北京大學中文系文學史教研室編：《陶淵明資料彙編》（北京：中華書局，2004），下冊，頁65。

「江州刺史每相招請，續之不尚節峻，頗從之游。常以嵇康《高士傳》得出處之美，因為之注。」[111]沈約《宋書》為隱者列〈隱逸傳〉，然而，針對潯陽三隱之一的淵明，沈約批評他「不潔去就之迹」；此處，對於潯陽三隱之另一人物周續之，沈約又指責他「不尚節峻」。而頗具諷刺意味的是，沈約於引文中特別指出「（周續之）常以嵇康《高士傳》得出處之美，因為之注」。據此，則周續之理應對於高士之出處進退別有會心，但沒想到自己卻是「不尚節峻」，且頗從江州刺史等達官貴人游，如此，則沈約筆下的周續之形象，實頗具反諷意味。

淵明《讀史述九章·魯二儒》云：

> 《易》大隨時，迷變則愚。
> 介介若人，特為貞夫。
> 德不百年，汙我詩書。
> 逝然不顧，被褐幽居。[112]

相較於魯二儒「介介若人，特為貞夫」之獨立人格，以及他們「德不百年，汙我詩書」的嚴正之論，周續之等人卻是「共在城北講《禮》，加以讎校」。是故，淵明才會有「願言誨諸子，從我潁水濱」之勸導言論，就是希望周續之等人能夠「逝然不顧，被褐幽居」，可以迷途知返，重新歸隱。

---

111 梁·沈約撰：《宋書》，卷93，頁2280。
112 晉·陶潛著，龔斌校箋：《陶淵明集校箋》，卷6，頁499。

4.關於表格「第四處」的說明

前文提到「受感者」之樂於受教的仿傚心部分，蕭〈傳〉亦有記載，此處表格內容即是針對這點而發。蕭〈傳〉在〈宋傳〉的基礎上，強調：

	蕭〈傳〉自行添加之內容
第四處 （翟氏能安勤苦）	其妻翟氏，亦能安勤苦，與其同志。

此處蕭統顯然認為，淵明之夫妻關係甚佳，故能夫唱婦隨，兩人同志。然而，事實果真如此？恐怕需要進一步分析。身為淵明好友的顏延之，在其〈陶徵士誄并序〉中並沒有提到淵明的夫妻關係；至於〈宋傳〉，則完全未提及此事。不過，〈宋傳〉選錄淵明四篇文章，其中一篇〈與子儼等疏〉云：

> 性剛才拙，與物多忤，自量為己，必貽俗患。僶俛辭世，使汝幼而飢寒耳。常感孺仲賢妻之言，敗絮自擁，何慚兒子。此既一事矣。但恨鄰靡二仲，室無萊婦，抱茲苦心，良獨罔罔。[113]

〈宋傳〉於傳文中還特別強調此篇乃是淵明「以言其志」的自述之作，[114]那麼，文中「但恨鄰靡二仲，室無萊婦」兩

---

113 梁・沈約撰：《宋書》，卷53，頁2289。
114 梁・沈約撰：《宋書》，卷53，頁2289。

句，應該如何詮解？其所遺憾之處，又是什麼？〈宋傳〉記
載：「公田悉令吏種秫稻，妻子固請種秔，乃使二頃五十畝
種秫，五十畝種秔。」[115]蕭〈傳〉亦有類似的表述，[116]當然，
沈約與蕭統此一敘述的主要用意，乃是想要展現淵明之嗜酒
形象，故以其妻陪襯之。然而，細審此段文意，亦可稍微觀
察出淵明與其妻，似乎並不同志的訊息。王國瓔認為：

> 「固請」二字頗堪玩味。夫妻雙方各自堅持己見，甚
> 至一時爭執不下，盡在不言中。……（陶妻）是一個
> 活生生的人物，一個必須照顧現實，考慮生活的妻
> 子，而且是一個在必要時，會與丈夫據理力爭的妻
> 子。」[117]

正如王氏所論，身為曠達隱士的淵明，與身為平凡主婦的陶
妻，面對柴米油鹽的日常生活，確實可能存在不同志的情況。
但是，更大的問題是，陶妻對於淵明辭官歸隱，並從此以耕
代仕的人生重大決定，又是否支持？《高士傳·老萊子》云：

> 老萊子者，楚人也。當時世亂，逃世耕於蒙山之陽。
> 莞葭為牆，蓬蒿為室，枝木為牀，，著艾為席。飲水
> 食菽，墾山播種。人或言於楚王，王於是駕至萊子之

---

115 梁·沈約撰：《宋書》，卷 93，頁 2287。
116 梁·蕭統著，俞紹初校注：《昭明太子集校注》，頁 192。
117 王國瓔：〈陶淵明「室無萊婦」之憾〉，《古今隱逸詩人之宗 —— 陶淵
　　明論析》（臺北：允晨文化，1999），頁 329。

門。萊子方織畚，王曰：「守國之政，孤願煩先生。」
老萊子曰：「諾。」王去。其妻樵還曰：「子許之乎？」
老萊曰：「然。」妻曰：「妾聞之：可食以酒肉者，
可隨而鞭箠；可擬以官祿者，可隨而鈇鉞。妾不能為
人所制者。」妻投其畚而去。老萊子亦隨其妻，至於
江南而止，曰：「鳥獸之毛，可績而衣，其遺粒足食
也。」仲尼嘗聞其論而憮然改容焉。著書十五篇，言
道家之用人。莫知其所終也。[118]

　　對此，《列女傳・賢明傳》之「楚老萊妻」亦有類似的
記載可參看。[119]文中老萊子原本已經接受楚王守國之政的託
付，但經過其妻以「可食以酒肉者，可隨而鞭箠」、「可擬
以官祿者，可隨而鈇鉞」等「不能為人所制」的勸說之後，
老萊子即隨其妻逃至江南。據此，「萊婦」意指深知潛身保
真之理，並願與夫諧隱之賢妻。但這並不容易做到，除了本
身要有卓越見識之外，還須具備淡泊世榮之內斂性格。然而，
誠如王國瓔所說，陶妻只是一位「照顧現實，考慮生活的妻
子」，並非遁世的隱逸高人，故淵明不免會有「室無萊婦」
之憾。[120]雖然有些學者持不同意見，如趙治中就認為：「『室
無萊婦』，用的是楚國老萊子妻勸夫不要在亂世出去做官，

---

118 晉・皇甫謐撰：《高士傳》，卷上，頁7。
119 清・王照圓撰，虞思徵點校：《列女傳補注》（上海：華東師範大學，
　　2012），頁86-87。
120 如日本學者伊藤直哉就直言：「在他（淵明）看來，妻子不是萊婦、孺
　　仲賢妻這樣賢慧的女性。」參見日・伊藤直哉：〈略論陶淵明的夫妻關
　　係及文學創作〉，《九江師專學報（哲學社會科學版）》，1996年第3
　　期，頁24。

免招禍患的典故，表明詩人的『與其同志』的相濡以沫的妻子已不在人世，這使他頗為傷感。」[121]不過，趙氏雖然盡心想替陶妻迴護，但就文意來看，「但恨鄰靡二仲，室無萊婦」兩句對舉而言，既然「但恨鄰靡二仲」，指的是無知音之憾，而非知音已死之悲；那麼，「室無萊婦」也應指的是無同志妻之憾，而非同志妻已死之悲。是故，趙氏替陶妻的辯解，似乎不容易取得文本證據的支持。

另外，顏〈誄〉序文評淵明云：「簡棄煩促，就成省曠。殆所謂國爵屏貴，家人忘貧者與？」[122]文中「國爵屏貴，家人忘貧」兩句，典出《莊子・則陽》：「故聖人，其窮也使家人忘其貧，其達也使王公忘爵祿而化卑。」[123]對於「其窮也使家人忘其貧」，郭象注云：「淡然無欲，樂足於所遇，不以侈靡為貴，而以道德為榮，故其家人不識貧之可苦。」[124]成玄英疏云：「禦寇居鄭，老萊在楚，妻孥窮窶而樂在其內。賢士尚然，況乎真聖，斯忘貧也。」[125]郭注、成疏強調的是聖人之感化力量甚為強大，不僅可使家人不識貧窮之苦，甚至還可讓妻孥樂在其內。對此，王叔岷的解釋則稍有不同：「成疏釋『家人』為妻孥，固是常解。『家人』，亦猶『庶人』也，與下『王公』對言。」[126]王氏顯然認為此處的「家

---

121 趙治中：〈「琴瑟不調」，還是「與其同志」── 也談陶淵明夫妻關係〉，《陶淵明論叢》（北京：中國文聯出版社，1999），頁148。
122 梁・蕭統編，唐・李善注：《文選》，卷57，頁2471。
123 清・郭慶藩撰，王孝魚點校：《莊子集釋》（北京：中華書局，1997），卷8，頁878。
124 清・郭慶藩撰，王孝魚點校：《莊子集釋》，卷8，頁879。
125 清・郭慶藩撰，王孝魚點校：《莊子集釋》，卷8，頁879。
126 王叔岷撰：《莊子校詮》（北京：中華書局，2007），卷4，頁999。

人」應該解成「庶人」。其實，上述兩者解釋之具體內涵容或不同，但意圖突顯聖人之感染、教化能力強大這點，則為其所同。筆者以為，兩說皆可言之成理，只是涉及的範圍有廣狹不同。廣義而言，可以泛指「庶人」；狹義來說，則專指身邊的「妻孥」。如果說顏〈誄〉序文只是要強調淵明之人格風範，以及其所具有的移風易俗之巨大感染力，那麼，蕭〈傳〉的「夫妻同志」說，則是在顏〈誄〉的論述基礎上，將「家人忘貧」的概念具體落實，使之變成一則真實可感的溫馨故事。[127]

　　據此，我們可以作一小結，即蕭〈傳〉對於〈宋傳〉的刪補之處，主要的目的是重構淵明之人物形象。至於其形象重構的具體內涵則有兩點：一是將淵明納入「穎脫不羣，任真自得」之「隱逸道統」的譜系；二是讓淵明展現「國爵屏貴，家人忘貧」之「聖賢風教」的力量。因此，筆者以為，〈宋傳〉中的淵明形象建構，主要是以「穎脫不羣，任真自得」之「隱逸道統」的形象為主，而其中最重要的意象則是「酒」，故〈宋傳〉實有嘗試將淵明之「飲者」與「隱者」形象共構的書寫意圖。相較之下，蕭〈傳〉則是在〈宋傳〉將淵明之「飲者」與「隱者」形象共構的書寫基礎之上，另外賦予淵明「國爵屏貴，家人忘貧」之「聖賢風教」的形象，因而將淵明建構成一種兼融道家之隱者情懷與儒家之聖賢教化的人物形象。

---

127 王國瓔即注意到〈陶徵士誄並序〉之「國爵屏貴，家人忘貧」說，對於蕭統「推崇陶淵明之道德人品」的影響。參見王國瓔：〈陶淵明「室無萊婦」之憾〉，頁330。

三、蕭〈傳〉對於〈宋傳〉選錄文章之「取捨」

〈宋傳〉中所敘述的淵明，雖以五柳先生之人物形象為其基調，但卻還是採錄四篇淵明作品：〈五柳先生傳〉（刪去「贊曰」以下的文字）、〈歸去來兮辭〉（刪去「自序」以下的文字）、〈與子儼等疏〉、〈命子詩〉。至於蕭〈傳〉，固然也以五柳先生之人物形象為其論述基調，但卻僅收錄〈五柳先生傳〉（刪去「贊曰」以下的文字）。而不採錄〈宋傳〉所收〈歸去來兮辭〉、〈與子儼等疏〉與〈命子詩〉等三篇文章。以下，筆者擬從蕭〈傳〉對於〈宋傳〉選錄文章之「取捨」，來考察此種取捨對於淵明人物形象之重構的意義。

就蕭〈傳〉所收一篇文章，以及所刪三篇文章而言，所收之〈五柳先生傳〉，符合上述「穎脫不羣，任真自得」之「隱逸道統」標準，故選錄其文，自無任何疑義；至於未收三文部分，王國瓔認為：「蕭〈傳〉僅錄一篇，或許不難解釋。由於蕭統既然已經為陶淵明編集……欲讀陶淵明作品，隨手翻閱全集即可。」[128]王氏所論雖然不無道理，但其原因似乎仍有可說者，[129]筆者以為，若以蕭統欲為淵明塑造之道統與風教之標準，來作為考察的視角，或許可以稍窺蕭統為文之

---

128 王國瓔：〈史傳中的陶淵明〉，頁204。
129 王氏的說明固然合情合理，不過，卻不容易解釋：如果蕭統已經為淵明編集，故欲讀淵明作品者，隨手翻閱全集即可。但是，為何蕭〈傳〉卻還是收了〈五柳先生傳〉，而不及其它？若說因為〈五柳先生傳〉屬於自傳性質，故特別收錄，那麼，陶集中深具自傳性質之作甚多，又為何取此捨彼？可見，〈五柳先生傳〉的選錄，必有其應然之故。此外，若依王氏所說之情理類推，那麼，《文選》所選陶集詩文，是否亦可作如是觀？

用心。

　　蕭〈傳〉未收的三篇，〈歸去來兮辭〉與〈五柳先生傳〉
情調相仿，亦符合「穎脫不羣，任真自得」之「隱逸道統」
原則，收入蕭〈傳〉並不妨害其論述基調，而蕭統之所以未
收，或許是因為《文選》已收，故可以互文性的視角參看，
因此不收。不過，此處仍有可進一步引申者，《文選》卷四
十五收錄刪節版的〈歸去來兮辭序〉：「余家貧，又心憚遠
役，彭澤縣去家百里，故便求之。及少日，卷然有歸與之情，
自免去職。因事順心，命篇曰〈歸去來〉。」[130]然細審〈歸
去來兮辭序〉全文：

> 余家貧，耕植不足以自給。幼稚盈室，缾無儲粟，生
> 生所資，未見其術。親友多勸余為長吏，脫然有懷，
> 求之靡途。會有四方之事，諸侯以惠愛為德，家叔以
> 余貧苦，遂見用於小邑。于時風波未靜，心憚遠役，
> 彭澤去家百里，公田之利，足以為酒，故便求之。及
> 少日，卷然有歸與之情。何則？質性自然，非矯厲所
> 得。飢凍雖切，違己交病。嘗從人事，皆口腹自役。
> 於是悵然慷慨，深媿平生之志。猶望一稔，當斂裳宵
> 逝。尋程氏妹喪於武昌，情在駿奔，自免去職。仲秋
> 至冬，在官八十餘日，因事順心，命篇曰歸去來。序
> 乙巳歲十一月也。[131]

130　梁・蕭統編，唐・李善注：《文選》，卷 45，頁 2026。
131　晉・陶潛著，龔斌校箋：《陶淵明集校箋》，卷 5，頁 453。

蕭〈傳〉對於淵明賦歸去來一事的記載是：「歲終，會郡遣督郵至縣，吏請曰：『應束帶見之。』淵明歎曰：『我豈能為五斗米，折腰向鄉里小兒！』即日解綬去職，賦〈歸去來〉。」[132]傳文強調的顯然是淵明「我豈能為五斗米，折腰向鄉里小兒」的崇高氣節與傲然風骨。《文選》刪節過後的〈歸去來兮辭序〉云：「及少日，卷然有歸與之情，自免去職。」與蕭〈傳〉正可互參，而最後「因事順心，命篇曰〈歸去來〉」更可再次印證淵明決心隱退之志向。不過，上述資訊僅是蕭統在蕭〈傳〉與《文選》中意圖呈顯給讀者的印象，是否就代表真的史實？或者退一步講，是否符合淵明詩文之自述？答案似乎並不樂觀，依據蕭〈傳〉與《文選》之互文觀之，淵明「卷然有歸與之情」的原因是「會郡遣督郵至縣」，而淵明不願「為五斗米折腰向鄉里小兒」，故「解綬去職」。但以淵明完整〈歸去來兮辭序〉的內容來看，淵明「卷然有歸與之情」的理由有二：

其一，從內在本性言之，淵明自認「質性自然，非矯厲所得」，故在「嘗從人事，皆口腹自役」之反思下，即有「斂裳宵逝」之心；其二，就外在情勢來看，恰好「程氏妹喪於武昌」，淵明「情在駿奔」，故順勢「自免去職」。如此，則淵明賦歸去來的緣由，就從蕭統所刻意強調的，充滿戲劇性的故事──世俗人情之糾葛（應束帶見之）與超俗高人之性情（我豈能折腰）的衝突與決裂，轉變成淵明夫子自道的，充滿悵然慷慨之情與自我反省之思的平實表白。而「程氏妹

---

132 梁・蕭統著，俞紹初校注：《昭明太子集校注》，頁191-192。

喪於武昌」，剛好又讓「情在駿奔」的淵明，有了「因事順心」
之「自免去職」的理由，故終能成就此一文化史上的大事。馬
永卿《嬾真子》云：

> 淵明之為縣令，蓋為貧爾，非為酒也。『聊欲絃歌以
> 為三徑之資』，蓋欲得公田之利，以為三徑閒居之資
> 用爾，非為旋創田園也。舊本云公田之利過足為潤，
> 後人以其好酒，遂有公田種秫之說；且仲秋至冬，在
> 官八十餘日，此非種秫時也。故凡本傳所載，與〈歸
> 去來序〉不同者，當以序為正。[133]

　　馬氏所評甚是，尤其是「故凡本傳所載，與〈歸去來序〉
不同者，當以序為正」之判分原則，實屬客觀之論。據此可
知，〈宋傳〉、蕭〈傳〉所載淵明逸事，除了「我豈能為五
斗米，折腰向鄉里小兒」之外，「公田悉令吏種秫」等傳聞，
亦不見得完全可信。因此，我們更有理由相信，蕭〈傳〉所
書寫之淵明形象，乃是符合蕭統期待視野之淵明，而不能等
同於陶集詩文中的淵明，更不能與真實歷史中的淵明，驟然
劃上等號。
　　持平而論，淵明自述與蕭統所云，其實在本質上的差異
並不大，因為兩者都是講述淵明不為衣食而違本志的心意。
只是，前者較為強調「質性自然」、「因事順心」之本志；[134]

---

133 北京大學北京師範大學中文系、北京大學中文系文學史教研室編：《陶
　　淵明資料彙編》，上冊，頁 43。
134 王國瓔認為：「刪去〈歸去來兮辭〉序言，就等於是排除陶淵明自謂當
　　初辭彭澤令的藉口：『尋程氏妹喪於武昌，情在駿奔，自免去職。』或

後者比較突顯「穎脫不羣」、「任真自得」之形象。不過，就讀者之閱讀效果的戲劇性而言，後者更能展示出淵明「穎脫不羣，任真自得」之「隱逸道統」的崇高與尊嚴，而這點也正是蕭統極力想為淵明塑造的形象。

王國瓔分析〈宋傳〉所收四篇淵明作品後認為：

> 〈宋傳〉雖並未稱道陶淵明之文學成就，卻收錄了四篇陶淵明作品：〈五柳先生傳〉、〈歸去來兮辭〉、〈與子儼等疏〉、〈命子詩〉，所佔篇幅，的確超過整篇傳記一半以上。其中〈五柳先生傳〉與〈歸去來兮辭〉，或可補充說明陶淵明的隱士身分與歸隱情懷；〈與子儼等疏〉及〈命子詩〉，則展示陶淵明對兒子的叮嚀囑咐與慈祥關愛，同時亦正好符合史傳每每大略言及傳主後輩子孫的傳統。於是，傳主陶淵明既為隱士，又為人父的社會角色，都攬括在內了。[135]

王氏「〈五柳先生傳〉與〈歸去來兮辭〉，或可補充說明陶淵明的隱士身分與歸隱情懷」之論，正可與上文的分析互參。至於〈與子儼等疏〉及〈命子詩〉，除了王氏所論「展示陶淵明對兒子的叮嚀囑咐與慈祥關愛，同時亦正好符合史

許如此方能突顯『不能為五斗米折腰向鄉里小人，即日解印綬去職』這一段傳聞佳話，以便強調陶淵明高風亮節的人格特質。」參見王國瓔：〈史傳中的陶淵明〉，頁 205。王氏所論較為偏向辭職的「藉口」，此處所說則較為關注辭職的「本質」，兩者之間的切入視角雖有差異，但並不衝突。

135 王國瓔：〈史傳中的陶淵明〉，頁 204。

傳每每大略言及傳主後輩子孫的傳統」的意涵之外，亦還有另一面向可說，即〈與子儼等疏〉及〈命子詩〉的部分內容，與蕭〈傳〉所欲建構之淵明形象頗相違背。淵明〈命子〉云：

> 悠悠我祖，爰自陶唐。邈為虞賓，歷世重光。御龍勤夏，豕韋翼商。穆穆司徒，厥族以昌。

此為首章，詩中追溯陶家先祖在唐、虞、夏、商之發展狀況。接著：

> 紛紛戰國，漠漠衰周。鳳隱于林，幽人在邱。逸虯遶雲，奔鯨駭流。天集有漢，眷予愍侯。

> 於赫愍侯，運當攀龍。撫劍風邁，顯茲武功。書誓山河，啟土開封。亹亹丞相，允迪前蹤。

衰周戰國之際，陶氏先人身處亂世，暫且待時而隱。直到漢朝，愍侯陶舍「運當攀龍」，追隨劉邦建立功業，既「撫劍風邁，顯茲武功」，又「書誓山河，啟土開封」。至於陶舍之子陶青，勤勉不倦，亦能繼踵前人功勳，成為漢朝丞相。緊接著：

> 渾渾長源，蔚蔚洪柯。群川載導，眾條載羅。時有語默，運因隆窊。在我中晉，業融長沙。

桓桓長沙，伊勳伊德。天子疇我，專征南國。功遂辭歸，臨寵不忒。孰謂斯心，而近可得。

從「渾渾長源，蔚蔚洪柯」至「時有語默，運因隆窊」六句，講述陶氏家族於陶青之後，暫無顯者。「在我中晉，業融長沙」兩句，則是強調陶侃出現之後，陶氏家族又再度有了轉機。從「桓桓長沙，伊勳伊德」至「孰謂斯心，而近可得」八句，突顯的是陶侃「功遂辭歸，臨寵不忒」之美好德行。再來則是述說自己的父祖：

肅矣我祖，慎終如始。直方二臺，惠和千里。於皇仁考，淡焉虛止。寄跡風雲，冥茲慍喜。

淵明祖父「直方二臺，惠和千里」，作官正直方正，廣施恩惠於人民；至於父親，則是「淡焉虛止」，性格恬淡虛靜，儘管「寄跡風雲」，但卻「冥茲慍喜」，不管是出仕還是歸隱，皆能淡然處之，無喜慍之色。說完父祖之後，淵明接著提到自己：

嗟余寡陋，瞻望弗及。顧慚華鬢，負影隻立。三千之罪，無後為急。我誠念哉，呱聞爾泣。

對於自身情況，淵明自述「嗟余寡陋，瞻望弗及」、「顧慚華鬢，負影隻立」，一方面感慨自己寡陋，瞻望先祖功業而弗及；另一方面又因為自己的「三千之罪，無後為急」而

深覺慚愧。幸好，終於盼到「呱聞爾泣」，兒子誕生。接著，淵明滿懷期許地述說自己對於兒子未來的想法：

> 卜云嘉日，占亦良時。名汝曰儼，字汝求思。溫恭朝夕，念茲在茲。尚想孔伋，庶其企而。
>
> 厲夜生子，遽而求火。凡百有心，奚特于我！既見其生，實欲其可。人亦有言，斯情無假。
>
> 日居月諸，漸免于孩。福不虛至，禍亦易來。夙興夜寐，願爾斯才。爾之不才，亦已焉哉。[136]

王叔岷釋「卜云嘉日」章云：「述長子名、字之義。」[137]此章敘說淵明兒子「名汝曰儼，字汝求思」，確實是述長子名字之義。不過，「尚想孔伋，庶其企而」兩句，則頗透露出淵明期待兒子亦能像古代孔伋一樣，繼承先祖之偉業。至於「厲夜生子」章，王叔岷云：「述望子之成才。」[138]「既見其生，實欲其可」兩句，確有望子成才之勉勵意味。「人亦有言，斯情無假」兩句，更是如實寫出淵明身為人父，對於兒子的衷心祝福。最後的「日居月諸」章，王叔岷認為是：「勉子而委諸天運。」[139]「爾之不才，亦已焉哉」兩句，確

136　晉‧陶潛著，龔斌校箋：《陶淵明集校箋》，卷1，頁45-47。
137　晉‧陶潛著，王叔岷：《陶淵明詩箋證稿》（臺北：藝文印書館，1999），卷1，頁64。
138　晉‧陶潛著，王叔岷：《陶淵明詩箋證稿》，卷1，頁65-66。
139　晉‧陶潛著，王叔岷：《陶淵明詩箋證稿》，卷1，頁67。

實頗有委諸天運之曠達意蘊,淵明〈責子〉云:

> 白髮被兩鬢,肌膚不復實。
> 雖有五男兒,總不好紙筆。
> 阿舒已二八,懶惰故無匹。
> 阿宣行志學,而不愛文術。
> 雍端年十三,不識六與七。
> 通子垂九齡,但覓梨與栗。
> 天運苟如此,且進杯中物。[140]

　　詩末「天運苟如此,且進杯中物」兩句,正是對於淵明委諸天運之曠達態度的最佳詮釋。不過,細究淵明初心,恐怕「夙興夜寐,願爾斯才」兩句所代表的「勉子」意,才是淵明此章之期待視野的真正展現。

　　淵明此詩顯然充滿:對於祖上功業有成的稱道;對於自己功業無成的悲嘆;對於兒子再建功業的期許。詩中明確表露了詩人對於人世功業與榮名的嚮往,逯欽立評價此詩,即已敏銳地觀察到:「陶淵明強烈的門第觀念,首先表現在他的〈命子〉詩中。」[141]而這樣具有「強烈門第觀念」的淵明,顯然與蕭〈傳〉意圖形塑的「穎脫不羣,任真自得」之隱者淵明的人物形象,迥然有別。另外,淵明〈與子儼等疏〉云:

---

140 晉‧陶潛著,龔斌校箋:《陶淵明集校箋》,卷3,頁303。
141 晉‧陶淵明著,逯欽立校注:《陶淵明集》(北京:中華書局,1999),
　　附錄一〈關於陶淵明〉,頁208。

告儼、俟、份、佚、佟：天地賦命，生必有死。自古
聖賢，誰能獨免。子夏有言：「死生有命，富貴在天。」
四友之人，親受音旨。發斯談者，將非窮達不可妄求，
壽夭永無外請故耶？吾年過五十，少而窮苦，每以家
弊，東西遊走。性剛才拙，與物多忤，自量為己，必
貽俗患。僶俛辭世，使汝等幼而飢寒。余嘗感孺仲賢
妻之言，敗絮自擁，何慙兒子。此既一事矣。但恨鄰
靡二仲，室無萊婦，抱茲苦心，良獨內愧。少學琴書，
偶愛閒靜，開卷有得，便欣然忘食。見樹木交蔭，時
鳥變聲，亦復歡然有喜。常言五六月中，北窗下臥，
遇涼風暫至，自謂是羲皇上人。意淺識罕，謂斯言可
保，日月遂往，機巧好疎，緬求在昔，眇然如何。病
患以來，漸就衰損，親舊不遺，每以藥石見救，自恐
大分將有限也。汝輩稚小家貧，每役柴水之勞，何時
可免？念之在心，若何可言。然汝等雖不同生，當思
四海皆兄弟之義。鮑叔、管仲，分財無猜；歸生、伍
舉，班荊道舊。遂能以敗為成，因喪立功。他人尚爾，
況同父之人哉。穎川韓元長，漢末名士，身處卿佐，
八十而終，兄弟同居，至於沒齒。濟北氾稚春，晉時
操行人也。七世同財，家人無怨色。詩曰：「高山仰
止，景行行止。」雖不能爾，至心尚之。汝其慎哉，
吾復何言！[142]

---

142 晉・陶潛著，龔斌校箋：《陶淵明集校箋》，卷7，頁509-510。

　　上文提及蕭〈傳〉強調陶妻「亦能安勤苦，與其同志」之事。然而，誠如前文所述，〈與子儼等疏〉中的「室無萊婦」之憾，卻又與蕭〈傳〉所云「夫妻同志」之說頗有參差。

　　此外，〈與子儼等疏〉尚有三點敘述內容，與蕭〈傳〉所欲形塑之淵明形象不盡相同。其一，在〈與子儼等疏〉中淵明提到自己「性剛才拙，與物多忤，自量為己，必貽俗患。僶俛辭世，使汝等幼而飢寒。」對此，袁行霈箋注云：

> 「性剛才拙，與物多忤。自量為己，必貽俗患。」所謂萊婦之言亦是避患意，頗可注意。[143]

　　袁氏所謂的「萊婦之言」，指的是《高士傳‧老萊子》中老萊子之妻勸戒其夫的言論：「妾聞之：可食以酒肉者，可隨而鞭棰；可擬以官祿者，可隨而鈇鉞。妾不能為人所制者。」[144]萊婦之言的重點在於：涉足官場，不免為人所制；只有飄然遠引之隱者，才不會為人所制。是故，依據萊婦之論，官場雖是功名富貴之所，亦是禍患災難之處，兩者之間，實有禍福相倚之緊密聯繫。袁氏此處特別結合淵明之論與萊婦之言，顯然其所欲指涉的意涵是：既然「自量為己，必貽俗患」，那麼，基於萊婦之言，只好「僶俛辭世」以求「避患」。對於此事，王國瓔亦有相當細膩的觀察：

> （淵明）當初辭官，並非只顧依順自己率真的天性，

---

143 晉‧陶潛著，袁行霈箋注：《陶淵明集箋注》，卷7、頁540。
144 晉‧皇甫謐撰：《高士傳》，卷上，頁7。

　　　或只顧堅持自己高尚的原則，實際上，乃是顧慮現實
　　　環境，憂心政治局勢之險惡，幾經考量，為避禍遠害，
　　　萬不得已，才選擇辭官歸田……這是陶淵明詩文中，
　　　對其選擇辭官歸田，最具體、最詳盡的說明，也是對
　　　親人而言，最具說服力的理由。[145]

　　若如王氏所說，淵明辭官，乃是因為「顧慮現實環境」、
「憂心政局險惡」，於是，為了「避禍遠害」，萬不得已，
才選擇辭官歸田。如此一來，儘管它可以成為淵明詩文之中，
對其辭官最具體、最詳盡的說明，也足以成為對親人而言，
最具說服力的理由。但是，當我們將此一理由，對照蕭〈傳〉
的相關記載：

　　　歲終，會郡遣督郵至縣，吏請曰：「應束帶見之。」
　　　淵明歎曰：「我豈能為五斗米，折腰向鄉里小兒！」
　　　即日解綬去職，賦〈歸去來〉。[146]

　　如果說蕭〈傳〉的「豈能折腰向鄉里小兒」之論，屬於
「依順率真天性」、「堅持高尚原則」的辭官理由；那麼，
〈與子儼等疏〉的「自量為己，必貽俗患」，只能「僶俛辭
世」以求「避患」的辭官說詞，相較之下，呈顯的就是一種
拘謹小心、深思熟慮的世故形象。如此，則其與蕭〈傳〉所

---

145 王國瓔：〈抱茲苦心，良獨內愧 ── 〈與子儼等疏〉之自白〉，《古今
　　隱逸詩人之宗 ── 陶淵明論析》，頁252-253。
146 梁・蕭統著，俞紹初校注：《昭明太子集校注》，頁192。

欲形塑的自然任真、率性灑脫之淵明形象，差距似乎頗大。

其二，〈與子儼等疏〉提到「僶俛辭世，使汝等幼而飢寒」，以及「汝輩稚小家貧，每役柴水之勞，何時可免？念之在心，若何可言」之事，劉桂鑫、戴偉華認為：

> （淵明）只願把公田用以種植釀酒用的秫，把顏延之贈送的錢全部用以買酒，以滿足自己的酒癮，顯示自己不慕榮利的灑脫胸襟，卻忘了妻兒是否願意過和他一樣的生活。陶淵明在努力追求自己人格完善的同時，其實出於一種非常自私的目的，他自己也說得非常明白：「自量為己」。在隱士以躬耕為潔身自好的背後，隱藏著強烈的自我中心主義，也體現著父為子綱、夫為妻綱的等級觀念。[147]

引文對於淵明的「自私」評論，容或太過，可再斟酌。然而，它確實點出了一個重要議題：即隱士「個人道德感」與「家庭責任感」之間的悖論。換言之，在「父為子綱」、「夫為妻綱」的等級觀念下，當身為人父、人夫的隱者，意圖以躬耕作為潔身自好象徵的背後，通常，其餘的家人，不管其主觀意願是否認同，似乎也只能過著和隱者一樣的生活。不過，細繹〈與子儼等疏〉中「使汝等幼而飢寒」、「汝輩稚小家貧，每役柴水之勞，何時可免」與「念之在心，若何可言」諸語，可以發現，此時淵明心中所蘊含的情緒，似

---

147 劉桂鑫、戴偉華：〈論自我命名在古代自傳文學中的功能〉，《社會科學研究》（2013年2月），頁177。

乎比較不是如同劉、戴兩人所說的「強烈的自我中心主義」，
而是較為接近王國瓔所說的「鬱積內心深處的自責」：

> （使汝等幼而飢寒）簡單一句話，其鬱積內心深處的
> 自責，揮之不去的愧疚不安，溢於言表。而且將自己
> 對兒子的歉意，形諸文字，告訴兒子，在中國文學史
> 上，恐怕亦是空前的。[148]

　　淵明於〈與子儼等疏〉中「將自己對兒子的歉意，形諸
文字」，並真誠說出「鬱積內心深處的自責」，以及「揮之
不去的愧疚不安」，僅就上述書寫內容而言，或許如同王氏
所說「在中國文學史上，恐怕亦是空前的」。但是，從蕭統
對於淵明人物形象的接受視角來看，具備如此慈父形象，且
對兒子辛苦生活念茲在茲，滿懷愧疚的淵明，其所展示的人
物樣貌，似乎不再像是「忘懷得失，以此自終」的五柳先生，
[149]反而比較接近書寫〈命子〉的淵明 —— 不再是忘懷己身得
失，並以此自終的隱者；而是牽掛家族興衰，並以此勉子的
慈父。另外，淵明於〈與子儼等疏〉中，還特別提到希望兒
子們學習效法的兩件事：一是突顯「汝等雖不同生，當思四
海皆兄弟之義」；二為強調「兄弟同居，至於沒齒」、「七
世同財，家人無怨色」之行。前者的關注焦點在於「兄弟親
情」的認同感與歸屬感；後者的期待視野則屬「家人相處」
的向心力與凝聚力。然而，不管是前者還是後者，此處淵明

---

148 王國瓔：〈抱茲苦心，良獨內愧 ——〈與子儼等疏〉之自白〉，頁 254。
149 晉・陶潛著，龔斌校箋：《陶淵明集校箋》，卷 6，頁 485。

之人物形象，不免關懷慈愛有餘，任真自得不足；擔憂焦慮
有餘，自然率性不足。換言之，〈與子儼等疏〉中的淵明形
象，只是一個對於兒子，總是忍不住要諄諄告誡的平凡父親
樣貌，而不再是如同蕭〈傳〉所建構的，乃是一位具有穎脫
不羣，任真自得之隱逸道統風範的高趣隱者。

其三，〈與子儼等疏〉述及淵明生平云：「少學琴書，
偶愛閒靜，開卷有得，便欣然忘食。見樹木交蔭，時鳥變聲，
亦復歡然有喜。常言五六月中，北窗下臥，遇涼風暫至，自
謂是羲皇上人。」試將此段文字與〈五柳先生傳〉相較：「閑
靖少言，不慕榮利。好讀書，不求甚解，每有會意，便欣然
忘食……（贊曰）酣觴賦詩，以樂其志。無懷氏之民歟？葛
天氏之民歟？」[150]兩相比較之下，即可發現兩文之間頗有互
文性，假若〈與子儼等疏〉僅是寫至此處，那麼，其與五柳
先生之人物形象倒是極為相似。然而，〈與子儼等疏〉的筆
鋒，卻是馬上急轉直下：「意淺識罕，謂斯言可保，日月遂
往，機巧好疏，緬求在昔，眇然如何。」對於「少學琴書，
偶愛閒靜」、「開卷有得，便欣然忘食」，以及「自謂是羲
皇上人」這種五柳先生式的隱者情調，〈與子儼等疏〉卻以
一副大夢初醒的覺悟口吻說道「意淺識罕，謂斯言可保」，
此處的「斯言」，指的正是「常言五六月中，北窗下臥，遇
涼風暫至，自謂是羲皇上人」四句，「羲皇上人」就淵明而
言，其所代表的乃是一種隱逸情懷的呈顯與展示，以及理想
境界的追求與嚮往。是故，否定了它，就等於否定了自己少

---

150 晉・陶潛著，龔斌校箋：《陶淵明集校箋》，卷6，頁485。

年時期的隱逸情懷與高遠理想，也等於是否定了五柳先生所象徵的隱者意象。如此，自然也在一定程度上違背了蕭〈傳〉苦心替淵明所建構的隱者形象。

綜上所述，筆者以為，〈宋傳〉雖以「五柳先生」為原型，塑造出淵明「穎脫不羣，任真自得」之隱者形象。然而，一方面卻又為了顧及「史傳每每大略言及傳主後輩子孫的傳統」，故收錄淵明之〈命子〉與〈與子儼等疏〉。如此，雖然兼顧個人情性與家族歷史之真，但卻忽略了以五柳先生為原型而塑造的淵明形象，其形象太過單一、扁平，並無法充分展現淵明原本應有的複雜、多樣面貌。[151]因此，在〈宋傳〉中，傳文之單一記載與詩文之複雜形象頗不相合，自也在意料之中。而蕭〈傳〉或許有鑑於此，故捨棄收錄〈命子〉與〈與子儼等疏〉，因為蕭統熟讀淵明詩文，既「愛嗜其文，不能釋手」，又「尚想其德，恨不同時」，故其對於〈宋傳〉中有關淵明形象的整體描繪，當然可以心領神會。因此，對於〈命子〉與〈與子儼等疏〉這種可能有違淵明前述單一形象之內容表現，蕭統自然會有所考量，並加以刪除，以期能夠呈現出更為純粹、深刻的淵明形象，儘管這個形象是較為單一、扁平的。如此一來，一方面既能維持淵明「穎脫不羣，任真自得」之人物形象，另一方面，又能避免如同〈宋傳〉所犯，傳文記載與詩文內容頗有參差的窘境。[152]

---

151 如王國瓔就認為：「史傳中的陶淵明形象，顯得單純平扁，並未展現一個人物應有的複雜多樣的面貌，這或許是受『歸類立傳』傳統，以及史家有意為歷史人物樹立典範的影響。」參見王國瓔：〈史傳中的陶淵明〉，頁215。

152 田菱認為：「蕭統有關陶淵明的描述比沈約的刻畫更加單一化，此描述

四、結　語

　　綜上分析可知，本文主要的立場是：蕭統對於淵明之人物形象，應該存在著一種屬於個人式的獨特理解，而且，從其有意另立傳文的舉動看來，蕭統的這種特殊理解，不僅有著深刻的自覺意識，並且，也充分融入了蕭統主觀方面的期待視野。田菱認為：

> 蕭統的〈陶淵明傳〉雖然嚴格來說並不算是正式史書，但也許肇因於其作者為梁朝太子，在傳統上此文本仍然與其他三篇官方傳記並行。沈約為蕭統之太子少傅，而蕭統於沈約《宋書》成書後不久即再度撰寫〈陶淵明傳〉，或可視為蕭統並不滿意沈約的版本。此外，據今所知蕭統並未撰寫其他人物傳記，他特別重寫〈陶淵明傳〉的行為，也許帶有一種欲傳達「正確」版本的企圖。[153]

　　筆者以為，蕭〈傳〉可與其它三篇官方傳記並行，主要的理由應是如同本章「前言」部分所述，乃是基於「書寫時間」較早而產生的有效性、「撰述動機」明確而伴隨的深刻

更加清楚地給予我們一個定位明晰、行徑一致的隱士形象。」參見田菱著，張月譯：〈隱逸・早期史傳中的陶淵明隱士形象〉，頁 50。田氏之論，亦正如實點出：蕭〈傳〉對於〈宋傳〉的重構。
153 田菱著，張月譯：〈隱逸・早期史傳中的陶淵明隱士形象〉，頁 46。

性、「論述內容」獨特而帶來的原創性等三個原因，而非僅是因為其作者蕭統為「梁朝太子」這樣的特殊身份。當然，蕭統身為梁朝太子，確實讓蕭〈傳〉有了更為方便的流傳途徑，以及傳播上的深厚影響力，但是，這些皆屬外緣因素的助力，蕭〈傳〉的受到重視，主要還是因為內容本質上的有效性、深刻性與原創性。不過，筆者相當認同田氏所述：蕭統並不滿意沈約的版本，且其特別重寫〈陶淵明傳〉的行為，也許帶有一種欲傳達「正確」版本的企圖。對此，可從以下的說明得到印證。

因為〈宋傳〉與蕭〈傳〉皆以五柳先生之人物形象作為書寫原型，來進行淵明人物形象之重構，是故，閱讀他們的陶淵明傳記，皆可於文中尋覓到五柳先生的影子。但是，〈宋傳〉與蕭〈傳〉畢竟是對於〈五柳先生傳〉的重構，而非照錄，所以，它們並不是另一篇有名有姓版本的五柳先生傳。不過，由於陶集中的淵明形象，不僅複雜、多變，且經常處於自我思路相互辯證的動態發展之中，[154]但恰好相反的是，不管是五柳先生的人物樣貌，還是〈宋傳〉與蕭〈傳〉中所重構的淵明形象，卻是單一、平面，且始終處於自我定位感覺良好的靜態恆常之境。是故，陶集詩文中的淵明形象，顯

---

154 王國瓔認為：「（陶淵明）彷彿對自己選擇的人生道路，一方面傲然自得，一方面又還心存疑慮。他高蹈獨善，安貧樂道，而且曠達逍遙，任真自得，卻仍然負荷著一些人間俗世的苦惱與煩憂。乃至時常自我探索人生的意義，解釋自己的行為，澄清自己的立場，彷彿意圖撫平自我行跡和心跡之間的落差。」參見王國瓔：〈陶淵明詩中「篇篇有我」——論陶詩的自傳意味〉，收於國立臺灣大學中國文學系編印：《王叔岷先生學術成就與薪傳研討會論文集》，（臺北：臺灣大學中國文學系，2001），頁317。

然就不是單一「忘懷得失，以此自終」的五柳先生形象，或是〈宋傳〉中維持「風流飲者」與「高趣隱者」品味、蕭〈傳〉中堅持「隱逸道統」與「儒家風教」節操的淵明形象所可以完全籠罩。

在本章中，筆者分別從蕭〈傳〉對於〈宋傳〉論述內容之「刪補」，以及蕭〈傳〉對於〈宋傳〉選錄文章之「取捨」兩個部分，來嘗試分析蕭〈傳〉對於淵明人物形象的重構樣貌。筆者以為，〈宋傳〉中的淵明形象建構，主要是以「穎脫不羣，任真自得」之「飲者風流」與「隱者高趣」的形象建構為主。相較之下，蕭〈傳〉則是在〈宋傳〉將淵明之「飲者」與「隱者」形象共構的書寫基礎之上，另外賦予淵明「國爵屏貴，家人忘貧」之「聖賢風教」的莊嚴形象，因而將淵明重構成一種兼融道家之隱者情懷與儒家之聖賢教化的人物形象。蕭統〈陶淵明集序〉評淵明云：「貞志不休，安道苦節，不以躬耕為恥，不以無財為病，自非大賢篤志，與道污隆，孰能如此乎？」[155]文中「貞志不休，安道苦節」、「大賢篤志，與道污隆」諸語，正可證明蕭統確實是以儒道兼融之考察視野，來理解淵明的人物形象。

另外，蕭統為了能夠呈顯出更為純粹、深刻的淵明人物形象，故對於〈宋傳〉中所收，如〈命子〉、〈與子儼等疏〉這種有違淵明「穎脫不羣，任真自得」之形象描繪的作品，則特別於蕭〈傳〉中予以割捨，以期讓其所欲重構之淵明形象，可以更加符合自己主觀上的期待視野。

---

155 梁·蕭統著，俞紹初校注：《昭明太子集校注》，頁200。

　　至於本章「前言」所提的三個問題，經由本文的討論之後，筆者可以嘗試回應如下：

　　第一，關於蕭統對於淵明的特殊理解「是什麼」的問題：本文以為，蕭統對於淵明之特殊理解的具體內涵為「道統」與「風教」。而所謂的「道統」，指的是「穎脫不羣，任真自得」之「隱逸道統」；所謂的「風教」，指的則為「國爵屏貴，家人忘貧」之「聖賢風教」。至於其具體內涵，則可從蕭〈傳〉、蕭統〈陶淵明集序〉，以及相關文獻中找到理據並證成之。

　　第二，反思蕭統對於淵明的形象重構，究竟是否「如實反映」陶集之淵明形象的問題：筆者以為，蕭〈傳〉所重構的淵明人物形象，較之淵明在詩文中呈現出來的自我影像，並不能夠完全契合；或者退一步講，至少在某些部分，兩者確實有所衝突。

　　第三，「如何」證成蕭〈傳〉對於淵明的理解方式，不是孤立現象，而是自覺意識下的審美品味：其實，蕭統對於淵明的這種理解方式，並非僅是孤立地存在於蕭〈傳〉中，而是可以一以貫之地融入蕭統的其它相關論述。這點可從蕭〈傳〉與〈陶淵明集序〉、《文選》選陶集詩文，[156]以及蕭統文集運用陶集典故的互文性例證中得到解答。[157]

---

156 蕭〈傳〉與〈陶淵明集序〉的互文性例證已如前文所述。至於蕭〈傳〉與《文選》選陶集詩文的互文性問題，可以參見陳啟仁：〈「高人性情」與「細民職業」之辨 —— 論齊梁文人對陶淵明「田園詩」的理解與接受〉，收錄於銘傳大學應用中國文學系（所）編輯：《銘傳大學中國文學之學理與應用國際學術研討會論文集》（桃園：銘傳大學應用中國文學系（所），2010），頁 253-254。

157 關於蕭〈傳〉與蕭統文集運用陶集典故之互文性問題，可以參見李劍鋒：

綜上所述可知，本文的寫作重心，既非考辨史實中之淵明形象的真偽，亦非展示史傳中之淵明形象的基調，而是想要論述，身為嗜好淵明文集、欣賞淵明人格的蕭統，其究竟是如何在蕭〈傳〉中重構出：符合自己期待視野與審美品味的淵明形象。

〈陶詩在梁代的初顯 —— 蕭統論文如其人的「大賢」〉，《元前陶淵明接受史》，頁 87。

引用書目

（一）傳統文獻

魏・王弼、韓康伯注，唐・孔穎達等正義：《周易正義》（《十三經注疏》本），臺北：藝文印書館，1985 年。

漢・孔安國傳，唐・孔穎達等正義：《尚書正義》（《十三經注疏》本），臺北：藝文印書館，1985 年。

晉・杜預注，唐・孔穎達等正義：《春秋左傳正義》（《十三經注疏》本），臺北：藝文印書館，1985 年。

漢・鄭玄注，唐・孔穎達等正義：《禮記正義》（《十三經注疏》本），臺北：藝文印書館，1985 年。

魏・何晏等注，宋・邢昺疏：《論語注疏》（《十三經注疏》本），臺北：藝文印書館，1985 年。

漢・趙岐注，宋・孫奭疏：《孟子注疏》（《十三經注疏》本），臺北：藝文印書館，1985 年。

漢・毛公傳、鄭玄箋：《毛詩鄭箋》，臺北：學海出版社，2001 年。

清・劉寶楠撰，高流水點校：《論語正義》，北京：中華書局，1998 年。

漢・司馬遷撰，宋・裴駰集解，唐・司馬貞索隱，唐・張守

節正義：《史記》，北京：中華書局，1982 年。

漢・班固撰，唐・顏師古注：《漢書》，北京：中華書局，2007 年。

宋・范曄撰，唐・李賢等注：《後漢書》，北京：中華書局，1973 年。

唐・房玄齡等撰：《晉書》，北京：中華書局，1974 年。

梁・沈約撰：《宋書》，北京：中華書局，1996 年。

唐・李延壽撰：《南史》，北京：中華書局，1975 年。

漢・劉向撰，清・梁端校注：《列女傳》，臺北：臺灣中華書局，1966 年。

清・王照圓撰，虞思徵點校：《列女傳補注》，上海：華東師範大學，2012 年。

魏・嵇康著，戴明揚校注：《嵇康集校注・聖賢高士傳贊》，北京：中華書局，2014 年。

晉・皇甫謐撰：《高士傳》，臺北：臺灣中華書局，1966 年。

余嘉錫撰，周祖謨、余淑宜整理：《世說新語箋疏》，臺北：華正書局，2003 年。

清・郭慶藩撰，王孝魚點校：《莊子集釋》，北京：中華書局，1997 年。

清・林雲銘撰，張京華點校：《莊子因》，上海：華東師範大學出版社，2011 年。

王叔岷撰：《莊子校詮》，北京：中華書局，2007 年。

清・王先謙撰，沈嘯寰、王星賢點校：《荀子集解》，北京：中華書局，1997 年。

清・孫詒讓撰，孫啟治點校：《墨子閒詁》，北京：中華書

局，2007 年。

陳士珂輯：《孔子家語疏證》，臺北：臺灣商務印書館，1976
　　年。

漢・揚雄著，汪榮寶撰，陳仲夫點校：《法言義疏》，北京：
　　中華書局，1997 年。

晉・陶潛著，龔斌校箋：《陶淵明集校箋》，臺北：里仁書
　　局，2007 年。

晉・陶潛著，楊勇校箋：《陶淵明集校箋》，臺北：正文書
　　局，1999 年。

晉・陶潛著，袁行霈箋注：《陶淵明集箋注》，北京：中華
　　書局，2003 年。

晉・陶淵明著，逯欽立校注：《陶淵明集》，北京：中華書
　　局 1999 年。

晉・陶潛撰，宋・湯漢注：《宋刊陶靖節詩》，福州：福建
　　人民出版社，2012 年。

晉・陶潛著，古直箋註：《陶靖節詩箋 —— 附年譜》，臺北：
　　廣文書局，1999 年。

晉・陶潛著，丁仲祜箋注：《陶淵明詩箋注》，臺北：藝文
　　印書館，1989 年。

晉・陶潛撰，王叔岷箋證：《陶淵明詩箋證稿》，臺北：藝
　　文印書館，1999 年。

晉・陶潛著，清・溫汝能彙評：《陶詩彙評》，臺北：新文
　　豐出版公司，1980 年。

宋・王質等撰，許逸民校輯：《陶淵明年譜》，北京：中華
　　書局，2006 年。

北京大學北京師範大學中文系、北京大學中文系文學史教研
　　室編：《陶淵明資料彙編》，上、下冊，北京：中華書
　　局，2004 年。

鍾優民編：《陶淵明研究資料新編》，長春：吉林教育出版
　　社，2000 年。

李佳校注：《顏延之詩文選注》，合肥：黃山書社，2012 年。

李佳：《〈顏延之集〉校注及其研究》，成都：四川大學文
　　學與新聞學院碩士論文，2003 年。

劉宋・鮑照著，錢仲聯集注：《鮑參軍集注》，台北：木鐸
　　出版社，1982 年。

梁・江淹著，俞紹初、張亞新校注：《江淹集校注》，鄭州：
　　中州古籍出版社，1994 年。

梁・蕭統著，俞紹初校注：《昭明太子集校注》，鄭州：中
　　州古籍出版社，2001 年。

梁・蕭統編，唐・李善注：《文選》，上海：上海古籍出版
　　社，1997 年。

梁・蕭統撰，唐・李善、呂延濟、劉良、張銑、李周翰、呂
　　向註：《增補六臣註文選》，臺北：華正書局，2005 年。

清・梁章鉅撰，穆克宏點校：《文選旁證》，福州：福建人
　　民出版社，2000 年。

高步瀛選注，孫通海點校：《南北朝文舉要》，北京：中華
　　書局，2005 年。

王叔岷撰：《鍾嶸詩品箋證稿》，臺北：中研院中國文哲研
　　究所，1992 年。

（二）近人論著

鍾優民：《陶學史話》，台北：允晨文化實業股份有限公司，1991 年。

李劍鋒：《元前陶淵明接受史》，濟南：齊魯書社，2002 年。

劉中文：《唐代陶淵明接受研究》，北京：中國社會科學出版社，2006 年。

蕭望卿：《陶淵明批評》，臺北：臺灣開明書店，1966 年。

齊益壽：《陶淵明的政治立場與政治理想》，臺北：國立臺灣大學文學院「文史叢刊」，1968 年。

王國瓔：《古今隱逸詩人之宗 —— 陶淵明論析》，臺北：允晨文化，1999 年。

蔡瑜：《陶淵明的人境詩學》，臺北：聯經出版事業公司，2012 年。

袁行霈：《陶淵明研究》，北京：北京大學出版社，1998 年。

陳怡良：《田園詩派宗師 —— 陶淵明探新》，臺北：里仁書局，2006 年。

趙治中：《陶淵明論叢》，北京：中國文聯出版社，1999 年。

鄧安生：《陶淵明新探》，臺北：文津出版社，1995 年。

胡不歸：《讀陶淵明集札記》，上海：華東師範大學出版社，2007 年。

孫康宜著，陳磊譯：《文學的聲音》，臺北：三民書局，2001 年。

田曉菲：《塵幾錄 —— 陶淵明與手抄本文化研究》，北京：中華書局，2007 年。

田菱著，張月譯：《閱讀陶淵明》，臺北：聯經出版事業公司，2014 年。

樂黛雲、陳玨編：《北美中國古典文學研究名家十年文選》，南京：江蘇人民出版社，1996 年。

日・岡村繁著，陸曉光、笠征譯：《世俗與超俗 ── 陶淵明新論》，臺北：臺灣書店，1992 年。

日・一海知義著，彭佳紅譯：《陶淵明・陸放翁・河上肇》，北京：中華書局，2008 年。

日・川合康三著，蔡毅譯：《中國的自傳文學》，北京：中央編譯出版社，1999 年。

魯迅撰，吳中杰導讀：《魏晉風度及其他》，上海：上海古籍出版社，2000 年。

王瑤：《中古文學史論》，北京：北京大學出版社，1998 年。

廖蔚卿：《中古詩人研究》，臺北：里仁書局，2005 年。

田恩銘：《中古史傳與文學研究》，長沙：岳麓書社，2015 年。

王國瓔：《中國山水詩研究》，臺北：聯經出版事業公司，1996 年。

牟宗三：《才性與玄理》，臺北：臺灣學生書局，1993 年。

吳冠宏：《魏晉玄義與聲論新探》，臺北：里仁書局，2006 年。

蔣星煜：《中國隱士與中國文化》，上海：上海書店，1992 年。

陳寅恪：《金明館叢稿初編》，北京：生活・讀書・新知三聯書店，2001 年。

錢鍾書：《管錐編》，北京：中華書局，1999 年。

錢鍾書：《談藝錄（補訂本）》，北京：中華書局，1999 年。

王叔岷：《慕廬雜稿》，臺北：大安出版社，2001 年。

王叔岷：《慕廬論學集（一）》，北京：中華書局，2007 年。

葉慶炳等著：《文史論文集》，臺北：台灣商務印書館，1985 年。

蔡英俊主編：《抒情的境界》，臺北：聯經出版事業公司，1990 年。

黃俊傑主編：《理想與現實》，臺北：聯經出版事業公司，1993 年。

淡江大學中國文學研究所主編：《文學與美學（第六集）》，臺北：文史哲出版社，1998 年。

復旦大學中國古代文學研究中心編：《中國文學研究・第三輯》，南昌：江西教育出版社，2001 年。

南京大學中文系主編：《辭賦文學論集》，南京：江蘇教育出版社，1999 年。

國立成功大學中文系主編：《魏晉南北朝文學與思想學術研討會論文集》，臺北：文史哲出版社，1991 年。

王叔岷先生八十壽慶論文集編輯委員會編：《王叔岷先生八十壽慶論文集》，臺北：大安出版社，1993 年。

國立臺灣大學中國文學系編印：《王叔岷先生學術成就與薪傳研討會論文集》，臺北：臺灣大學中國文學系，2001 年。

國立臺灣大學中國文學系編印：《王叔岷先生百歲冥誕國際學術研討會會議論文集》，臺北：臺灣大學中國文學系，2014 年。

國立臺灣大學中國文學系主編：《林文月先生學術成就與薪傳國際學術研討會論文集》，臺北：國立臺灣大學中國文學系，2014 年。

銘傳大學應用中國文學系（所）編輯：《銘傳大學中國文學

之學理與應用國際學術研討會論文集》，桃園：銘傳大
　　學應用中國文學系（所），2010 年。

游秀雲主編：《銘傳大學 2015 年中國文學之「學理與應用」
　　國際學術研討會論文集》，桃園：銘傳大學應用中國文
　　學系（所），2015 年。

游秀雲主編：《銘傳大學 2016 年「中國文學之學理與應用」
　　國際學術研討會論文集》，桃園：銘傳大學應用中文系
　　所，2016 年。

（三）期刊論文

王國瓔：〈史傳中的陶淵明〉，《臺大中文學報》第十二期
　　（2000 年 5 月），頁 193-228。

周靜佳：〈酣觴賦詩 —— 論陶詩的飲酒主題〉，《成大中文
　　學報》第十一期（2003 年 11 月），頁 79-110。

周靜佳：〈陶淵明「飲者」形象的建構 —— 由〈五柳先生傳〉
　　談起〉，《南臺學報》第 38 卷第 2 期（2013 年 6 月），
　　頁 137-156。

趙白生：〈「我與我周旋」 —— 自傳事實的內涵〉，《北京
　　大學學報》（哲學社會科學版），第 39 卷第 4 期，頁
　　113-118。

劉桂鑫、戴偉華：〈論自我命名在古代自傳文學中的功能〉，
　　《社會科學研究》（2013 年 2 月），頁 176-182。

方介：〈陶淵明五柳先生傳疏證〉，《漢學研究》第 5 卷第
　　2 期，1987 年 12 月，頁 529-545。

薛順雄：〈論陶潛「五柳」的象徵意義〉，《東海中文學報》

第 8 期（1988 年 7 月），頁 87-95。

矢嶋美都子：〈關於中國古詩中「柳樹」形象的演變和陶淵明號為「五柳先生」的來由〉，《九江師專學報》2001年增刊，頁 45-50。

李劍鋒：《〈五柳先生傳〉淵源新論》，《九江學院學報》2009 年第 5 期，頁 1-4。

魏耕原：《最後絕裂：變形的〈高士傳〉── 陶淵明〈五柳先生傳〉作年考論》，《陝西師範大學學報》，2006 年1 月第 35 卷第 1 期，頁 29-34。

黃文青：《從空間概念論陶淵明在〈五柳先生傳〉的抒情自我》，《成大中文學報》第五十期（2015 年 9 月），頁57-84。

吳國富：〈「五柳先生」及「無弦琴」的守窮守默 ── 從揚雄看陶淵明的「憤宋」〉，《九江師專學報（哲學社會科學版）》（2001 年第 2 期），頁 48-53。

呂興昌：〈形迹憑化往，靈府長獨閑 ── 從無絃琴談到陶淵明的田園世界〉，《中外文學》第十二卷第五期，頁114-143。

齊益壽：〈陶淵明「好讀書，不求甚解」析論〉，《長庚人文社會學報》第七卷第一期（2014 年），頁 1-20。

左健：〈陶淵明「好讀書，不求甚解」論〉，《雲南社會科學》1994 年第 5 期，頁 91-94。

蔡文錦：《關於陶淵明的第一篇文章 ── 顏延之〈陶徵士誄并序〉箋注》，《揚州職業大學學報》第 9 卷第 1 期（2005年 3 月），頁 1-5。

吳光濱：《陶淵明的初期形象 —— 從〈陶徵士誄〉論陶淵明》
　　《德明學報》第十七期（2001 年 6 月），頁 113-125。

鄧小軍：《陶淵明政治品節的見證 —— 顏延之〈陶徵士誄并
　　序〉箋證》，《北京大學學報（哲學社會科學版）》第
　　42 卷第 5 期（2005 年 9 月），頁 87-99。

莫礪鋒：《顏延之〈陶徵士誄並序〉在陶淵明接受史上的地
　　位》，《學術月刊》第 44 卷 1 月號（2012 年 1 月），
　　頁 109-117。

黨萬生、張志新：《顏延之〈陶徵士誄并序〉在陶淵明研究
　　中的重要文獻價值》，《河西學院學報》第 23 卷第 6
　　期（2007 年），頁 22-25。

日・松岡榮志著，梁克隆譯：《關於顏延之的〈陶徵士誄〉》，
　　《中華女子學院山東分院學報》，2006 年第 4 期，頁
　　79-84。

日・伊藤直哉：〈略論陶淵明的夫妻關係及文學創作〉，《九
　　江師專學報（哲學社會科學版）》，1996 年第 3 期，頁
　　22-28。

鄒平、周曉琳：〈陶淵明拒絕檀道濟饋贈辨析 —— 兼及陶淵
　　明自卑心理〉，《長江論壇》（2008 年第 3 期），頁 80-83。

謝大寧：〈儒隱與道隱〉，《國立中正大學學報》（人文分
　　冊），1992 年第三卷第一期，頁 121-147。

黃偉倫：〈六朝隱逸文化的新轉向 —— 一個「隱逸自覺論」
　　的提出〉，《成大中文學報》第十九期（2007 年 12 月），
　　頁 1-26。